AF136523

Kontaktadresse nach EU-Produktsicherheitsverordnung:
produktsicherheit@fischerverlage.de

Der Versuch, das Handwerkszeug der Literaturwissenschaften zu er-
neuern, war in der Moderne von jeher Sache der Lyriker selbst, von
Mallarmé bis hin zu Benn und Brecht. In diese Reihe hat die Kritik
das Buch von Hilde Domin gestellt, das seit seinem Erscheinen,
1968, nichts von seiner Brauchbarkeit eingebüßt hat.

Arbeitsprinzip war, die Materie, soweit nur möglich, zu entgeheimnissen. Im dauerndem Positionswechsel wird die Problematik abge-
leuchtet: Was an der zeitgenössischen Dichtung »zeitgenössisch« ist,
wie – und wieweit – sie »gemacht« wird und welche Funktion sie in
der Wirklichkeit unserer Zeit hat. »Gewichtige Argumente, mit denen
man all jenen begegnen kann, die dafür plädieren, der Kunst den
Abschied zu geben.« (WDR)

Hilde Domin, 1909 in Köln geboren, studierte Jura, Philosophie und politische Wissenschaft, promovierte 1935 über Staatsgeschichte der Renaissance (Univ. Florenz). Danach Lehrerin in England, Universitäts-
dozentin in Santo Domingo. Mitarbeiterin ihres Mannes, Erwin Walter
Palm, Übersetzerin, Photographin. Nach 22jährigem Exil kehrte sie
nach Deutschland zurück und lebt seit 1961 in Heidelberg. 1951 schrieb
sie die ersten Gedichte, veröffentlicht seit 1957 und wurde durch zahl-
reiche Literaturpreise geehrt. Ihre Gedichte wurden in 22 Sprachen
übersetzt.

Lesungen, Vorträge, Diskussionen an Universitäten und in literarischen Gesellschaften des In- und Auslandes. Ehrengast der Villa Mas-
simo 1986. Poetikdozentur der Universität Frankfurt am Main 1987/88
und der Universität Mainz 1988 / 89. Mitglied des PEN, der Deutschen
Akademie für Sprache und Dichtung, Ehrenmitglied der Heinrich-Hei-
ne-Gesellschaft, Düsseldorf, der American Association of Teachers of
German, der Akademie gemeinnütziger Wissenschaften zu Erfurt. –
Preise u.a. Ida-Dehmel-Literatur-Preis, 1968; Meersburger Droste-
Preis, 1971; Rainer-Maria-Rilke-Preis für Lyrik, 1976; Nelly-Sachs-Preis
der Stadt Dortmund, 1983; Carl-Zuckmayer-Medaille Mainz, 1992;
Friedrich-Hölderlin-Preis der Stadt Bad Homburg vor der Höhe, 1992;
Preis für Literatur im Exil der Stadt Heidelberg, 1992; Großes Bundes-
verdienstkreuz, 1993; Literaturpreis der Konrad-Adenauer-Stiftung,
1995; Jakob-Wassermann-Preis der Stadt Führt, 1999; Staatspreis des
Landes NRW, 1999; die Bürgermedaille der Stadt Heidelberg, 1999;
Ehrenbürgerrecht der Stadt Heidelberg 2004.

Unsere Adresse im Internet: www.fischerverlage.de

Hilde Domin
Wozu Lyrik heute
Dichtung und Leser
in der gesteuerten Gesellschaft

Fischer
Taschenbuch
Verlag

4. Auflage

© 2024 S. Fischer Verlag GmbH,
Hedderichstr. 114, 60596 Frankfurt am Main

© R. Piper & Co. Verlag, München 1971
Umschlaggestaltung: Buchholz / Hinsch / Hensinger
Die Nutzung unserer Werke für Text- und Data-Mining
im Sinne von § 44b UrhG behalten wir uns explizit vor.
Printed in Germany
ISBN 978-3-596-12204-2

Inhalt

Versuch einer Ortsbestimmung 1975   11

Der Plan des Buchs   19

Wozu Lyrik heute. Lyrik und Gesellschaft   23

Die aktive Pause. Identität als Voraussetzung von
Kommunikation. Die Einbeziehung des Einzelnen
in das Erfahrungsmuster   26

Gleichschaltung durch das Geheimkommando
n e u t r a l. Lyrik als Widerstand gegen
Neutralisierung. Der Mut zur Identität   30

Am Umschlagspunkt von der diachronischen zur
synchronischen Gesellschaft. Die dialektische
Umkehr der Funktionen. Der neue Auftrag
der Lyrik   34

Ist Lyrik folgenlos? Das Paradox der Katharsis.
Innensteuerung und Utopie   38

Der Lyriker als Sprachhygieniker. Das ›Benennen‹
der Wirklichkeit – ihre Mitteilbarkeit   43

Die Problematik des politischen Gedichts   45

Der Lyriker zwischen Gestern und Übermorgen.
›Innehalten‹: der Atemraum für Freiheit   46

Literarische Meinungsbildung.
Die Dialektik von Urteil, Vor-Urteil und
Schaffensprozeß in der gesteuerten Gesellschaft 49

I. Urteil als Risiko 49

Das Dilemma der Qualität. Kunst als
gegenseitige Prüfung 49

Die Massenerzeugung des Verwechselbaren.
Das Buch als Ware. Die Überlebenschance des
›besonderen‹ Buchs 50

Die Krise des ›guten Geschmacks‹. Der Schrei
nach den ›Maßstäben‹ 53

Der Mechanismus der Urteilsbildung in
der gesteuerten Gesellschaft:
Rückkoppelung, ›Konvention‹ (Vor-Urteil),
Kunstideologie 56

Literatur als ›Spiel zwischen Eingeweihten‹.
Der Druck von Information und
Rückinformation. Vorauskonformismus 62

Die Unbeweisbarkeit des Kunsturteils und die
besonderen Schwierigkeiten der Lyrik. –
Modalitäten des Überzeugungsopfers 67

Entscheidungsunlust als gesellschaftliches
Phänomen. Die Erziehung zum Selbstverrat 71

II. Werten und ›Gebrauchen‹ von Kunst 74

Die Antwort auf Kunst, als eigengesetzliche
Automatik. Das zunftgerechte Training des
Urteilsvermögens 74

Vorschlag eines neuen Begriffs anstelle des
Geschmacksbegriffs 78

Das Urteil als Grenzkontrolle. Die ›Einladung‹
des Kunstwerks 80

Die Kriterien der Authentizität und der
Besonderheit. Das ›Wirklichkeitsmodell‹   82

Das Kunstwerk als Partner, Treffpunkt Freiheit   85

Der Ideologiecharakter der ›Maßstäbe‹. Die
Notwendigkeit eines gleitenden Begriffsschemas   88

Die Rationalisierung des Urteilsvermögens   92

Die Bedingungen für das Funktionieren des
›Urteilsvermögens‹. Die Gefährdung durch die
gesellschaftliche Entwicklung (Außensteuerung,
Zwickmühle der Antinomien)   93

Simultaneität als Bereicherung und Verarmung.
Der Kulturbetrieb   96

III. Die Institutionalisierung der Literatur
und der Aufbau der Meinungsmaschine   99

Die Isolierung der Innensteuerung als
Voraussetzung des Kunsturteils. Die Stillzone im
Wirbel. Programmieren, Mitprogrammieren,
Programmiertwerden   99

Die lebende Pyramide. Die Selbstverwaltung der
Literatur nach außerkommerziellen Grundsätzen.
Die ›schwebende Universität‹   104

Das zünftige Arbeitsprogramm (métier) als
Richtlinie. Der Manager als Verteidiger der
Literatur gegen die Konsumgesellschaft.
Die Auswahl der fachlichen Elite   108

Die fatale Dialektik des Widerstands gegen die
Gesellschaft: Vergesellschaftung und
Selbstwiderlegung des Literaturbetriebs   111

Das literarische establishment.
Die Herrschaft über die Kommunikationsmittel
als Arbeitsmedien. Außensteuerung, Erziehung,
Gleichschaltung. Die Aura des Vor-Urteils und
die ›unsichtbaren Mitleser‹   114

Die Verselbständigung der Meinungsmaschine.
Aufbau und Zerstörung des image als
automatischer Prozeß   118

Pseudo-Pluralität. Die Verflechtung der Literatur-
›Betriebe‹. Gruppenexistenz als Freiheit von
Außensteuerung   122

Machtzuwachs durch Machtverzicht: die offene
Gruppe. Die ›Stillzone‹ des innersten Zirkels als
Schaffensklima der Elite   126

Der Leser als Massenerscheinung. Der
vorprogrammierte Buchkonsument. Lektüre als
Zugehörigkeitsritus   129

Aufklärung über den eigenen Standort, militante
Selbstkontrolle. Sachlichkeit als Innensteuerung
und Freiheit   133

Die ›Entdämonisierung‹ des Informationsapparats.
Kritik und Vielfalt versus Gleichschaltung und
Einverständnis. Die ›Stillzone‹ der Wahrhaftigkeit   136

Zum Arbeitsprozeß   139

I. Die Prinzipien der Wort- und Bildwahl.
Das Spannungsverhältnis   139

Vorschlag einer Neuformulierung der technischen
Diskussion   139

Die Kriterien des ›Notwendigen‹ (als sich dauernd
umprägender Begriff) und des ›Wahren‹
(als punktueller Entsprechung)   140

Rückführung der wesentlichen Eigenschaften des
Gedichts (Musterhaftigkeit, Authentizität,
Einmaligkeit) auf die drei Prinzipien der Wort-
und Bildwahl – Das Prinzip des ›Einmaligen‹ als
Träger der Spannungen im Gedicht   145

Das Kräftespiel zwischen den widersprechenden
Prinzipien der Wort- und Bildwahl. Evidenz als
Wirkungstempo. Die Beschleunigung des Worts   146

Wort und Kontext – Die Metapher als ein
>Kontext< – Die Erneuerung des Kontexts   150

Variante und Experiment. Das Verhältnis zur
Tradition   153

Die Einmaligkeit als spezifisch künstlerische
Komponente. Das Spannungsverhältnis als Basis
des Kunstwerks   158

Das wachsende Übergewicht des Schemas. Die
>Vereinbarkeit< des Unvereinbaren in der
Zerreißprobe: die Gefährdung der Kunst   162

Exkurs über die >Schweigegrenze<   165

    1. Ein Teilaspekt: die entgleitende Wirklichkeit   165

    2. Die >Ausweglosigkeiten< der Sprache und ihre
       Überwindung im Gedicht   168

II. Die >unspezifische Genauigkeit< als
Merkmal der Lyrik   170

Exkurs über die >dünne Linie< zwischen
Lyrik und Prosa   179

Lyriktheorie   Interpretation   Wertung.
Eine Abgrenzung handwerklicher Zuständigkeiten   181

>Lyriker< und >Text<.
Zur Terminologie   191

Über das Interpretieren von Gedichten.
Die Struktur des Gedichts.
Das Text/Leser-Verhältnis   195

    Die grundsätzliche Interpretierbarkeit von
    Gedichten. Methoden und Grenzen der
    Interpretation   197

    Struktur-Paradoxien und ihr Funktionieren im
    Aneignungsprozeß – Vorschlag einer neuen
    Begriffsbildung   202

    Der dialektische Charakter der Interpretation:
    das Postulat der Selbstaufhebung –
    Das Wachstum der Texte   210

    Die Vielfalt der Interpretationen. Die
    Unausschöpfbarkeit des lyrischen Texts   213

    Horizontale und vertikale Bedeutungsstrata.
    Teilinterpretation. Fehlinterpretation.
    Der Interpret als ›Autor‹   215

    Der Autor als Interpret: Abwägung seiner
    Erkenntnischance im Vergleich zu der des
    Dritten – Das Nähe/Ferne-Verhältnis   218

    Das Gedicht als Vorgang. Ausrichtung und
    Grenzen der Selbstinterpretation   223

    Selbstinterpretation und dichterische Praxis:
    das schizophrene Selbstgespräch.
    Der Schaffensprozeß als Erkenntnisgegenstand,
    im Unterschied zum Text   227

Namenregister   231

Versuch einer Ortsbestimmung 1975

Dürfen der Lyriker und sein Leser vielleicht demnächst wieder von der Anklagebank aufstehen?

Anfang 1968 erschien diese ›Flugschrift‹ in einer akuten Krise der Lyrik und der Kunst überhaupt. Ein halbes Jahr später zog *Kursbuch 15* die letzte Konsequenz aus der Entwicklung, die Mitte der 60er Jahre begonnen hatte, und sprach eine Art Literaturverbot aus. Im Schreiben sei »keine Zukunft«. Die Literatur habe ohnehin nur ein unkritisches und zeitfernes »Scheinleben« geführt, ein neuer Scheiterhaufen, ein »Autodafé« wurde ihr errichtet. Diesmal nur ein verbales. »Bücher lernt man kennen, wenn sie brennen«, behauptete ein Spruchband im Berliner germanistischen Seminar: 35 Jahre, nachdem die Generation der Väter am 10. Mai 1933 das letzte Autodafé unliebsamer Bücher an deutschen Universitäten veranstaltet hatte.

Metaphorisch war, in gewisser Weise, auch das neue ›Literaturverbot‹, wir haben ja keine Zensur. Keine staatliche. Wir haben nur den Kommunikationsapparat mit seinen Strafen und Belohnungen, die freiwillige Unfreiwilligkeit aller von ihm Bedienten und ihn Bedienenden: also der Schreibenden, der Kritiker, der Redakteure, kurz derer, die die Literatur und die ›Meinung‹ machen. Die sich solchen Leitsätzen fügen. Oder sich weigern. Die Mehrheit der Leser ahnt davon nichts, ist indirekt mitbetroffen, ohne daß sie auch nur wahrzunehmen braucht, was jeweils das ›Verbotene‹ oder auch das ›Erlaubte‹ (Verlangte) ist. Woher der neue Wind weht. Sie nimmt ihn als Naturereignis, eben ein Wetter.

Die den Poeten plötzlich gemachten Vorwürfe, sie seien nichts als eine Art Begleitmusik einer restaurativen Epoche gewesen, wurden durch Wiederholung (so noch 1973 Jost Hermand in Amherst) nicht nachweisbarer. Nachweisbar ist vielmehr, daß sie in den Jahren des ›Ohne-mich‹ die Gegenposition gehalten und daß gerade sie sich nie vor Verantwortung gedrückt hatten. Ich zitiere nur Günter Eichs »Denke daran, daß du schuld bist / an allem Entsetzlichen, / das sich fern von dir abspielt« (1950; weiteres Material in *Nachkrieg und Unfrieden. Gedichte als Index 1945–1970*, Neuwied 1970).

Bemerkenswert ist ja auch, daß in *Kursbuch 15* gleichzeitig mit dem Verbot, das sich besonders scharf gegen die Lyrik auswirkte, höchst lyrische Gedichte von Ingeborg Bachmann abgedruckt waren, einem prominenten Mitglied der bisher führenden Gruppe, die von studentischen Aktivisten als ›establishment‹ verhöhnt worden war. Nicht ganz von ungefähr. »Wir sind der Terror«, hatte Ingeborg Bachmann selbst die Rolle der ›Gruppe‹ definiert, zu deren Spitze ja auch der Herausgeber des *Kursbuchs* gehörte, ehe er und andere Prominente, nach kurzem Zögern, neue Führungspositionen bei den Jüngeren bezogen hatten.

Wie dem auch sei, seit den späten 6oer Jahren wurden Gedichte kaum mehr gedruckt, weil sie – so hieß es – nicht mehr gelesen, und nicht mehr gelesen, weil sie nicht mehr gedruckt wurden. Eine Automatik, wenn sie einmal in Gang kommt. Mitte der 5oer Jahre war der Prozeß umgekehrt verlaufen: Gedichte wurden gedruckt, weil sie gelesen, und gelesen, weil sie gedruckt wurden. Das Wichtigste, sie wurden geschrieben. (›Gedruckt‹ steht hier für alle Medien: Zeitungen, Zeitschriften, Funk, Verlage.)

Im Augenblick scheint die Schraube wieder aufzugehen. »Es ist plötzlich wieder Interesse für Gedichte da«, sagen die Buchhändler, die Bibliothekare, die Lehrer, die Studenten. Das kommt nicht aus dem Nirgendwo. Der Agitprop, in den auch ein Teil der Lyriker, besonders die von den Druckschwierigkeiten betroffenen Jüngeren floh, erwies sich bald als totes Ende. Ein Trend-Witterer wie Baumgart kehrte schon 1970 die Begriffe um und bezeichnete die politischen Aktionen der ›Außerparlamentarischen Opposition‹ (APO) als »Literaturersatz«, während eben noch Literatur als Aktionsersatz verworfen worden war. 1971 erschien Herbert Marcuse, dessen Auftritt als charismatische Figur auf der bundesdeutschen Szene die politische Konstellation virulent gemacht hatte und der so zum unfreiwilligen Abwürger der deutschen Lyrik geworden war (vgl. *Nachkrieg und Unfrieden*), als ihr radikalster Verteidiger. »Auch in einer befreiten Gesellschaft«, verkündete er, »fallen Kunst und Realität nicht zusammen. Das Ende der Kunst wäre ein Weltzustand, wo Menschen nicht mehr unterscheiden können zwischen dem, was ist, und dem, was möglich wäre: in andern Worten, die vollendete Barbarei. Wer die Kunst als angeblich bürgerlich aufgibt, verfällt dem schlechten Bestehenden und ist im objektiven Sinne reaktionär« (*FAZ*, 18.6.71). »Dieser Satz schlug ein wie ein Blitz«, fährt der Berichterstatter fort.

1971 ließ auch Enzensberger ein zögerndes Neubekenntnis zur Lyrik drucken:

»Dagegen habe ich nie behauptet,
nun gelte es ganz zu schweigen.
Schlafen, Atemholen, Dichten:
das ist fast kein Verbrechen.«

Wenn wir rückblickend einen Augenblick Enzensberger als literarisches Barometer nehmen, nicht nur, weil er einer unserer stärksten Dichter, sondern weil er ein Wortführer war und ist und besonders durch *Kursbuch* sich eine – von ihm selbst ironisierte – Schlüsselposition verschafft hat, so war er es ja, der sich ursprünglich gegen die politische Programmierung der Lyrik und gegen die »selbstbestellten ideologischen Wächter« gewandt hatte (»Der politische Auftrag des Gedichts ist es, sich jedem Auftrag zu verweigern und für alle zu sprechen, noch dort, wo es von keinem spricht, von einem Baum, einem Stein, von dem was nicht ist...«, »*Einzelheiten*«, 1962), eine Haltung, von der er, auch im *Kursbuch*, nie abgewichen ist. Nur daß er Lyrik als solche abtat. »Als wir 1968 auf die Straße gingen, hatten wir keine Gedichtbände in der Hand, sondern Analysen und Steine. Das Gedicht ist unnütz geworden« (Enzensberger zu *Bildzeitung*, in *Nachkrieg und Unfrieden*).

Die Veröffentlichung einiger neuer Texte Enzensbergers, der Vorstoß Marcuses änderten zunächst nichts an der Lyrik-feindlichkeit der Medien. Adorno, Verteidiger der Literatur, war längst ›weg vom Fenster‹, wie man das heute formuliert. Und Marcuse hatte zu diesem Zeitpunkt auch schon etwas an Glanz eingebüßt, in dem Maße, wie die antiautoritäre Studentenbewegung durch die orthodoxe Linke abgelöst wurde. Diese ist, so wenig wie die DDR, grundsätzlich kunstfeindlich, schon wegen der offiziellen Traditionspflege, obwohl bei uns doch erheblich sturer als in den Ostblockländern.

Es ist kein Zweifel, daß die Kunst- und Lyrikfeindlichkeit des letzten Jahrzehnts in hohem Maße eine bundesdeutsche war. In Rußland, in Polen und andern Ostblockländern, ganz wie auch in den USA, sollen Lyrikbände in den 6oer Jahren nie erlebte Auflagen gehabt haben. »Ich denke, die Menschen fühlen sich heute zur Poesie hingezogen, so wie man bei Skorbut zu Vitaminen sich hingezogen fühlt«, erklärte Wosnessenski, und ähnlich sprachen sich der Jugoslawe Popa und der Pole Rózewics aus (*Ein Gedicht und ein Autor*, Berlin 1969). Aggressiver als alle, Allen Ginsberg: »Wer den Rosen den Krieg macht, der soll ihn haben.« Die bundesdeutschen Puristen erfuhren denn auch bei Auslandsreisen, daß ihr Standpunkt längst überwunden sei. So der – orthodoxe – Schöfer (»Katechismus des Kampftexts«) von den Kollegen in Moskau, Enzensberger von dem japanischen Avantgardisten Terayama in Tokio (»Eine Klassifikation in breite Masse und Bourgeoisie ist heute völlig überholt; betrachtet man nur das Äußere, nur die gesellschaftliche Seite des Menschen, werden damit die individuellen Probleme, die Probleme des menschlichen Inneren, in und mit dem man faktisch Leiden empfindet, nicht gelöst.« *FAZ*, 7.3.73).

Das war das gleiche Jahr 1973, in dem der jüngste deutsche Büchner-Preisträger, Peter Handke, seine Rede damit begann: »Wie wird man ein politischer Mensch« und sie münden ließ in die Frage: »Wie wird man ein poetischer Mensch.« Das Jahr, in dem beim Budapester Petöfi-Treffen, bei einer feierlichen Lyriklesung im Stil der 20er Jahre, einer rührend naiven Darbietung, Enzensberger vor sich hin murmelte: »Man könnte Heimweh bekommen«, womit ich ihn aber keineswegs zum Vater der ›Nostalgie-Welle‹ abstempeln möchte. Trotz Versen wie:

»In meinem Mund
ein Geschmack nach früher
Kannst du mir helfen?
…Das Große entsteht aus dem Geringen
und dazwischen
öffnet sich vielleicht
ein Gedicht.«

Wir sind, das ist deutlich, auf einer Kippe. Wohin ›es‹ kippt, das läßt sich erst nachträglich sagen. Prophezeiungen sind eine undankbare Sache. Daß die imaginative Studentengeneration inzwischen abgerückt ist zu Partei und Beruf, liegt an den zehn Jahren. Auch daß die Konstellation sich geändert hat. Die Erfolgserlebnisse der späten 6oer Jahre sind nicht wiederholbar. Wiederholbar bis zur Ermüdung und toleriert sind die Protestrituale, bei wechselnden Anlässen, die oft erst zu ›Anlässen‹ stilisiert werden müssen: keine Attraktion mehr für die jüngere Generation. Vorhergewußt, daß die ›emanzipatorischen Akte‹ vexierspielartig umschlagen in ihr Gegenteil: in mehr Bürokratie für alle. Das Ärgste: die Spruchbebänderung der Welt verhindert die kreative Begegnung, programmiert und entfremdet die Menschen mehr noch als die kommerzielle Reklame. ›Kritik‹ wird Pseudokritik, ›Freiheitsräume‹ werden zu Ghettos. Statt der Enteinsamung neue Zwänge, neue Hackordnungen. *Kursbuch 37* (Oktober 1974) ist ein Dokument der Enttäuschung an der politischen

Gruppe, diesem Versuch einer neuen Lebensform. Im neuen Zweckverband schon wieder der nur zum Teil gebrauchte, nur zum Teil angenommene Mensch, ein Teil des Ich muß täglich weggelogen werden, ganz wie in der Familie, schlimmer als in der Familie. Aggression nach außen als Liebesersatz. Der nicht genug geliebte Mensch, wie kommt er heraus aus den Schablonen und zu sich selbst?

»Man schreibt wieder ich«, erklärte zu Beginn dieses Jahres Rolf Michaelis in der *Zeit*. »Man ist wieder bereit, Lyriklesungen zu hören, man zieht sie sogar den Diskussionen vor.« Das signalisiert nur den Trend, denn in Wahrheit wurde ja unentwegt ›Ich‹ gesagt. Der einzige junge Autor, der auf der Gegenwelle gegen die Welle hochkam, Handke, sagt seit Jahren fast nichts als ›Ich‹. Wahr ist auch, daß weiterhin die da sind, die sich das Schreiben nicht haben verbieten lassen, die ›schreiben, weil sie schreiben‹ (»canto porque canto« drückte es hochgestimmter Neruda aus). Auch die Toten dieser Jahre, Bachmann, Celan, Eich, Kaschnitz, hatten sich nicht kommandieren lassen. Und viele Leser auch nicht. Dabei ist es doch ein Unterschied, ob einer, der tut, was er tut, es im Einverständnis oder gegen den Strom tut.

Ich finde nicht, daß es uns geschadet hat, daß wir uns rechtfertigen mußten. Daß wir jetzt genauer Auskunft geben können, uns selbst (das ist das Wichtigste) und andern. Eine Art ›Exil‹ in der Gesellschaft: das ist eine Erfahrung, die nicht vergessen werden darf, weil sie, wie jedes Exil, in hohem Maße erkenntnisträchtig gewesen ist.

Wahr ist aber auch, daß, von gezählten Namen abgesehen, keine neue Generation junger Lyriker in Sicht ist, wie in den frühen 50er Jahren. Und sie kann ja auch gar nicht da sein. In Sicht sind, für den Augenblick (wenn man den Buchhändlern, den Lehrern, den eigenen Leseerfahrungen trauen darf), die neuen Leser. Leichter melden sich Leser, antworten leichter auf neue Signale als Schreibende. Wer jahrelang den eigenen Ausdruckswillen in sich erstickt hat, um kein unnützes Mitglied der Gesellschaft zu sein, der hat ihn nicht plötzlich wieder, bloß weil die Lichter auf Grün gehen. Spontaneität läßt sich nicht kommandieren, darin besteht sie ja gerade. ›Ab‹-befehlen läßt sie sich, aber nicht ›an‹. Dabei würden sich jetzt sogar wieder Verleger finden, die junge Dichter, wenn sie erschienen, trotz des teuren Papiers auch drucken würden, eben weil wieder Leser da sind, das läßt sich nicht trennen. Auch die Zeitungen drucken wieder Gedichte, allen voran die *FAZ*: Das Interesse, das die *Frankfurter Anthologie* findet, zeigt, daß Gedichte gelesen werden, wenn sie gedruckt werden.

Für und wider die zeitgenössische Literatur, für und wider die Lyrik? Das heißt, für und wider uns selbst. Wir befinden uns in einer Zwickmühle. Was wäre die Literatur und schon ganz die Lyrik, wenn sie sich nicht mit uns in der Zwickmühle befände. Sie kann nicht anders sein als wir und als die Umstände, in denen wir zu leben haben. Der Wunsch, Unmenschlichkeit darzustellen, ist ein verfehlter Wunsch. Er muß mißlingen. Die Unmenschlichkeit kann nur von der Menschlichkeit her dargestellt werden. Woran sonst sollte sie gemessen werden?

Ein neues Gleichgewicht von Gefühl und Verstand, eine neue Sensibilisierung für Sprache – nicht nur für Sprache, aber vor allem für Sprache – ist fällig. Weg von der täglichen Fütterung mit Worthülsen, egal welche. »Wenn man plötzlich entdeckt, wie man mit den Ausdrücken der Spruchbänder sich unterhält, so ergreift einen Grauen und Ekel vor dem eigenen Mund« (Rilke, 1918, ein Wort geändert: »Spruchbänder«, für »Zeitungen«, aber ebensogut hätte ich die Büchnerrede 1973 zitieren können).

Wahrhaftigkeit in der Wahl des genauen Worts, ›Benennen‹ statt Etikettierung der Welt scheint mir weiter die Hauptsache. Und Mut. Die drei Arten von Mut, die der Lyriker braucht: den Mut, er selbst zu sein, den Mut, nichts umzulügen, den Mut, an die Anrufbarkeit der Menschen zu glauben, diese drei Arten Mut, sie sind nichts Elitäres, sind nötig für jeden, unabhängig von der Gesellschaftsordnung. Deswegen habe ich heute, wo die Neuausgabe – vielleicht – in einen

Aufwärtstrend kommt, nichts zu ändern an diesem Buch, von dem bei seinem Erscheinen gesagt wurde, es wolle die angedrohte Hinrichtung der Poesie noch im letzten Augenblick verhindern und das Messer des Henkers gleichsam über dem Halse des Opfers aufhalten.

Die Poesie und der Mensch sind gleich zäh. Und bis zur endgültigen Abschaffung der Spezies werden sie noch viele Hinrichtungen miteinander durchstehen müssen.

H. D., Februar 1975

PS. Dezember 1980. In der Tat, die Poesie ist begnadigt worden, steht hoch in Ehren. Auch die Liebe, auch die Bäume, alles wieder ›in‹. Nur der Mensch eigensinnig unterwegs ins ›out‹?

H. D.

Der Plan des Buchs

Es ist hier versucht worden, von innen und von außen, in einem dauernden Positionswechsel die Problematik der zeitgenössischen Lyrik möglichst vollständig abzuleuchten. Dabei ist die Grunderfahrung von dem, was Lyrik heute ist oder sein könnte – eine Erfahrung, die sich herleitet aus jahrelangen Analysen eigenen und fremden Tuns –, natürlich implicite oder explicite in jedem der Essays enthalten. Das macht, in Abwesenheit eines Systems, ihre Einheitlichkeit aus.

Als Erstes frage ich nach dem Alibi: Ist es sinnvoll, heute Lyrik zu schreiben? Hat, von der Gesellschaft her gesehen, der Lyriker ein Recht, das zu tun, was er mit solcher Leidenschaft und Ausschließlichkeit tut, daß es ihm unveräußerbar erscheint wie nur das Leben selbst?

Als Nächstes wird die Reaktion der Gesellschaft auf das Kunstwerk untersucht, also der Mechanismus der Urteilsbildung, wobei die Lyrik nur als eines der möglichen Demonstrationsobjekte dient. Das Kunsturteil erweist sich letztlich nur als ein Sonderfall von Entscheidung überhaupt.

In einem (kunsttheoretischen) Essay wird dann der Prozeß der Urteilsbildung aus dem Gesellschaftlichen isoliert, die Reaktion des Einzelnen auf das Kunstwerk zum Untersuchungsgegenstand gemacht und eine Art ›Gebrauchsanweisung‹ für den Umgang mit und die Freude an Kunst gegeben. Urteilen erscheint hierbei als reine ›Vorübung‹ zum Gebrauch von Kunst. – Anstelle von ›Maßstäben‹, deren Ideologiecharakter nachgewiesen wird, ist das Training der Urteilsfähigkeit ins Zentrum gerückt. Der Begriff einer ›erziehbaren‹ Automatik, gewonnen durch Rückanwendung kybernetischer Schemata, wird versuchsweise anstelle des (obsoleten) Geschmacksbegriffs vorgeschlagen.

In einem weiteren (soziologischen) Essay schließlich wird die im Abstrakten gewonnene Mechanik wieder eingehängt in den gesellschaftlichen Zusammenhang, und es wird konkret entwickelt, wie Literatur nach dem Wegfall einer tragenden bürgerlichen Schicht sich ihren eigenen Platz in unserem gesellschaftlichen Gefüge sichert und in ihrem Funktionieren als Institution diese Sonderstellung zwangsläufig an die Gesellschaft verliert.

Als Drittes untersuche ich das Werkzeug und die Arbeitskriterien des Lyrikers und analysiere die Ursache der ›Spannung‹ zwischen ›Unvereinbarkeiten‹ auf der Arbeitsebene. – In einem zweiten Essay bemühe ich mich, einen stilistischen ›Trend‹ aufzuzeigen und die Mittel bewußt zu machen oder herauszudestillieren, die zur Erreichung eines über den Augenblick hinaus projizierten Zieles tauglich scheinen. – Zwei Exkurse behandeln technische Aspekte der sogenannten ›Schweigegrenze‹ und die immer gleitendere Grenze zwischen Lyrik und Prosa.

Als Viertes wird die genaue Abgrenzung der Positionen des Lyrikers und des Wissenschaftlers im Hinblick auf den Text versucht, also eine Definition des grundsätzlichen Unterschieds zwischen Lyriktheorie, Interpretation und Wertung.

Als fünftes Thema ist die gängige Terminologie (Lyriker, Text) kurz untersucht, im Wunsch, die Begriffe klarer zu definieren.

Als Sechstes untersuche ich das heutige Gedicht im Hinblick auf seine Struktur und auf seinen Entstehungs- wie auf seinen Aneignungsprozeß, was nur verschiedene Seiten ein und derselben Sache sind: ein Kondensierungs- und ein Auflösungsprozeß, die in ein labiles Spannungsverhältnis gebracht werden. Was kondensiert und konserviert und auflösbar gemacht wird, ist die ›Zeit‹: der exemplarische Augenblick, die Erfahrungsspitze (sei diese nun eine Höhe oder eine Tiefe). Lyrik, als Kunst, ist jenes »verweile doch« und weiter nichts. Es handelt sich um einen Prozeß der Verwandlung und Aufhebung von Zeit. Wenn man so will, etwas wie die

Chemie eines Wunders. Nicht von ungefähr zitiere ich Majakovskijs »Gramm Radium«, »das Wort urelementar« (»es setzt in Bewegung, mit seinen Strahlen, Millionen Herzen durch tausend Jahr«). Mit den spezifischen und sehr genauen Gesetzen des Einfrierens, kurz des Konzentrierens und Suspendierens von Zeit durch die Kunst des Worts, also dem Schreiben des Gedichts, und mit seinem Korrelat, dem Wiederfließendmachen von Zeit, also mit der Kunst des Lesens von Gedichten beschäftigt sich dieser sechste Essay.

Der OFFENE BRIEF AN NELLY SACHS schließt sich der ›Theorie‹ an, zumindest in seinem zweiten Teil, der das ›Lebensparadox‹ des Exildichters in seiner akutesten Form behandelt: Exil ist äußerstes Paradigma der Existenz des Dichters überhaupt. Er gibt in seinem ersten Teil, in der Wertung des Werks der Sachs, eine zusätzliche und spezifische Antwort auf die Frage ›Wozu Lyrik heute?‹.

Im Technischen wurde so verfahren, daß aktuelle literarpolitische Fragen grundsätzlich unter dem Strich, also in Anmerkungen zum Text, behandelt werden. – Im übrigen war es das Arbeitsprinzip, die Materie zu entgeheimnissen und das Erklärbare so weit nur möglich zu erklären. Zumindest jedoch das Funktionieren der irrationalen Komponente in ihrem Mechanismus genau aufzuzeigen und kenntlich zu machen – nicht zu kamouflieren –, wo die Analyse abdankt oder wo sich nicht auflösbare Widersprüche ergeben.

Jeder der Essays aber ist, ausgesprochen oder nicht, ein Versuch aufzuzeigen, ob und inwieweit Freiheit für uns noch in Rufweite ist und wie, gleichsam in einer Geisterbeschwörung, die Vertriebene und Gejagte, und sei es auf Augenblicke, zurückgeholt werden könnte. Die Frage nach der Freiheit, die identisch ist mit der Frage nach der Möglichkeit von Lyrik und Kunst überhaupt, ist die Achse dieses Buchs.

Daß der Stimmungsumschlag, der heute bei jedem Dichtertreffen in Ost und West, diesseits wie jenseits des Eisernen Vorhangs, zu spüren ist, die Grundhaltung dieser Arbeit – die einer streitbaren, eine letzte Sphäre der Freiheit behauptenden humanitas, die jedoch im Handwerklichen nichts opfert von den Errungenschaften der sogenannten ›enthumanisierten Kunst‹ – in einen weltweiten Zusammenhang integriert, das ist für die heikle Einsamkeit jedes Schreibenden, und also auch für mich, ein Trost, noch hinter dem Trost des genauen Worts.

Wozu Lyrik heute
Lyrik und Gesellschaft

…wenn der Mensch erst wirklich zu dem m a -
n i p u l a n d u m wird, für das er sich hält,
dann… treten wir ein in ein Zeitalter, in dem es
nicht ›wahr‹ noch ›unwahr‹ mehr gibt: in einen
Schlaf oder Alptraum, aus dem nichts uns auf-
weckt.

Merleau-Ponty

Wozu Lyrik heute? Wozu sollen wir Lyrik lesen, wozu schreiben wir Gedichte? Heute? Wenn man so fragt, so fragt man
fast schon ›noch heute?‹. Als hätte gestern allenfalls einen
Sinn gehabt, was heute der Entschuldigung bedürfe.

Zwei extreme Antworten sind sofort zur Stelle, beide ableh-
nend. Die erste lehnt die F r a g e ab: Es gibt hier kein ›Wozu‹.
Lyrik, wie alle Kunst, ist Selbstzweck. Heute und immer. Aber
gerade darum geht es: Alles, worauf es in Wahrheit ankommt,
ist Selbstzweck, das heißt unnütz und unverzichtbar zugleich.
Und heute vielleicht unverzichtbarer als je. Auch Lyrik. Es
geht hier um den Nachweis dieser Unverzichtbarkeit, um eine
Untersuchung, was damit gemeint ist.

Die zweite Antwort lehnt die S a c h e ab: In einer Zeit wie
der unsern solle man etwas Nützlicheres tun, man solle die
Wirklichkeit ›verändern‹. Kunst aber verändere die Wirklichkeit nicht. Besser studiere man den politischen Teil der Zeitungen, als Gedichte zu lesen oder zu schreiben. Was nicht
nur eine echte Alternative ist, sondern im Grund nur die strapazierte – längst zurückgenommene – Feststellung Adornos
neu aufnimmt, daß Lyrik durch Auschwitz unmöglich geworden sei. Also daß Lyrik der Wirklichkeit gerade dieser Zeit
nicht genügen könne.

Ich wiederhole die Frage konkreter: Hat Lyrik noch eine Funktion innerhalb der Realität unseres modernen Lebens? Wenn ja, welche?

So formuliert, heißt das Thema: Dichtung und Wirklichkeit. Oder auch: Dichtung und Freiheit.

Sobald aber nach Lyrik als Übung im Gebrauch von Freiheit[1] gefragt wird, ist die Frage schon ganz nah an der andern, der nach der Umgestaltung der Wirklichkeit. Denn, im Gegensatz zu Kunst, ist die Veränderung der Gesellschaft keinesfalls Zweck in sich, sie dient der möglichen Freiheit des Menschen, seinem Menschsein. Oder sie ist gleichgültig. Insofern drehen sich beide Fragen um eine gemeinsame Achse.

Auf jeden Fall handelt es sich um die Wirklichkeit[2]. Ich zitiere Joyce, der seinen Entschluß, sich dem Schreiben zu widmen, mit diesen Worten ankündete: »I go to encounter for the millionth time the reality of experience«, »Ich gehe zum millionsten Mal der Wirklichkeit der Erfahrung entgegen.«

So tückisch wie die Wirklichkeit, die wir erfahren, war Wirklichkeit wohl nie zuvor. Sie droht, die Wechselwirkung zwischen uns und ihr zu zerstören, uns auszulöschen, auf die eine oder andere Weise. Die subtilere Gefahr scheint fast die unheimlichere: Es gibt sie und es gibt sie nicht. Jeder spricht von ihr. Keiner bezieht sie auf sich. Als sei sie ein Schnupfen, den die andern bekommen, und man selber sei immun. Die Gefahr heißt ›Verdinglichung‹, Metamorphose ins Ding, in etwas Manipulierbares: Verlust unserer selbst.

1 Die hier nur berührten Probleme werden an anderer Stelle erörtert, so z. B. Dichtung als Übung im Gebrauch von Freiheit, unter Werten und Gebrauchen von Kunst; Wissenschaft als Zerreißprobe für Dichtung, unter Arbeitsprozeß; das Ich in der zeitgenössischen Lyrik, unter Urteil als Risiko, etc. Der Essay selbst ist die umgearbeitete und erweiterte Fassung eines ursprünglich an Universitäten der USA gehaltenen Vortrags.
2 Um Mißverständnisse zu vermeiden, ich spreche hier nicht vom Realismus in der Kunst im technischen Sinne des Worts, also nicht von der Wiedergabe der Wirklichkeit, sondern eben von der Beziehung zwischen Dichtung und Wirklichkeit.

Kann die Lyrik uns noch helfen, einer so gearteten Wirklichkeit zu begegnen[3]?

Ich glaube, daß Hegel unrecht hat mit der Prognose, die Wissenschaft könne und werde den Dichter ersetzen. Und daß es das Ende von mehr als nur der Dichtung wäre, wenn er recht behielte. Vom Naturwissenschaftler kann in diesem Zusammenhang ohnehin nicht die Rede sein. Er ›verändert‹ die Wirklichkeit im buchstäblichen Sinne, mehr noch als die Politiker schafft er die Konditionen, in denen Leben gelebt wird. Die Wirklichkeit, die Naturwissenschaft und Technik herstellen, ist aber nur das ›Wie‹ unseres ›Was‹. Sie ist die Vorbedingung. Sie ist nicht das Leben selbst (oder doch vorläufig nicht). »Nicht darauf, was man aus dem Menschen gemacht hat, kommt es an. Sondern auf das, was er aus dem macht, was man aus ihm gemacht hat«, statuiert programmatisch Sartre[4].

Der Soziologe und der Psychologe passen den Menschen ein in die vorgegebenen Muster. Oder sie schlagen bessere Muster der Einpassung vor, ›klären auf‹ über die Mängel der bestehenden. Der Soziologe, der Psychologe stellen also auf einer neuen Stufe Bedingungen her, in denen Leben gelebt wird, Modelle des Lebens und Überlebens[5]. In den Worten Sartres: sie »machen« wiederum »etwas aus uns«. Was hat der Lyriker in die Waage zu werfen? Ist er am Ende eine Instanz, die hilft, »etwas aus dem zu machen, was man aus uns gemacht hat«? Ein Wendepunkt, eine Zuflucht in diesem fatalen Prozeß?

Der Dichter tut, was er immer tat und immer tun wird, gleichgültig, was für eine praktische Form das Leben nimmt, ob wir zu Pferd reisen (ich selber habe es noch während des

---

3 Die Frage, ob der Roman neben Soziologie, Psychologie und Sachberichten noch eine Berechtigung hat, wird hier nicht diskutiert.
4 »L'essentiel n'est pas ce qu'on fait de l'homme, mais ce qu'il fait de ce qu'on a fait de lui, *L'Arc*, Nr. 30, 1966, S. 95.
5 Es ist hier die Rede von Wissenschaft als Vermittler und Gestalter der Wirklichkeit (Natur- und Geisteswissenschaft sind in diesem Sinne nichts grundsätzlich Verschiedenes) und nicht von der durch sie vermittelten Erkenntnis als Zweck an sich.

Krieges in Lateinamerika getan), im Zug oder in Superraketen, von Kontinent zu Kontinent oder von Stern zu Stern. Der Lyriker bietet den Menschen etwas, das nicht wieder nur Vorbereitung für etwas anderes wird: das ›Unnütze‹ und zugleich ›Unverzichtbare‹, wie wir es definierten, das, worauf es in Wahrheit ankommt.

Der Lyriker bietet uns die Pause, in der Zeit stillsteht. Das heißt, alle Künste bieten diese Pause an. Ohne dies Innehalten[6], für ein ›Tun‹ anderer Art, ohne die Pause, in der Zeit stillsteht, kann Kunst nicht angenommen werden, noch verstanden noch zu eigen gemacht. Darin ist die Kunst der Liebe verwandt: Beide ändern unser Zeitgefühl[7].

Gleiches, aber doch nicht das Gleiche bieten uns die verschiedenen Künste an auf dieser Insel ihrer eigenen Zeit – einer Insel, von der immer wieder gesprochen wird und die es schon bei Mallarmé und bei Hofmannsthal gibt, die Insel, die auftaucht mitten im Mahlstrom der Geschäftigkeit und die nur während einiger Augenblicke existiert, während einiger Atemzüge. Was also bietet Lyrik an, auf dem prekären Boden, der auftaucht: diese besondere Verbindung von ratio und Erregung, die Kunst des Worts und des Nichtworts?

Die aktive Pause. Identität als Voraussetzung von Kommunikation. Die Einbeziehung des Einzelnen in das Erfahrungsmuster

Lyrik lädt uns ein zu der einfachsten und schwierigsten aller Begegnungen, der Begegnung mit uns selbst.

»Die ganze Weltgeschichte«, sagt Benn, »die ganze Menschheit zehrt von einigen Selbstbegegnungen.« Sie sind die exemplarischen (von den andern wissen wir nichts). Die

6 Zum »Innehalten« als »Minute für das Unvorhergesehene« im Gegensatz zum »Sich-abstempeln-lassen«, »Beherrschbar-werden«, Brecht, *Über die Produktivität der Einzelnen*, *Me-ti*, Frankfurt, 1965, S. 131.
7 Ganz wie, für den religiösen Menschen, das Gebet.

Selbstbegegnung des Lyrikers ist weithin sichtbar, er vollzieht sie stellvertretend, aber auch er ist ihrer nicht habhaft. Der Lyriker selbst ist kein Beispiel, er macht im Einzelfall das Beispielhafte sichtbar: sein ›Muster‹, seine innere Notwendigkeit[8]. »Im Dichter kommt die Menschheit zur Besinnung und zur Sprache«, sagt Jean Paul, »darum weckt er sie wieder leicht in andern auf.« »Er ist eine Abbreviatur der Menschheit«[9], heißt das in der letzten Formulierung, der von Lukács. Daher ist die Selbstbegegnung des Lyrikers zugleich einmalig und Modell von Begegnung überhaupt: mit den andern, mit der Wirklichkeit. Unwiederbringlicher Augenblick, Zeit außer der Zeit. Im Gedicht ist er eingefroren, auftaubar. Wirklicher als die Wirklichkeit: ihr jeweils neu und anders realisierbarer Potentialis.

Lyrik gibt nur die Essenz dessen, was dem Menschen widerfährt. Sie verbindet uns wieder mit dem Teil unsres Seins, der nicht angetastet ist von den Kompromissen, mit unsrer Kindheit, mit der Frische unsrer Reaktionen. Ich sage ›Reaktionen‹, um nicht zu sagen: unseres Gefühls, obwohl ich mich hier mit einem so zerebralen und kühlen Lyriker wie z. B. Jorge Guillén treffe. »Tu niñez / Ya fábula de fuentes« – »Deine Kindheit / Sage schon im Mund der Brunnen.« Und indem uns die Lyrik mit uns selbst verbindet, mit dem eigenen Ich, verbindet sie uns auch mit den andern, gibt sie uns die Möglichkeit der Kommunikation wieder[10]. Das ist, was,

8 Das unterscheidet das Gedicht von der privaten Aufzeichnung. Eberhard Lämmert spricht in diesem Zusammenhang vom unverzichtbaren »Identifikationsangebot« (*FAZ*, 13. 3. 75)
9 *Über die Besonderheit als Kategorie der Ästhetik*, Neuwied und Berlin, 1967, S. 378. – Die ›Besonderheit‹ wird als ein heikles pudendum von dem Betroffenen erlebt. Die Existenzverlegenheit des sich relativierenden, also sich der Gesellschaft einpassenden Lyrikers schlägt um in Selbstironie; vgl. ZUM ARBEITSPROZESS. Eine Hülle offizieller Zustimmung ersetzt die frühere ›Aura‹; vgl. LYRIKER UND TEXT und LITERARISCHE MEINUNGSBILDUNG.
10 Interessant ist, daß neuerdings die Psychiatrie sich der Dichtung als zusätzlicher Therapie in eben diesem Sinne zu bedienen beginnt: als Mittel zur Wiedergewinnung des Ich und damit der möglichen Begegnung des Ich mit der Welt. Wie es kaum verwundern kann, daß gerade die psychische Störung, der Verlust des Ich in seinen verschiedenen Graden, in den hochindustria-

denke ich, die Dichtung anzubieten hat: in höherem Grade als jede andere Kunst und auch als jede andere Beschäftigung des Geistes.

Die Mitteilung des nicht – oder doch kaum – Mitteilbaren: das ist also die Aufgabe des Lyrikers. Dazu wird sein Gedicht ›gebraucht‹. Es ist aber schon nicht mehr ›sein‹ Gedicht, wenn es gebraucht wird. Es geht nicht mehr um seine Selbstbegegnung, sondern um die Selbstbegegnung von andern, denen das Gedicht dazu verhilft: um die Begegnung dieser andern mit ihrer eigenen Erfahrung. Das Gedicht macht sie sichtbar, es benennt und macht benennbar und also sagbar, was dunkel da war und plötzlich ins Bewußtsein gehoben wird. Die benannte Erfahrung tritt dem Menschen gegenüber als etwas Objektives und wird auf eine neue Weise vollzogen: als sein Eigenstes, das aber doch auch andern widerfährt, ihn mit der Menschheit verbindet, statt ihn auszusondern. Er ist einbezogen und mitgemeint. Das erregt und befreit zugleich. Er kann es sich sagen, und er kann es weitersagen, ganz wie der Autor selbst es weitergesagt hat. Die Katharse ist Monolog und Aufhebung des Monologs. Das Gedicht ändert sich unmerklich, wenn es sich mit dem Ich des Lesers füllt. Und auch die eigene Erfahrung des Lesers bekommt etwas von der Farbe des Gedichts, wird stärker, bunter, anders als er es von sich erwartet und auch als er es, ohne gerade diese Formulierung, vielleicht je erfahren hätte. – Für den Autor natürlich bleibt das Gedicht ein Teil seiner Biographie, wie der Augenblick der höchsten Identität mit sich selbst, der ja zugleich höchste Selbstentäu-

lisierten Ländern, allen voran in den USA, epidemische Ausmaße annimmt. (*Poetry Therapy, a new ancillary therapy in psychiatry*, New York, 1966, wo die Therapie im einzelnen beschrieben ist, als Vorbereitung des Lebens außerhalb der Anstalt, das ›normales Leben‹ zu nennen vielleicht eine überoptimistische Bezeichnung wäre.) – Über die akute Kommunikationskrise, vgl. ZUM ARBEITSPROZESS. – Daß Dichtung von jedem für sich aufgenommen wird und also zunächst Sache der Isolierung ist (Gehlen), hindert nicht, daß gerade sie von der Einsamkeit befreit. Über die paradoxe Wirkung des ›nach innen gekehrten Antriebs‹, als Rückzug, der den Vorstoß ermöglicht, vgl. AM UMSCHLAGSPUNKT VON DER DIACHRONISCHEN ZUR SYNCHRONISCHEN GESELLSCHAFT.

ßerung ist, für jeden ein Teil des gelebten Lebens bleibt (das gilt für den Leser wie für den Autor, für jeden), obwohl auch der Autor es irgendwann neu und überraschend anders lesen könnte. Das Gedicht hat sich losgelöst von ihm, der im Zufälligen, nicht im Beispielhaften lebt. Es ist nicht rückführbar auf den mit Zufälligkeiten behafteten Lebensumstand, aus dessen Überwindung es ja gerade entstanden ist.

Das Gedicht, selbständig geworden, ist also eine Art Gegenstand, den Dritte ›brauchen‹, das heißt: dessen sie bedürfen und dessen sie sich auch bedienen können. Man hat gesagt, daß das Gedicht ein Gebrauchsartikel sei wie jeder andere. Enzensberger legte seinem zweiten Lyrikband *Landessprache* eine Gebrauchsanweisung bei (GEBRAUCHSANWEISUNG FÜR UNERSCHROCKENE LESER), wobei er nur Brechts *Hauspostille* folgt, die Brecht schon im Jahre 1927 mit einer ANLEITUNG ZUM GEBRAUCH DER EINZELNEN LEKTIONEN versehen hatte. Auch moderne amerikanische Lyriker wie William Carlos Williams haben das Gedicht als ›Gebrauchsartikel‹ angesprochen, und auch ich tue es. Mit einem Unterschied: Das Gedicht, glaube ich, ist ein Gebrauchsartikel eigener Art[11]. Es wird gebraucht, aber es ver braucht sich nicht wie andere Gebrauchsartikel, bei denen jedes Benutzen das Abnutzen in sich schließt. Im Gegenteil, es ist eines jener ›Dinge‹, die wie der Körper der Liebenden in der Nichtbewahrung recht eigentlich gedeihen. Neu gestaltete Erfahrungen, verfügbar werdende Assoziationen wachsen dem Gedicht unablässig zu und vermehren, vertiefen und erweitern es, je nach den Notwendigkeiten seiner Gebraucher. Es ist daher ein ›magischer Gebrauchsartikel‹, etwas wie ein Schuh, der sich jedem Fuß

---

11 Sowenig wie das Gedicht ein alltäglicher, sondern eben ein ganz besonderer Gebrauchsgegenstand ist, sowenig läßt es sich als ›Maschine‹ bezeichnen, wie es vielfach geschieht. Allenfalls ließe es sich mit einem Perpetuum Mobile vergleichen. Die Maschine hat ja gerade keine Bewegung in sich, ist angewiesen auf jemand, der sie belebt. Das Gedicht aber, die gestaltete ›wirklichere Wirklichkeit‹ hat eine Eigenbewegung: Diese erhält sich im Prinzip unbegrenzt. Es ist nicht vorhersehbar, ob, noch wann oder auf wie lange sie aktiv wird: Sie kann nach Jahrhunderten plötzlich wieder virulent werden.

anpaßt, der ohne ihn den Weg in das Ungangbare nicht gehen könnte, den Weg zu jenen Augenblicken, in denen der Mensch wirklich identisch ist mit sich selbst. Etwas, das er im täglichen Leben eben nicht ist. Denn gerade das ist das Wesen der Funktionalisierung, daß die Identität verlorengeht, der Mensch zum ›Treffpunkt seiner Funktionen‹ wird. Um so wichtiger, um so unentbehrlicher ist jener magische Gegenstand, jenes Sesam-öffne-dich, das die Lyrik ist.

Gleichschaltung durch das Geheimkommando n e u t r a l.
Lyrik als Widerstand gegen Neutralisierung.
Der Mut zur Identität

Der Lyriker, der würde daraus hervorgehen, besitzt in hohem Maße die Identität mit sich selbst, zumindest im schöpferischen Augenblick (der sich vom schöpferischen Augenblick des Lesers nicht oder doch nur durch den Grad der Intensität unterscheidet). Um sie zu realisieren, um diesen heiklen Balanceakt zu leisten, noch dazu vor aller Augen[12], bedarf er – unter anderm – des Muts. Es kann gar nicht genug gesagt werden, daß Kunst von Mut lebt. Am meisten aber die Dichtung, die sich nicht ›herausreden‹ kann, sondern ›hereinreden‹ muß. Sie ist geradezu eine Erziehung zum Mut, verdirbt ohne ihn, er ist so wichtig wie das handwerkliche Können. Der Mut, den der Lyriker braucht, ist dreierlei Mut, mindestens: der Mut zum S a g e n (der der Mut ist, er selbst zu sein)[13], der Mut zum B e n e n n e n (der der Mut ist, nichts falsch zu benennen und nichts umzulügen), der Mut zum R u f e n (der der Mut ist, an die Anrufbarkeit des andern zu glauben). Durch das Nadelöhr seines Ichs muß er hindurch ins Allgemeine: in die punktuelle, die paradoxe Wahrheit der unwie-

12 ›Vorturner‹ würde Grass ihn nennen.
13 Gottfried Benn, Brief 1949: »Kein Satz, kein wirklicher und wesentlicher Satz kann geschrieben werden, ohne daß das ganze Pathos und das ganze Leid einer Persönlichkeit dahinter steht.«

derholbar einmaligen und zugleich doch beispielhaften Erfahrung, in die ›wirklichere Wirklichkeit‹.

Der umgekehrte Weg ist kein Weg. »Für alle wollte ich sprechen und konnte nicht sprechen für mich«, klagt einer unserer jüngsten Lyriker[14], und diese Erfahrung wiederum, diese sehr persönliche Klage, wird sofort zu etwas Paradigmatischem: Kaum spricht er sie aus, kaum verzichtet er darauf ›für die andern zu sprechen‹, so spricht er auch schon für sie mit. Das ist die innere Dialektik der Dichtung, in der nichts ohne seine Gegenseite ist, und in der man nichts ›wollen‹ darf und auf alles verzichten muß außer auf den Mut zur Wahrhaftigkeit.

Dabei ist es eine gewisse Erleichterung, daß man allmählich weiß und antizipieren kann, daß das Gesagte sich unter den Händen entpersönlicht, ›verfremdet‹ (es tut dies immer schneller), und daß es zu einer Glaskugel wird, in der jeder die eigene Wirklichkeit und die eigenen Träume sieht. Denn Scheu kann der Lyriker sich nicht leisten, er kann sich nicht den Erwartungen anpassen und seine Erfahrung (seine ›Träume‹ sind ein Teil dieser Erfahrung) nicht verleugnen noch kastrieren[15]. Er muß taube Ohren haben für das zugeflüsterte ›neutral‹.

›Neutral‹ ist heute das Modewort. Mit der Parole ›neutral‹ wird der Mensch der modernen Gesellschaft uniformiert, mit ihr wird er gleichgeschaltet. Neutral aber kann allenfalls der Hintergrund sein, auf dem der Mensch sich bewegt. Ein neutraler Hintergrund gibt Freiheit für die Bewegung des Menschen. Der Mensch selbst kann und soll nicht neutral sein, er

14 Peter Hamm, geb. 1937, FÜR ALLE WOLLTE ICH SPRECHEN, in *Lyrik aus dieser Zeit 1963/64*, München/Eßlingen, 1963, S. 128. Hamm war es auch, der als erster dazu aufrief, die Lyrik an den Nagel zu hängen und lieber die Zeitungen zu lesen, als die Spannung zwischen Studenten und Bevölkerung in Berlin (im Sommer 1966) bedrohliche Formen annahm. Als ob das eine das andere ausschlösse.
15 Über den Extra-Mut, den die Autorin braucht, vgl. Virginia Woolf, *The Angel of the House* (insbesondere über die Konventionen, die die schreibende Frau zu dementieren hat).

ist kein Gegenstand unter Gegenständen. Kein Baustein, der sich beliebig verwenden läßt. Hier haben wir, ganz konkret, die Bedrohung, die ›keiner auf sich bezieht‹: die Verdinglichung. Es ist eine ihrer vielen Formen. Der Mensch muß sich weigern, ›Vorauskonformist‹ zu sein auf dem Wege seiner Verwandlung in den Apparat. Das Wort ›neutral‹ hat keine Anwendung im Humanen. Und am wenigsten in der Kunst. Und schon gar nicht in der Lyrik. Lyrik ist das Anti-Neutrale schlechthin.

Den ›Mut seiner Erfahrungen‹ zu haben, ohne den es Lyrik nicht gibt, ist, gegen den Trend zu gehen, nicht zu sein wie jeder: nicht verwechselbar, nicht berechenbar und daher nicht ›verwendbar‹, eben lebendig. (Lebendig und neutral sind Begriffe, die einander ausschließen.) Und zu ›rufen‹, vox clamans zu sein, Stimme, die die andern aufruft, am Leben zu bleiben, Stimme, die sie verletzt und verletzbar erhält. Damit sie Partei ergreifen, wo neutral zu sein Unmenschlichkeit ist. Dazu müssen sie vor allem sie selber sein, sonst ist nichts da, an das appelliert werden könnte und das Widerstand leistet. Oder Hilfe leistet. Täglich ›sterben‹ die Menschen und gehen einher als Puppen ihrer selbst [16]. Jeder Lebende erfährt es, zumindest in den hochindustriellen Ländern, daß heute schon die Halb- und Dreiviertelstoten die Mehrheit sind. Die Zeitungen sind voll von Berichten darüber. Der ›Halbtote‹ ist der programmgerecht funktionierende Mensch, der nur noch auf Störung seines Konsums reagiert. ›Lebend‹ ist, wer nicht erträgt, daß sein Weltbild zerstört wird. (»Nur innerhalb der Wahrhaftigkeit kann ich vergnügt und ruhig sein.« Dieser

---

16 Ionescos *Nashörner* können (u. a.) so interpretiert werden. (Der terminus technicus hierfür ist ›zum Exemplar werden‹). Einzelheiten des ›entmenschlichenden‹ Wirtschaftsprozesses (Funktionsbezogenheit und Austauschbarkeit menschlicher Beziehungen) bei Vance Packard, *Die Pyramidenkletterer*, Düsseldorf, 1963. Vgl. auch Berichte über die Autobahn, die Krankenhäuser, das Schicksal von Familienmitgliedern, die nicht mehr ›einspuren‹. Auch die Haustiere werden austauschbar, ferienhalber werden sie auf die Landstraßen geworfen, nach den Ferien werden neue angeschafft.

Satz Peter Hilles[17] umschreibt ungefähr, was hier gemeint ist.)

Die Halbtoten sind kein mögliches Gegenüber für die Kunst. Nicht für Lyrik und für gar keine Kunst. Es würde die Erfahrung fehlen, die in Kunst kondensiert und virulent gemacht und auf ein allerhöchstes Potential gebracht wird, das das eigene Potential der Menschen erhöht. Was der Lyriker sagen würde, falls einer überlebte, wäre dann verurteilt, Partikuläres mitzuteilen, nicht mehr Gültiges. Denn es würde für niemanden mehr verbindlich sein. Sicher ist, daß die großen ›Muster‹ allen Lebens sich zu Schemen zu entleeren drohen, in denen sich die Figuren wie Marionetten zusammenfinden. (Ein Teil der überkommenen ›Muster‹ wird infolge der veränderten Lebensumstände zwangsläufig obsolet[18].) Es würde dann aber nicht nur die Kunst an ein Ende kommen, es würde der Mensch als Mensch nicht weiterexistieren, eine aussterbende Art wie die Riesenfarne, die wir in den Gewächshäusern noch anstaunen dürfen.

Daher ist der Lyriker heute, in einer sich schematisierenden Gesellschaft, durch seine bloße Existenz schon »Sand in den Rädern« (Eich). Er ist »Unruhe« (Grass), er kann gar nichts anderes sein[19]. Außer er lüge die Wirklichkeit um, in anderen Worten: er sei gar kein Künstler, sondern ein Lieferant von

---

17 Peter Hille sagte: »nur innerhalb der Wahrheit«, ich habe das skeptischer formuliert. Zitiert nach Günter Bruno Fuchs, *Blätter eines Hof-Poeten & andere Gedichte*, München 1967: WIDMUNG AN JOHANNES BOBROWSKI: »Der Präsident / wird vereidigt auf einen Satz von Peter Hille ... Es kommt zu einer / Schweigeminute.«

18 Vgl. Theodor W. Adorno, *Negative Dialektik*, Frankfurt, 1966, S. 258: »Damit verschwände, was so Leben heißt ... So wird es, wenn die Menschheit sich herausarbeitet, einmal fast allem ergehen, was heute noch für Leben gilt und nur darüber täuscht, wie wenig Leben schon ist.« – In der Tat werden schon Perspektiven einer Gesellschaft entworfen, in der es ›Kunst‹ nur noch in kleinsten Gruppen gäbe, etwa wie die Amateure, Sonntagsmaler und Sonntagsschriftsteller, die sich heute in einem Hochhaus in New York (und fast in jedem tun sie es, Haus für Haus, eine rührende und beängstigende Vorstellung) mit ihrer privatesten Klientele zusammenfinden.

19 Nicht ohne Grund verwies Platon die Dichter aus seinem reglementierten Staat.

Dekorationen. Er, der sich nicht davonmachen kann wie jeder Dritte, in eine ›falsche Wirklichkeit‹, ist der Zeitgenosse par excellence. (Heute leben heißt nicht ohne weiteres schon ›Zeitgenosse‹ sein. Zeitgenosse sein ist eine Bewußtseinsfrage.) Daraus ergibt sich zwangsläufig, daß der Lyriker, der den Menschen hinführt zu sich selbst, ihn nicht etwa wegführt in ein Abseits, sondern hin zu seiner ihm aufgegebenen Wirklichkeit, daß er ihn hellhöriger macht für die Zeit, in der er lebt.

Am Umschlagspunkt von der diachronischen zur synchronischen Gesellschaft. Die dialektische Umkehr der Funktionen. Der neue Auftrag der Lyrik

Ganz offenbar ist es der Umschlagspunkt in eine anders strukturierte Lebensform, an dem wir uns befinden: von einer vorwiegend diachronischen in eine vorwiegend synchronische Gesellschaft, der den Lyriker – der doch ›dasselbe‹ tut, was er ›immer‹ tat – zugleich mit einer neuen (umgekehrten) Aufgabe im sozialen Ganzen betraut und mit seiner Ausrottung bedroht, d. h. ihn automatisch in scharfen Gegensatz zum Trend der Entwicklung bringt und ihn zu einem Koordinatenpunkt menschlicher Resistenz macht, während eben dieser Trend immer weniger Raum für ihn läßt und auf seine Abschaffung hinwirkt. Eine äußerst heikle und fast aussichtslose Position – in der die Unvereinbarkeit zwischen Außen und Innen, die der Katalysator seines Schaffens ist, eine paradoxe Spannweite annimmt –, außer er gebe nach und gleiche sich an, was bedeutet, er verzichte auf sich und damit auf seine Existenz als Lyriker[20]. Denn diese Existenz beruht auf dem

20 Eine Scheinexistenz wäre ihm für eine Weile gesichert, wenn er mit statt gegen den Strom schwimmen würde: sich ›neutralisieren‹ ließe und Ornament der Gesellschaft würde. Aber auch wenn er sich sträubt, steht er in Gefahr, ›neutralisiert‹ und als ›Ornament‹ einbezogen zu werden.
    In den termini der sozialen ›Rolle‹ (letzte Definition bei Ralf Dahrendorf,

schwebenden Ausgleich durch eine auf feinste Gewichte ge-
eichte Innensteuerung.

Um es ganz klarzumachen: Die diachronische Lebensform
funktionierte auf Grund der überlieferten Verhaltensmodelle,
auf Grund von ›Fraglosigkeiten‹ (rückorientierter Innensteuerung), oberhalb derer ein Betätigungsraum für die Freiheit des Einzelnen blieb, und damit auch für die Kunst. Heute
wird auf synchronischer Ebene gesteuert, durch ein System
von Vordermännern, Nebenmännern, Hintermännern. Die
traditionellen Imperative sind durch die sich einpendelnde
Außensteuerung[21] der Zweckverbände ersetzt, die im Augenblick noch durch ein kompliziertes Kommunikationssystem
halb automatisch, morgen schon buchstäblich m o r e g e o -
m e t r i c o durch Rechenmaschinen gesteuert werden, die, selber nach dem Modell des Menschen gebaut, den Menschen
nach ihrem Modell umformen werden, bis er im Ernst einer
Rechenmaschine gleicht. Also berechenbar und einsetzbar ist
wie diese, unter Strafe seiner automatischen Eliminierung.
Bei der Steuerung auf synchronischer Ebene bleibt weder der
Rückhalt der überlieferten Vorbilder noch etwas wie jener
marginale, sehr dehnbare Entscheidungsraum für den Einzelnen, Außensteuerung ist ihrer Natur nach totalitärer als
eine diachronisch strukturierte Gesellschaft, bei der ›Freiheit‹
ja auch nur oberhalb der durch die Jahrhunderte geheiligten
Fraglosigkeiten sich freimachen konnte.

Pfade aus Utopia, München, 1967, *Homo Sociologicus: Versuch zur Geschichte,*
Bedeutung und Kritik der Kategorie der sozialen Rolle) bestünde die Rolle des
Lyrikers eben darin, die sich verringernde Spannweite zwischen dem ›ganzen
Menschen‹ und dem (entfremdeten) ›Rollenmenschen‹ möglichst weit offen
zu halten – also die Dimension des Menschlichen –, indem er immer erneut
den ›ganzen Menschen‹ im ›gedoppelten Menschen‹ anruft, während er selber
sich mit keiner Rolle identifizieren läßt noch identifiziert. Das akute Bewußtsein überhandnehmender ›Rollenhaftigkeit‹ trägt sehr bei zu dem, was ich die
›paradoxe Spannweite zwischen Außen und Innen‹ nannte, die Lyriker und
Gedicht auf die Zerreißprobe stellt. Siehe unten, ARBEITSPROZESS, S. 139 ff.
und passim.
21   Die Begriffe ›inner directed‹ und ›other directed behavior‹, die sich völlig
eingebürgert haben, stammen von David Riesman, *The lonely crowd*, 1951
(deutsch, Hamburg, 1958).

Wir hängen in einem Fadenkreuz: zwischen dem rückwärts in der Geschichte der Menschheit verankerten Tun – dem Irrationalen –, von dem Freiheit, das Rationale, sich abhebt. Und dem pseudorationalistischen Mitgehen mit Nebenmann und Vordermann auf einer Ebene plausibler Zwänge, innerhalb derer nun alles Nicht-›Geometrische‹ als Freiheit erscheint. Wir stehen also im Scharnier zweier sich kreuzender dialektischer Bewegungen. Jedes Tun – je nachdem, auf welchen der beiden Bewegungskontexte es bezogen wird – trägt ein jeweils umgekehrtes Vorzeichen. An welcher der ›Schnüre‹ man zieht bei diesem Vexierspiel, das Ergebnis ist immer nur eine Verschiebung von Paradoxen. ›Freiheit‹ ist von beiden Seiten relativierbar, erscheint als etwas Rationales im Hinblick auf traditionsbestimmte Verhaltensmodelle, und gleichzeitig als irrational in ihrer Verteidigung gegen die Durchschematisierung der Welt: auf jeden Fall aufs heikelste eingebunden in das Kräftespiel beider Zusammenhänge, in zwei einander durchkreuzende ›Gesetze‹. Auf eben dieser Kippe steht der Lyriker, Hand in Hand mit der mühsam atmenden Freiheit.

Er, der ›immer das gleiche‹ tut, befindet sich wie kein anderer in der Zwickmühle zweier rivalisierender dialektischer Prozesse, auf der Kippe zweier Gesellschaftsstrukturen, Ausschau haltend nach einer dritten. Daher steht er ganz von selbst am Kreuzpunkt zwischen der alten Ordnung und einer möglichen utopischen. Und daher kann der Lyriker heute nur Widerständler sein, ein Neinsager und kein ›Preisender‹, das Ja ist da als Potentialis seines Glaubens an die Fortdauer seines Menschseins, der der Glaube an die Fortdauer der Bereitschaft der andern und an die Fortdauer des befreienden Worts ist. Fast ein Glaube an ›Wunder‹. Ohne dies Ja, ohne die geheime Utopie seiner eigenen Möglichkeit, die die Möglichkeit der andern mit einschließt, könnte kein Wort eines Gedichts heute noch geschrieben werden[22]. Und auch nicht gelesen.

22 Ebenso Krolow: »Dem Wunder zur Realität verhelfen, einem Wunder, mit

Lyrik ist also und auf jeden Fall ein tapferes Handwerk, eine Sache des ›Trotzdem‹, und damit eine Erziehung zur Wahrhaftigkeit, zur Angst (zur notwendigen Angst) und zur Freiheit von der Angst[23].

Insofern ist also auch heute der Lyriker, auch der ›Neinsager‹, in Wahrheit immer zugleich doch ein ›Preisender‹. Als sei Schwarz eine helle Farbe.

Lyrik als der »umgekehrte Antrieb«, der Antrieb nach innen (Gehlen), der auf die Stärkung des Einzelnen ausgerichtet ist – früher als »Flucht vor Wirklichkeit« oder auch als »konservative Utopie« (Mannheim) gekennzeichnet –, wird somit in einer Epoche synchronisierter Außensteuerung und Einpassung zur Voraussetzung eines Aufbaus menschlicher Gesellschaft überhaupt: also zu einer Vorbedingung aktiven Gestaltens menschlichen Miteinanders. Und das ganz unab-

dem ›alles anders‹ würde: uralter utopischer Traum des Poeten.« »Noch im sublimiertesten Kunstwerk birgt sich ein ›es soll anders sein‹… Kunstwerke, auch literarische, [sind] Anweisungen auf die Praxis, deren sie sich enthalten: die Herstellung richtigen Lebens« Theodor W. Adorno, *Noten zur Literatur III*, Frankfurt, 1965, S. 134. Ebenso Heißenbüttel.

23 Daher ist eine pathetische Klage wie: »Der Mann, für den ich schreibe / liest nicht« (Arnfried Astel) letztlich nur wahr im Munde des Publizisten. Der Lyriker schreibt immer ›für‹. Auch wo er ›gegen‹ schreibt, schreibt er ›für‹: für Bundesgenossen, die helfen, daß es ›anders‹ werde. Die er mit ihm daran leiden macht, daß es so ist, wie es ist. (Vgl. auch S. 88, Anm. 43). – So meint auch Enzensbergers paradoxer Titel *Blindenschrift* eben die Schrift für den lesenden Blinden, und recht eigentlich Mitteilung von Welt, die anders nicht erfahrbar wäre.

Nicht zufällig ergriffen die rebellierenden jungen Amerikaner, die h i p p i e s (eine Protestbewegung wie S t u r m u n d D r a n g , die J u g e n d b e w e g u n g oder auch die b e a t n i k s) die Blume als ›Waffe‹ gegen eine unmenschliche Lebensform, als folgten sie dem Kampfruf Allen Ginsbergs: »Who wages a war on roses shall have it.« (»Wer den Rosen den Krieg macht, soll ihn haben.«) Er meinte: »Wer der Poesie den Krieg ansagt…«, und er meinte das wörtlich. – Audens Postulat für Dichtung: »To unlearn hatred and to teach love«, »Haß zu verlernen und Liebe zu lernen«, klingt wiederum wie eine Parole der h i p p i e s oder auch des Marxo-Messianikers Herbert Marcuse. Es sind dies neueste und uralte Protestrufe von Menschen, die Menschen sein wollen. (Obwohl im übrigen bei dieser Bewegung gerade die Droge, die Flucht in die Betäubung, eine größere Rolle spielt als die Suche nach sich selbst. Vgl. dagegen den Übergang der B e a t l e s zur Introspektion, wozu sie sich neuerdings der Anleitung eines indischen Yogis bedienen.)

hängig davon, welchen Inhalts das Gedicht ist, ob es politisch engagiert im engeren Sinne ist oder nur Seismograph der Zeit, also beunruhigend und zugleich doch bewußtseinssteigernd, Lebensimpuls steigernd. Es wird ohne weiteres zum Garant von Freiheit in diesem Sinne. Gegen die »Eindimensionalität« (Herbert Marcuse) eingepaßten und widerspruchslosen Funktionierens.

Das ist die dialektische Umkehr, bei der der Rückzug zur Voraussetzung für den Vorstoß wird: die Abkehr vom Tun, Voraussetzung für Tun[24].

Wird also – oder kann – Wirklichkeit mittelbar verändert werden, durch Lyrik? Macht Lyrik die innere Stimme hörbar, die sich den Befehlen der Gleichschaltung widersetzt? Bewahrt sie die ›Einmaligkeit‹ vor dem Verlust ihrer selbst?

Ist Lyrik folgenlos? Das Paradox der Katharsis.
Innensteuerung und Utopie

Skeptischer als Brecht (Lyrik soll die Wirklichkeit verändern), zuversichtlicher als Benn (Lyrik, Kunst, ist folgenlos), frage ich: Handelt es sich zumindest um ein Höherlegen der Schwelle der Manipulierbarkeit? Der Schwelle, hinter der der Mensch nicht mehr »etwas aus dem macht, was man aus ihm gemacht hat«, sondern etwas »aus sich machen läßt«? Wie steht es um die Steigerung des Menschen zu seinen eigenen Möglichkeiten, als Voraussetzung einer menschlicheren Welt?

24 Über die »Fähigkeit, sich zu distanzieren«, das »Ausklinken« aus einer »starren Handlungsfolge« als »Voraussetzung des Dialogs« und »eine der Wurzeln menschlicher Freiheit«, vgl. Irenäus Eibl-Eibesfeldt, *Grundriß der vergleichenden Verhaltensforschung*, München, 1967, S. 238. – Vgl. auch oben, Anm. 9.
    Aus diesem Grunde geht auch die erbitterte Diskussion über Sittlichkeit und Ästhetik, die sich immer erneut an Staigers inhaltlich begründeten Postulaten entzündet (vgl. *Die Zeit*, 12.1.1967, SCHILLER, SCHLEGEL UND CHIMÄREN), ihrerseits von einer ebenso vordergründigen Vorstellung von Katharsis aus wie Staiger selbst.

Um ehrlich zu sein, es steht schlecht, und also auch schlecht um unsere These: Hat etwa der Lyriker, hat der Lyrikleser zu denen gehört, die sich besonders bewähren, wenn die ›Proben‹ kommen? Widersteht er den geheimen – oder durchaus nicht geheimen – Verführern[25] diesseits und jenseits des Eisernen Vorhangs besser als die meisten? Wenn Lyrik den Menschen sich selbst zurückgibt, wenn sie ihn anhält zur Wahrhaftigkeit, müßten der Lyriker und sein Leser nicht verantwortungsfreudiger sein als andere[26]?

Die hohe Identität mit sich selbst, die das Gedicht auslöst (beim Schreiben, beim Lesen), sagten wir, ist eine Identität auf Augenblicke. Punktuelle Ekstasen[27]. Derartige Augenblicke tragen ihr Alibi in sich. Die Katharsis, diese Bereini-

25 Vance Packard, *Die geheimen Verführer*, Düsseldorf, 1965.

26 Die Diskussion darüber, ob Sartre dem Lyriker jede Verantwortlichkeit abstreitet, weil er sich aus der Wirklichkeit absentiere in die ›intériorité‹ – auch für ihn die »reconquête vraie de soi-même« –, wird angesichts der hier vorgenommenen Umwertung der intériorité in eine Vorbedingung von Wirken ohnehin gegenstandslos. (Vgl. Raymond Jean, LA PAROLE POÉTIQUE, in *L'Arc*, Nr. 30, 1966, S. 60 ff.; vgl. unten, Anm. 32.) Ganz wie die von Lukács (a. a. O., S. 359 und passim) vorgenommene Unterscheidung zwischen ›Selbstbewußtsein‹, an das Lyrik sich wende, und ›Bewußtsein‹.

Tatsache ist, daß zwar die Stimmen der Dichter dabei sind oder vornean, wo Stimmen aufstehen. Daß sie aber im bitteren Ernstfall nicht mehr Vertrauen zu verdienen scheinen als andere, obwohl man es doch immer wieder zu erwarten geneigt ist (übrigens auch von der Philosophie und der Religion). Der Dichter als »äußerstes Gegenbild des Michael Kohlhaas« (Doderer: »Mach dich so dünn wie möglich. Tritt leise auf. Hüte dich, etwas zu verändern oder zu verrücken«), kurz, der Dichter, der das »Überlebe auf alle Fälle« zu seiner Devise macht, scheint in der Praxis extremen politischen Drucks relativ häufig zu sein, wobei es sich durchaus nicht nur um Bewohner von Elfenbeintürmen handelt.

27 Der moderne Mensch habe nur noch punktuelle Ekstasen. Harry Buckwitz, Vortrag über Brecht, gehalten an der Universität Heidelberg, 1965. – Der Begriff des Punktuellen als Charakteristikum des Kunsterlebnisses, bei Arnold Gehlen, *Anthropologische Forschung*, Hamburg, 1961, S. 119 (»Gefühlsstöße«) und S. 122 ff. Die Rückverfolgung des Begriffs kann hier nicht die Aufgabe sein. Bei Gehlen ist der Begriff, in seiner Verkoppelung mit dem der »Entlastung« als »sich kurzschließender Erfahrungskette« (a. a. O., S. 34 passim) an einem Extrem angelangt, dem der reinen Aufzeigung der Reaktionen auf Reizauslöser. Auf dem andern Extrem steht heute Georg Lukács (a. a. O., S. 382), über das »Nachher« der Kunsterfahrung, Kunst als »Lehrbuch des Lebens«. Zum Begriff der ›Instanz‹ vgl. S. 76, Anm. 33.

gung zwischen Innen und Außen, zwischen Wirklichkeit und Gegenwirklichkeit, vollzieht sich in der »Sphäre der Entlastung« (Gehlen), ist als solche in der Tat ›folgenlos‹[28].

Diese Sphäre ist aber nicht aufgehängt im Nichts und Nirgends, auch wenn es sich um ›Zeitinseln‹ handelt, um ›Punkte‹. Die Instanz, die ›innehält‹ und sich zu sich beurlaubt, bringt sich selbst nicht als abstractum, sondern als concretum mit, und damit auch das Paket ihrer Erfahrungen, von denen sie sich gerade ›entlastet‹, indem sie sie in ihr Modellhaftes auflöst. Die Summe dieser das Ich intensivierenden Augenblicke, auch wenn jeder einzelne folgenlos ist, d. h. in sich verpufft (oder verpuffen würde), müßte eine ›innere Linie‹ ergeben und rückwirkend auf die ›Instanz‹, die sich dieser Steigerung ihres Bewußtseins von sich selbst und der Welt aussetzt. Also auf den Menschen, der mehr ist als der zufällige Treffpunkt von Reizen. Wie bei der Häufigkeit einer débauche, würde es im Prinzip von der Häufigkeit dieser Reinigung abhängen, wie sehr ein Mensch davon geprägt wird, und wie sehr er demnach bei sich selbst und ›da ist‹: für sich und die andern. Und um wievieles weniger ›steuerbar‹. Obwohl dies eine heikle und statistisch unbeweisbare Hypothese ist. Die »punktuelle Ekstase«, diese »sich kurzschließende Erfahrungskette«, ist sie ein ganz sich schließender Ring?

Was befreit, kann nicht wirken? Je befreiender, je erregender Kunst ist, um so folgenloser wäre sie? Der ›Innehaltende‹ in diesem – auf jeden Fall ›produktiven‹ – Augenblick des Innehaltens, seiner punktuellen Ekstase, ist ›herausgetreten‹ aus Zeit und Aktivität. Obwohl er sich gerade der Wirklichkeit, der Essenz der Wirklichkeit seiner Erfahrung, zuwendet und in diesem Augenblick frei ist von jedem korrumpierenden ›Interesse‹, das Tun verhindert oder verbiegt. Doch ist dieser Augenblick der Freiheit kein Augenblick der Tat. Und nicht

28 Und ist die Zeitungslektüre, die zur allmorgendlichen Katharsis der Empörung führt, nicht häufig, auf einem niederen Plan, ebenso ›Alibi‹, gerade wenn die Empörung eine intensive war, und in sich selbst folgenlos?

praktischer ›Herstellung richtigeren Lebens‹. Wiederum, das ist die Dialektik des Widerstands, bleibt im ›Innehalten‹ als Freiheit virulent, was in der Anwendung um sich selbst gebracht würde. Aus diesem Zirkel kommen wir nicht heraus. Zumindest nicht in der Theorie.

Und doch wird aus dieser Sphäre der ›Entlastung‹, des vom Handeln abgewandten Antriebs heraus, immer erneut auf die Wirklichkeit zugehalten, die, aus der abstrahiert und sublimiert worden ist, um des ›es soll anders sein‹ willen, um des Traumbilds dieser Wirklichkeit, das sich täglich mehr entfernt. Dieser sich immer mehr erweiternde Riß zwischen der Realität und ihrer Möglichkeit erzeugt den Sprung und den Vorstoß, das Sich-nicht-Abfinden, Sich-nicht-Einpassen. Das immer neue Aufreißen des Gegensatzes zwischen dem, was ist, und dem, was sein sollte, zwischen Wirklichkeit und Gegenwirklichkeit (dem ou-topos, dem, was nicht ›statt‹ hat, dem Traum). Immer erneut macht der Lyriker diesen Riß schmerzhaft virulent, für sich und die andern, realisiert ihn und überwindet ihn, auf einen Atemzug, im Gedicht. Und so bleibt aus all diesen Augenblicken höchster Identität und höchster Objektivierung vielleicht doch eine Art Residuum, eine potentielle Kontinuität im Lebendigen – Kontinuität der Diskontinuität –, die ›trägt‹ oder auch nicht trägt, je nachdem. Wenig, wie es ist, gehört es zum Besten, was wir haben. Zu dem, was den Menschen rettet, in seinem Menschsein, ihn befreit von den Zugriffen, gleichgültig, in welcher Gesellschaftsform er zu leben haben wird. Denn alles muß in den Menschen zurückverlegt werden, wenn überhaupt etwas ›gerettet‹ werden soll, in dieser Krise der bisher versuchten Lebensmodelle (die bei gänzlich verschiedener Oberfläche eine fatale Ähnlichkeit der Struktur aufweist in Ost und West).

Die Möglichkeit der Verantwortung wäre also nicht sowohl im Inhalt des Mitgeteilten, in der Themenwahl des Gedichts (hiervon ist noch zu sprechen), sondern im wesentlichen in der Identität des Sich-Zurücknehmens aus der Welt des Funktionierens, auf den archimedischen Punkt außerhalb dieser Zweckbezogenheiten[29].

Die Zeit der Elfenbeintürme ist vorbei[30], für die Schreibenden wie für die Lesenden. Diese Art Türme ist geschleift, sie waren alle Türme eines ›Ohne mich‹. Es gibt kein ›Ohne mich‹, das ist uns beigebracht worden. Wir sind alle ausgesetzt heute, wir haben die politische Naivität verloren, die die Bewohner aller Arten Elfenbeinturm letztlich ausgezeichnet hat. Auch der Glaube an ein politisches Allheilmittel, der Rückzug in eine sichere Ideologie, wäre nur e s c a p e , die Flucht in einen neuen ›Turm‹. Wir sind ganz ungeschützt: ungeschützt, unschützbar und unschützend, jeder Einzelne als Einzelner in Zusammenhänge gestellt, die er weder überschauen noch lenken kann und innerhalb derer er – ganz wie

29   In der Praxis schließt das Beziehen jedes Standpunkts die Gefahr der falschen Zuordnung in sich. Sofort sperren gesellschaftliche Kategorien das Maul auf, um den Sprechenden zu verschlingen. Der ›archimedische Punkt‹ ist nur ein angestrebter, ein Punkt der Ausrichtung. In der Praxis ist dies ›Außen‹ sofort vom Umschlag in die Funktionale bedroht. Der Wunsch, hier als ›frei‹ zu gelten, wird erneut als Funktion interpretiert.
30   Virginia Woolf klassifizierte die sogenannten »Elfenbeintürme«. Der erste, der vor 1914, sei ein »gerader Turm«, ein vertikal aufsteigendes Gehäuse. Der Dichter, dieser Turmbewohner, wohnte luftig über seinem Ambiente, hatte einen guten Blick auf seine eigenen Umstände, auf die eigene soziale Gruppe. Das Übrige entfernt am Horizont, kleiner und immer kleiner.
   Zwischen den Kriegen gab es, was Virginia Woolf den »Leaning Ivory Tower«, den »schiefen Elfenbeinturm«, nannte (Isherwood, Spender nennt sie in England z. B. als typische Bewohner des schiefen oder auch hängenden Turms). Der Turmbewohner zwischen den Kriegen war immer noch ein Turmbewohner, abgesondert von der Wirklichkeit. Jedoch hatte er bereits einen Überblick auf das Nichteigene, über das der eigenen Gruppe fremde Ambiente. Insofern sah er einen größeren Ausschnitt der Wirklichkeit, und da der Turm hing, war er auch näher daran. Dafür, sagt sie, saß er oben fest, er war »trapped«, konnte nicht heraus aus diesem schiefen Turm, hinein in die Wirklichkeit, der er nicht angehörte, wenn er sie auch von dort oben beobachtete. In irgendeinem Sinne war der neue Turmbewohner sogar wirklichkeitsferner als der frühere: denn dieser konnte die Treppe des Turms auf- und abgehen, zurück in eine Wirklichkeit, der er ja angehörte und der er sich jederzeit einverleiben konnte. Insofern war er freier als der Elfenbeinturmmann zwischen den Kriegen, welcher, abgeschnitten wie er war – es ergab dies den Riß zwischen Leben und Schreiben –, um so lauter schrie.

auf die Ideologie – noch auf den Trost der Theorie[31] verzichten muß. Trotzdem und ob wir etwas ›ändern‹ oder nicht, es geht um die mögliche Verantwortung eines jeden, in einer Zeit, deren wesentliches Erlebnis die Ohnmacht des Einzelnen ist. Um das Paradox des Festhaltens an der unmöglichen Verantwortung. Und vor allem auch um die Verantwortung dessen, der die gemeinsame Erfahrung zu objektivieren hat, um die Verantwortung des Dichters, die ›richtigen Namen zu nennen‹. Um – Mindestforderung – das wahrhaftige Benennen unserer Welt.

Der Lyriker kann sich vornehmen, sich für diese Aufgabe so gut wie möglich zu trainieren, nicht nur im Handwerklichen, sondern indem er, der der Seismograph ist, sich nicht abschließt, indem er das Erfahrbare seiner Zeit aufnimmt (wozu auch, u. a., die gewissenhafte Lektüre der Zeitungen gehört), damit er ›Seismograph‹ von möglichst viel Welt wird.

Immer von neuem registriert er den Riß zwischen dem, was ›ist‹, und dem, was sein ›sollte‹ und vielleicht sein könnte, um ihn zur Sprache zu machen, ihn zu benennen. (Benennen, der dritte ›Mut‹, dessen der Lyriker bedarf.)

Der Lyriker als Sprachhygieniker.
Das ›Benennen‹ der Wirklichkeit – ihre Mitteilbarkeit

Durch Benennen macht Lyrik die Wirklichkeit, das Heute, sichtbar. Sie verhilft der Wirklichkeit zur Wirklichkeit. Ganz wie sie dem Menschen zu sich selbst verhilft. Die unverlogen, unerschrocken benannte Wirklichkeit wird deutlich erkennbar. Nur so kann man ihr gegenübertreten. Der Lyriker erhält

---

31 Alle Lehrmeinungen scheinen heute auf Widerruf zu sein, sein a d h o c .
In den exakten und den weniger exakten Wissenschaften ganz wie, täglich spürbar, im Politisch-Sozialen. Lauter ›Eskalationen‹. Die Dinge funktionieren wie durch Wunder, und die Theorien passen sich laufend dem Funktionieren der Dinge an.

sie, die mit Schlagworten und mundgerechten Definitionen schematisierte, lebendig: lebendig und verletzend. Wo die Politik – und auch die Reklame – zu vernebeln tendiert und Entscheidung verdeckt, hält er die Wirklichkeit ins Licht des genauen Worts, zeigt sie auf, in all ihrer Fragwürdigkeit.

Er ist mehr als jeder andere ein Sprachhygieniker. Denn für den Lyriker gibt es keine wichtigen und keine unwichtigen Worte. Jedes Wort wird von ihm geprüft und immer neu geprüft, damit es genau auf die immer sich wandelnde Wirklichkeit paßt. Das ist eine gesellschaftliche Funktion ersten Ranges. Ich meine das im Sinne des Konfuzius: »Wenn die Sprache nicht stimmt, so ist das, was gesagt wird, nicht das, was gemeint ist; ist das, was gesagt wird, nicht das, was gemeint ist, so kommen die Werke nicht zustande; kommen die Werke nicht zustande, so gedeihen Moral und Kunst nicht; gedeihen Moral und Kunst nicht, so trifft die Justiz nicht; trifft die Justiz nicht, so weiß das Volk nicht, wohin Hand und Fuß setzen. Also dulde man keine Willkür in den Worten. Das ist alles, worauf es ankommt.« Daher ist es so wichtig, daß eine runde Schale »rund« und nicht »eckig« genannt wird (Konfuzius), wie daß das Gefängnis nicht ›Schutzhaft‹ heißt und Mord nicht ›Sonderbehandlung‹. Jede kleinste Verschiebung zwischen dem Wort und der mit dem Wort gemeinten Wirklichkeit zerstört Orientierung und macht Wahrhaftigkeit von vornherein unmöglich. Niemand aber ist eine feinere Waage für die Worte als der Lyriker. Deshalb erfüllt jedes Gedicht, das Sprache erneuert und lebendig hält, eine Funktion für alle – und das ganz unabhängig von seinem Inhalt –, denn es hilft, die Wirklichkeit, die sich unablässig entziehende, benennbar und gestaltbar zu machen.

Die benannte Wirklichkeit wird nicht nur sichtbar – und auch greifbarer, auf Augenblicke zumindest –, sie wird zunächst einmal sagbar und mitteilbar, sie wird Gegenstand der Kommunikation, des unerläßlichen Gesprächs. »Das Versagen der Kommunikation ist der Anfang aller Gewalttätigkeit... Wo die Mitteilung aufhört, da bleibt nichts als Prügeln,

Verbrennen, Aufhängen.«[32] Die Mitteilung über Erfahrung lebendig zu halten, vermag wiederum jedes Gedicht, gleichgültig welche Erfahrung formuliert ist.

Die Problematik des politischen Gedichts

Soweit sich der Lyriker aber vornimmt, ausdrücklich und im engsten Sinne zur Gestaltung der Gesellschaft beizutragen, indem er die ›allgemeine Sache‹ zum Thema wählt, so hängt es, wie bei jedem Gedicht, davon ab, wie sehr das politische Thema ihn selber erregt und wie sehr es von einer ›allgemeinen‹ zu seiner eigenen Sache wird.[33] Dabei ist ihm keine ersthändige Erfahrung im Sinne biographischer oder topographischer Belegbarkeit abzuverlangen, jede Erfahrung, auch die fernste, kann für den Lyriker zur ›ersthändigen‹ werden, wenn er sie als Schock erfährt, etwas, das ihm zustößt, jenseits seines Programms. Erkenntnis ist Voraussetzung, aber sie reicht nicht[34]. Nur was ihm unter die Haut geht, wird andern unter die Haut gehen. Das politische Gedicht, wie jedes Gedicht, ist daher so virulent, wie es als ›Gedicht‹ virulent ist. (Wobei der Begriff des politischen Gedichts in sich fragwürdig

32 Sartre (*Qu'est-ce la littérature*, hier zitiert nach dem Gallimard-Taschenbuch, Paris, 1947, S. 342), der angesichts der Sprachkrise fragt, warum unser Denken denn so viel mehr gelten solle als unsere Sprache. – In der Tat sind in diesem Buch die unbezweifelbaren Schwierigkeiten des Formulierens (die hochzuspielen soeben wieder aus der Mode gekommen ist, es handelt sich hier immer nur um Akzentverschiebungen) als Aspekt der Bewußtseinskrise untersucht, also aus der gesellschaftlichen Entwicklung abgeleitet. (Vgl. WORT- UND BILDWAHL. DAS SPANNUNGSVERHÄLTNIS, S. 130 ff., und EXKURS ÜBER DIE SCHWEIGEGRENZE.)
    Sartre spricht allerdings dem Lyriker die Fakultät des ›Benennens‹ ab (»Les poètes… ne songent pas non plus à nommer le monde«). Ich differiere, soweit es sich nicht um eine Frage der Terminologie handelt. Wenn auch der Dichter die Welt nicht diskursiv benennt und die Sprache auf seine Weise benutzt, so ist er doch für die GENAUIGKEIT der Entsprechung von Formulierung und Zu-Formulierung mehr als jeder Dritte sensibilisiert.
33 Also ›durch das Nadelöhr seines Ich geht‹, vgl. oben S. 31: »Für alle wollte ich sprechen.«
34 »Wenn du mit einem Gedanken beginnst, sprichst du Prosa.« (Valéry)

ist – ist Celans TODESFUGE ein politisches Gedicht? – und besser durch den von Krolow vorgeschlagenen des ›öffentlichen‹
Gedichts[35] zu ersetzen wäre.) Die große Mehrzahl der öffentlichen Gedichte sind nicht ›wirksamer‹ als andere Programm-
gedichte[36] und meist schwächere Konkurrenten publizisti-
scher Analyse oder auch einer guten Fernsehreportage. Im
Glücksfall aber ist das ›öffentliche‹ Gedicht so groß wie sein
Vorwurf, und einige öffentliche Gedichte unserer Zeit gehören zu den besten vielleicht nicht nur dieses Jahrhunderts.

Der Lyriker zwischen Gestern und Übermorgen.
›Innehalten‹: der Atemraum für Freiheit

Lynkeus, »Zum Sehen geboren, zum Schauen bestellt«: Was
bewacht er, wogegen bewacht er es, in jeder neuen Konstellation? Davon hängt ab, was für einen Stellenwert sein Wäch-
teramt hat. Was für einen Stellenwert das Tun des Lyrikers
hat. Das geschichtliche Vorzeichen eines jeden Tuns.

Es ist merkwürdig zu denken, daß zu Lebzeiten unserer Eltern gesagt werden konnte: »Wir möchten lachend leben in
unserer hellen Zeit.«[37] Wir, die wir von Finsternis zu Finster-

35 Auch das ist ein gleitender Begriff. Sind die Gedichte der Nelly Sachs
›öffentliche‹? Sie sind es und sind es nicht, ganz wie die TODESFUGE. – Enzensbergers LANDESSPRACHE und SCHAUM, Grass' OHNMACHT dagegen sind sicher
öffentliche Gedichte.
36 Die Frage des politischen Lieds steht außerhalb dieser Diskussion. Schon
weil der vorwiegend emotionale Appell des Lieds ins Instrumentar der ›Steuerung‹ gehört (auch wo es zum Widerstand gegen das establishment aufruft).
Der Reiz, der zu einem Zweck erregt wird, ohne daß diese Erregung an die
ratio gebunden wäre und zugleich eine Erhöhung von Bewußtsein erzeugte
(wie es im Gedicht der Fall ist), engt die Sphäre der Freiheit ein, statt sie zu
stärken. Aber bereits das politische Gedicht ist in hohem Maße der Gefahr
ausgesetzt, sich zu »enkanaillieren« (Adorno) und Teil der politischen Situation zu werden, die es Brust-an-Brust bekämpft. Das ist die Antinomie des
Widerstandes: Er bewegt sich in einer Sphäre zweckentbundener Freiheit,
oder er verliert, was er verteidigt.
37 Peter Behrens, am 9. April 1901, zur Eröffnung der Jugendstilausstellung
in Darmstadt.

nis leben, ob wir durch unser Sträuben ein weniges ändern? Ob dies »supplément d'âme«[38], das Lyrik ist, in seiner ›punktuellen‹ Dosierung dazu beiträgt, daß die Entwicklung nicht stracks hineinläuft in den »Alptraum, aus dem es kein Erwachen gibt«[39]?

Der Lyriker ist der äußerste Gegensatz zum Computer. Aber wir sind keine ›Computer-Stürmer‹, wir benutzen jedes neue Instrument mit Spaß. Der Lyriker tritt an im Machtkampf des Menschen mit dem Homunculus: für die Benutzung des Elektronengehirns als ein Instrument der Befreiung des Menschen. Und gegen jede gesellschaftliche Entwicklung, die es umgekehrt benutzt. Er kann gar nicht anders. Sein Heute ist Kreuzpunkt von gestern und übermorgen. Um dieses ›Übermorgen‹, um seiner Möglichkeit willen, ruft der Lyriker, Einzelner, die Menschen an. Und labil und hilflos vereinzelt wie sie sind, und die Brüchigkeit der Welt macht sie weiter suszeptibel, sind sie heute besonders anrufbar[40]. Dies ist keineswegs eine schlechte Zeit für Lyrik. Im Gegenteil. Sie wird gebraucht von den Vereinzelten, gegen die Vereinzelung.

Indem das Gedicht dem Menschen hilft, er selbst zu sein, indem es ihm hilft, die eigene Erfahrung zu benennen und mitzuteilen, hilft es ihm, der Wirklichkeit Herr zu werden, die ihn auszulöschen droht. Denn sobald wir unsere Erfahrungen, und noch die unerträglichsten, genau benennen, leben wir sie von ihrem anderen Ende her, von dem menschlichen und nicht dem verdinglichten: als ob wir frei wären, sie anzunehmen oder abzulehnen. Wir sind für einen Augen-

---

38 Das »supplément d'âme«, die Forderung Bergsons.
39 Maurice Merleau-Ponty, *L'œil et l'esprit*, Paris, 1964, sieht dies gleichfalls nicht als unausweichlich an. Er sagt ausdrücklich: »Si ce genre de pensée prend en charge l'homme et l'histoire…«, sich beziehend auf »l'idéologie cybernétique où les créations humaines sont dérivées d'un processus naturel d'information, mais lui-même conçu sur le modèle des machines humaines« (S. 12).
40 Oft allerdings auch apathisch. Und anrufbar auch für eine gänzliche Selbstaufgabe, vor jeder Fata Morgana einer politischen Vaterfigur.

blick Subjekt, nicht Objekt der Geschichte. »Wir machen etwas aus dem, was man aus uns gemacht hat.«

Es ist dies eine Illusion, gewiß. Und doch mehr als eine Illusion. Etwas, was sich im Bewußtsein abspielt, in einem Augenblick des ›Innehaltens‹ in der Zeit, einem Augenblick höchster Identität und Befreiung. Etwas, was wirken kann über diesen Augenblick hinaus, oder auch nicht. In dem Innehalten ist das »Unvorhergesehene«. Seine Möglichkeit. Ein Sprungbrett ist da, von dem gesprungen werden kann, wo sonst gestoßen würde. Atemraum für etwas wie Entscheidung.

Literarische Meinungsbildung
Die Dialektik von Urteil, Vor-Urteil und Schaffensprozeß
in der gesteuerten Gesellschaft

Sachlichkeit ist eine Vokabel der Freiheit

I. Urteil als Risiko

Das Kunstwerk und sein ›Benutzer‹ stellen sich gegenseitig auf die Probe. Der Gebraucher, ganz wie das Kunstwerk, beide stellen sich einem Examen, obwohl es auf den ersten Blick nicht den Anschein hat.

Vielmehr scheint bei den anerkannten Kunstwerken der Vergangenheit, den sogenannten ›Meisterwerken‹, die Begegnung mit ihnen ganz einseitig eine Prüfung des Gebrauchers zu sein. Während das zeitgenössische Kunstwerk noch der Bestätigung bedarf und relativ schutzlos der Kür und Willkür, oft auch dem glücklichen oder unglücklichen Zufall der Aufnahmebedingungen ausgesetzt scheint, und der Gebraucher – oder doch der Meinung bildende Gebraucher – sich selber zunächst nur als zuständigen arbiter, selten aber seinerseits als möglichen Versager ins Blickfeld bekommt.

Das Dilemma der Qualität. Kunst als gegenseitige Prüfung

Es ist also der Gebraucher nichts ›Festes‹, sondern seinerseits eine Variable, auch wo, wie bei der Beurteilung der Aufnahme und Einstufung von Zeitgenössischem, er zunächst so auftritt, sich nicht in Frage stellt, auch selbst nicht in Frage gestellt wird. So daß er, je nach der persönlichen Qualifikation, bis auf weiteres als eine Art Fels, eine Wasserscheide, funktioniert. Was, bis zu einem gewissen Grade, eine optische Täuschung ist. Ganz wie es eine optische Täuschung ist, daß das ›Meister-werk der Vergangenheit‹ ein für allemal ›in Sicherheit‹ sei, daß es nur noch als Probierstein fungiere und selber keine Probe mehr auszuhalten habe. Seine Relevanz, seine Wirk-samkeit stehen jeden Augenblick neu zur Diskussion, und die Aktualität, d. i. die wirkliche – nicht die rein wissensmäßige – Bedeutung der überlieferten Kunstwerke innerhalb unseres Beziehungsnetzes, wird in jedem Augenblick neu fixiert, ver-schiebt sich unaufhörlich.

Doch ist für die Beobachtung der Gesetze dieser Verschie-bungen die Annahme, die anerkannte Kunst sei ›anerkannt‹ und also ein fester Beziehungspunkt, ebenso nützlich wie – auf dem andern Pol – die Hypothese eines im Prinzip aufge-schlossenen und urteilsfähigen Adressaten zeitgenössischen Schaffens.

Die Massenerzeugung des Verwechselbaren.
Das Buch als Ware. Die Überlebenschance
des ›besonderen‹ Buchs

Die ›anerkannte Kunst‹: »Hier nehmen wir kein Bild, dessen Maler nicht mindestens fünfzig Jahre tot ist«, sagte der Auf-seher der National Gallery in London. »Erst dann weiß man's.« »Die Bilder schubsen sich an den Wänden, was in den Keller gehört, kommt von selbst in den Keller und umgekehrt. Die Bilder erobern sich ihren Platz an der Wand.« (Die Stimme des großen Gelehrten, Bandaufnahme der Erinne-rung, das schaltet sich ein, wenn man der Ermutigung be-darf.) »Ein Buch«, sagt Connolly (*Enemies of Promise*), »das heute zehn Jahre überlebt, hat durchgehalten, als habe es fünfzig Jahre hinter sich. Es ist geradezu schon ein Klassiker.«

Zehn Jahre? Fünf Jahre, häufig schon zwei Jahre oder auch zehn Monate töten heute ein Buch. Es v e r braucht sich also sofort, wird nicht g e braucht: sein Warencharakter macht es abnutzbar. Es war, wie in der Tat das meiste, was heute ge-druckt wird, für den Tageskonsum geschrieben. Um die

Druckmaschinen und den Verteilerapparat in Gang zu halten, den Umsatz zu fördern. Die Maschine bestimmt den Rhythmus in der Industriegesellschaft. Rückblickend läßt sich sagen (was die Verleger meist auch schon vorher wissen), daß es keine ›Kunst‹ war, vermutlich von niemandem so gemeint. Das hat es immer gegeben. Nur nicht in diesem Maße. Und manche Bücher, die durchaus nicht Ware wären, ertrinken in dem Strudel, den das jährliche Untergehen vieler tausend Konsum-Bücher macht.

Aber mehr noch als die Quantität des Angebotenen ist es die Normung und Perfektion, in der es sich anbietet, die untadelige, ja verblüffend gekonnte ›Präsentation‹, die die Unterscheidung zwischen Kunst und Pseudo-Kunst erschwert[1].

Das ist schlimm für den Urteilenden. Schlimmer für den Autor. Nicht nur aus einer alljährlichen Überflutung, sondern aus einer Überflutung mit Verwechselbarem muß er die eigene Stimme erheben: sich als einmalig, als ›unverwechselbar‹ zu erkennen geben, um eine Chance des Überlebens zu haben. Daß es gelingt, trotz allem, Jahr für Jahr, ist eine Art Wunder. Auf diese Art Wunder muß man vertrauen dürfen: auf die Kraft der Qualität, an uns zu appellieren. Und auf unsere Empfänglichkeit, trotz allem. Sonst würden Schreiben und Lesen sinnlos.

Wie wird also das Kunstwerk gerettet, wie ›kommt‹ es ›über‹ die dünne Linie, hinter der es gebraucht und nicht verbraucht wird? Hinter der es zunimmt[2], statt ›konsumiert‹ und weggeworfen zu werden[3]? Hinter der es also

---

1 Dabei ist der hohe handwerkliche Standard eindeutig begrüßenswert: Er konfrontiert diejenigen, die etwas Eigenes beizutragen haben, mit gesteigerten technischen Anforderungen, und zwar im Weltmaßstab. Womit nicht behauptet werden soll, daß die großen Künstler heute etwa besonders groß wären. Aber das untere und wohl auch noch das mittlere Niveau liegen höher, der Amateurcharakter fehlt ganz.

2 Über das ›Zunehmen‹ des Kunstwerks durch den Gebrauch vgl. ÜBER DAS INTERPRETIEREN: DAS WACHSTUM DER TEXTE.

3 ›Alte‹ neue Bücher (Belletristik) sind heute, im wortwörtlichen Sinne, nur noch wegwerfbar, kein Althändler bezahlt etwas dafür. Nur Sachbücher sind gefragt.

nicht nur auf die Probe gestellt wird, sondern selber auf die Probe stellt.

Es ›kommt‹ nicht ›über‹ diese Linie, denn in Wahrheit gibt es keine solche Linie. Auch sie ist eine optische Täuschung. Es wird nur, in einem bestimmten, schwer zu isolierenden Augenblick, etwas sichtbar, was von Anfang an dem Werk mitgegeben war, denn sonst wäre es ohnehin längst auf der Strecke geblieben. Dies Sichtbarwerden ist es, was ich die ›Linie‹ nannte. Wahrgenommen wird sie erst, nachdem sie überschritten ist. Von da an wird deutlich, daß dieses Werk sich mit den andern ›schubst‹ um seinen Platz. Jedes wirkliche Kunstwerk ist aber von Anbeginn an ein ›Probierstein‹ für sein Gegenüber, auch solange es selber noch radikal zur Debatte steht. Dabei ist das Kunstwerk jedoch weit gefährdeter als seine Richter. ›Zwei Kritiker am gleichen Tisch im gleichen Augenblick können völlig verschiedene Meinungen über das gleiche Buch äußern... und doch sind sich beide einig über Milton und Keats... Was ist ihr Urteil über neue Bücher wert? Aus dem Schatz ihres Wissens bringen sie gräßliche Beispiele vergangener Irrtümer, Kritikmorde, welche, begangen an den Toten und nicht an den Lebenden, sie Stellung und Ruf gekostet hätten.«[4] Der Kritikmord aber ist ein Mord, der nur selten gerächt wird, der Tote verschwindet unter der Erde wie das Opfer eines chirurgischen Mißgriffs: sang- und klanglos, nur die nächsten Angehörigen sind empört. Ausgegraben wird das Opfer gewöhnlich sehr viel später, falls überhaupt.

Wenn also das Lebendige umgebracht werden oder auch umkommen kann durch Unglück oder Schuld, der Mensch,

4 Virginia Woolf, HOW IT STRIKES A CONTEMPORARY, *Common Reader*, I, 1925, S. 992/993, 995, die das Urteil des *Manchester Guardian* über *Waste Land* anführt: »...if Mr. Eliot had been pleased to write in demotic English ›The Waste Land‹ might not have been so much waste paper«, und die englischen Kritiker »Rezensenten und keine Kritiker« nennt, ›fähige Polizisten, aber keine Richter‹, die das »lebende Gewebe der Literatur in ein Netz kleinster und trockener Knochen zerlegen«, während wir gerade die englische Kritik, im Vergleich zur deutschen, als den Idealfall schlechthin zu betrachten pflegen.

das Werk, so kann doch das Nichtlebendige auf keine Weise lebendig gemacht werden: Qualität, wie immer man sie definiere (u. a. eine Relation zur ›Wirklichkeit‹), kann nicht nachträglich aufgepappt werden, wo sie nicht mitgeboren ist. Mit noch so viel Anstrengung nicht. Der Kritiker kann einem Werk das Leben sehr erleichtern, ihm zu früher Anerkennung verhelfen. Er kann das Untaugliche nicht tauglich machen, setze er sich guten Glaubens oder aus Gründen dafür ein. Was ›hochgespielt‹ wird, bleibt nicht oben, so sehr auch gepustet wird.

> · Die Krise des ›guten Geschmacks‹.
> Der Schrei nach den ›Maßstäben‹

Wo sind die Maßstäbe, nach denen geurteilt wird, solange das Werk noch alleine und zitternd, im Dunkel seines Unbekanntseins, den Meinung-bildenden Lesern ausgesetzt ist? Es wird nach Maßstäben gerufen, als hätten andere Zeiten (sichere) Meßlatten für das Nicht-Meßbare besessen, als sei zu andern Zeiten jede Entscheidung abgenommen worden oder prägarantiert gewesen (also des Entscheidungscharakters beraubt) durch die Existenz dieser unverrückbaren Maßstäbe. Als habe man ein Kunstwerk wie ein Kind an eine Tür gestellt, einen Bleistiftstrich gemacht: so oder so groß. Gewachsen oder nicht gewachsen.

Dieser Ruf nach den Maßstäben ist bereits seiner Natur nach eine verzweifelte Absage an das eigene Urteilsvermögen. Gadamer z. B. lehnt jeden Ruf nach ›Maßstäben‹ und Beweisbarkeit grundsätzlich ab, da man »Geschmack« (ein Begriff, der hier vom Gesellschaftlichen her etwas anders definiert und also um einige Nuancen verschoben wird) »haben« müsse und ihn sich nicht »andemonstrieren lassen« könne, und man daher Maßstäbe, »wenn es solche gäbe, nicht einmal sucht«. Kant sage hierzu richtig, es gebe »Streit«, aber nicht Disputation in Sachen des Geschmacks. (Die Redensart: ›Über Geschmäcker läßt sich nicht streiten‹, meint im Grunde

dasselbe: Es läßt sich nicht ›disputieren‹.) Geschmack sei zugleich »immer guter Geschmack..., d. h. seinem Wesen nach
sicherer Geschmack: ein Annehmen und Verwerfen, das kein
Schwanken, Schielen nach dem anderen und kein Suchen
nach Gründen kennt«[5].

Es ist jedoch unleugbar, daß wir einer Geschmacks- und
Urteilskrise[6] ersten Ranges in Sachen Kunst beiwohnen, ausgelöst durch die komplexe und unüberschaubare, ja unheim-
liche ›Maschinerie‹ der Urteilsbildung in der Industriegesellschaft, den Oktroi und schnellen Wechsel von Stilversuchen,
die schnellere Relativierung des Urteils und der Urteilenden
und die daraus folgende Hilflosigkeit und Verärgerung. Wegen dieser Urteilskrise wird ja gerade nach den Maßstäben
gerufen, an denen Urteil sich festhalten und aufrichten soll.
Ja, man möchte mit ihnen Entwicklung bremsen und in das
Räderwerk – man spürt mit Beängstigung, wie sehr wir in
Fahrt sind – den Knüppel eines festen, eines ewigen Maßstabs
klemmen, um Urteil zu stabilisieren. Obwohl es wiederum
evident ist, daß solche Maßstäbe die Urteilsfähigkeit recht
eigentlich erübrigen würden. Es ist ja in der Tat ›Geschmack‹
als Kategorie bereits angefressen von dem Zweifel, ob er gültige Urteile unter den heutigen Bedingungen hervorzubrin-
gen vermöge[7].

Eine der Ursachen, warum die Lage in litteris so besonders
unübersichtlich und unübersehbar ist, die Produktions-

5 Hans-Georg Gadamer, *Wahrheit und Methode*, Tübingen, 1960, S. 33.
6 Zum Ersatz des Geschmacksbegriffs durch einen neu zu prägenden, Erziehung des Urteilsvermögens im zünftigen Sinne einbeziehenden Begriff, siehe
unten S. 78 f.
7 »Es stellte sich im Lauf der Tagung heraus, daß dem Geschmack heute gar
keine kategorialen Qualitäten mehr zukommen«, obwohl ihm »als ästhe-
tisches Vorurteil für den Haushalt des einzelnen Individuums eine notwendige
Funktion noch zugestanden« wurde. »Der Geschmacksbegriff habe in einer
pluralistischen Musikkultur keine Funktion«, liest man in einem Bericht über
die Darmstädter Tagung des Instituts für Neue Musik und Musikerziehung
(*FAZ*, 25.4.1967). – In dieser Kalamität wiederum verweist ein am historischen Materialismus so scharf ausgerichteter Literaturgeschichtler wie Peter
Demetz polemisierend auf Gadamers Geschmackskonzept wegen seines
schon von Vico und Shaftesbury herleitenden »staatsbürgerlichen Gemein-

54

schwemme, wurde bereits erwähnt. Doch ist dies kaum der Hauptgrund, obwohl das Publikum und der Anfänger ihn leichtlich dafür halten können. Im Gegenteil, es ist recht eigentlich erstaunlich und auch ermutigend, wie es den Kunstwerken gelingt, sich aus der Menge des Produzierten (meist geschickt gemachten) auszusondern und sich überhaupt einmal zur ernsthaften Debatte zu stellen. Dies nahezu mythische Heldenstück des Kunstwerks, das Überleben unter widerwärtigsten Umständen, wird ihm nämlich ermöglicht oder doch erleichtert durch eben diejenigen, die diese widerwärtigen Umstände selber erzeugen und zu erzeugen auch nicht ablassen können: durch die Buchproduzenten selbst. Sie sind gleichzeitig seine Mörder und Beschützer[8].

Der Herstellungsprozeß ist, zumindest vorläufig noch, weit besser als sein Ruf. Es ist eben kein maschineller Prozeß, so sehr sein Rhythmus von den Maschinen und der für sie eingerichteten Betriebsorganisation diktiert ist. Die Menschen, die an den Hebeln sitzen, unterscheiden meistens eben doch von vornherein, was Tagesproduktion ist, und was ›Lektüre‹, also, zumindest dem Anspruch nach, Kunst. (Auch wenn die geschäftlichen Entscheidungen den literarischen nicht immer entsprechen.) Denn an den Hebeln sitzen die, die eine Leidenschaft für das Geschriebene haben, oft vielleicht auch eine unglückliche Liebe zum Schreiben. Verlagsredakteure, Zeitungsredakteure, Rundfunkredakteure. Die Leidenschaft für

sinns« (sensus communis) und erklärt »das hohläugige Gespenst der Subjektivität, das dem deutschen Literaturwissenschaftler aus jedem Geschmacksurteil entgegengrinst«, aus der »Unbescheidenheit der Erwartungen«: nämlich dem Vergleich mit der »Objektivität naturwissenschaftlicher Erkenntnisse« (DAS GESPENST DES GUTEN GESCHMACKS, in *Die Zeit*, 25.6.1966).
  Im folgenden werden jedoch andere und komplexere, in der gesellschaftlichen Entwicklung liegende Gründe für diese Urteilskrise aufgezeigt, welche allerdings gar nicht Krisencharakter hätte annehmen können, wenn das Urteil in Sachen der Kunst eindeutig beweisbar und widerlegbar wäre wie in den exakten Wissenschaften, wenn es also in diesem Sinne ›disputierbar‹ wäre. Benjamin übersetzt den Kantschen Vorbehalt in die termini unserer technisierten Zeit: »Kunst kann nicht getestet werden.«
8 Übrigens nicht nur sie, sondern auch die Literaturmanager, siehe unten S. 106f.

das métier gibt ihnen das Gespür dafür, wer dazugehört, und wer bloß Mit-fabrikant des Konsumguts Buch ist. Und ebenso sind sie natürlich in gewissem Maße in der Lage, über oder auch unter ein Buch, an das sie ›glauben‹, die schützende Hand zu halten, es als genauerer Prüfung wert zu signalisieren. Daher geht es selbst in den großen Verlagshäusern bei weitem nicht so unpersönlich und kommerziell zu, wie man es gemeinhin annimmt, auch wenn es nicht so familiär zugeht wie in den ›guten‹ alten Zeiten (z. B. der Weimarer Republik).

Der Mechanismus der Urteilsbildung
in der gesteuerten Gesellschaft:
Rückkoppelung, ›Konvention‹ (Vor-Urteil),
Kunstideologie

Der wirkliche Grund oder besser, die Gründe für die besondere Unsicherheit, für das allgemeine Unbehagen, das bei dem Worte Maßstäbe sich einstellt, sind weitaus kompliziertere, tiefer liegende, wenn sie auch mit der Massenproduktion Berührungspunkte haben.

Sie liegen einerseits in der Art, wie Kunstproduktion heute funktioniert, wie sie organisiert ist, andrerseits in der Bedingtheit der Urteilenden selbst, ihrem Eingespanntsein in vielfältige Abhängigkeitsnetze. Und in der engen Verquickung all dieser Vorgänge miteinander, dem, was technisch als ›Rückkoppelung‹ zu bezeichnen wäre. Diese Verquickung wiederum, die ›Rückkoppelung‹ resultiert in einem Überbau über dem Schaffensprozeß; einer Art Kunst ideologie mit Eigengesetzlichkeit, die ein dritter – keineswegs geringerer – Faktor beim Zustandekommen des komplizierten ästhetisch-sozialen Gewebes ist. Es handelt sich also um ein in jedem Augenblick labiles (nie ruhendes) Gleichgewichtsverhältnis, ein Kräftespiel zwischen zumindest drei Variablen, dem dennoch (a posteriori gesehen) jeweils gewisse Invarianten als unsichtbare Achse zu dienen scheinen, ohne daß hierbei von ›festen Maßstäben‹ die Rede sein könnte. Vielmehr dürfte diese a posteriori auszumachende ›Achse‹ der Entwicklung der jeweils gegangene Weg sein, die Strecke, die im Gehen in jedem gegebenen Augenblick dem bereits Ergangenen und Tradierten hinzugefügt wird. Die Summe aller Schwingungen (des ›Spannungsverhältnisses‹), die ihrerseits gewissen ›Gesetzen‹ unterworfen scheinen oder die sie herstellen, was nur zwei Aspekte des gleichen Vorgangs sind, bestimmt, was an ›neuer Kunst‹ dem großen Vorrat zuwächst.

Sicher ist, daß kein Urteil im Leeren zustande kommt, wie nie ein Urteil im Leeren zustande gekommen ist. Es besteht, neben dem heiklen ›Mikroklima‹, dem labilen Atmosphärendruck jedes einzelnen Lesers in einem gegebenen Augenblick, das ›Makroklima‹: die Gesellschaft, innerhalb deren ein Kunstwerk angenommen oder abgelehnt wird, mit all den Schattierungen, die zwischen diesen beiden Polen möglich sind.

In andern Worten, eine Meinung, ein Urteil bleibt nicht im Leeren stehen, etwas Punktuelles, Privates, neben anderm Punktuellen, ohne Ausdehnung in Zeit und Raum. Es bilden sich Urteilsketten und -verkettungen, ›Konventionen‹. Diese Konventionen, aus Urteilen entstanden, wirken zurück auf die Urteilsbildung. Die Konvention, einmal etabliert, hat, naturgemäß, ein gewisses Beharrungsvermögen, macht sich autonom. Im groben gesehen funktioniert Urteil wie der Besucherstrom bei einer Kunstausstellung: Es geht die markierten Wege entlang, die sich jedoch in einem Markierungsprozeß befinden. Die Konvention (z. B. die deutsche Nachkriegslyrik sei ›so oder so‹) ist ein Spannungsfeld, immer in Bewegung, jeder Neuankömmling kann oder könnte das Ganze ein wenig oder auch mehr verändern. Er wird aber zugleich auch in einem gewissen Ausmaß konditioniert von dem Kräftefeld, das er vorfindet. Und dahinein wird er gepaßt, danach wird er zurechtgestutzt, je nach dem Spiel der Kräfte, welches bei seinem Hinzukommen sich ergibt, welches aber nur sehr bedingt ein ›freies‹ ist, ganz abgesehen von den inhärenten Beharrungstendenzen der etablierten Urteilsketten und Interessen. Innerhalb dieses Kräftefelds erhält sich oszillierend die Konvention von dem, was z.B. Lyrik in einem gegebenen Zeitpunkt ›ist‹ oder ›sein sollte‹. Und das ist keineswegs identisch.

Im Gegenteil, die Vorstellung weicht von der Praxis beträchtlich ab. Das gilt für die Vorstellung, die das Publikum sich macht, oder, vielmehr, die es sich beibringen läßt. Es gilt aber – und das ist erstaunlicher – auch für die Vorstellungen der Schreibenden und entsprechend auch der über sie Schreibenden, also das Gesamt derer, die das Kräftefeld ausmachen. Immer wieder begegnet man Forderungen, Behauptungen, Angriffen, die sich auf etwas beziehen, was in dieser Form keine Wirklichkeit hat, also gar nicht ausgeübt wird, einer literarischen Ideologie vergleichbar, deren Gegenstandslosigkeit sich ziemlich mühelos von jedem, dem im Ernste daran gelegen wäre, an den konkreten Tatsachen nachweisen ließe. Immer wieder müßte eine Bestandsaufnahme gemacht werden, sozusagen eine ›Pause‹, um die Tagesparolen zu relativieren. Daß dies aber nicht oder nicht konsequent unternommen wird, ist eben Teil der ›Konvention‹, der Spielregel, die den Spielenden Hemmungen auferlegt. Im Konkreten ist dies wohl das Ergebnis einer (historisch bestimmbaren) Entwicklung, bei der die einmal begonnene Trennung von Idealvorstellung, ästhetischer Ideologie und Praxis sich zunehmend verschärft, bis sie sich ad absurdum führt oder einer sie ad absurdum führt[9].

Hiermit ist kein Werturteil verbunden. Die Praxis kann nicht nur eine andere und überdies eine ›bessere‹ sein als die ›Meinung‹, die unter insidern und outsidern über sie zirkuliert, sie ist naturgemäß differenzierter, weniger extrem als

9 Die Demaskierung, das Anrühren des Tabus, verschafft dem Rebellen sofortige öffentliche Aufmerksamkeit, ja der Wunsch, Aufsehen zu erregen, kann – so gut wie ernsthaftes Gestörtsein durch die Diskrepanz – die Demaskierung der Ideologie auslösen. ›Des Kaisers Kleider‹ ist der terminus technicus hierfür (Handke, auf der Gruppe 47, Princeton 1966).

diese. So ist z. B. die deutsche Lyrik in ihrem Gesamt weder so
zerebral (>kopflastig<, wie es so hübsch genannt wird, ein terminus, der der Flugzeugindustrie entlehnt ist) noch so dunkel
und extrem, wie der durch die Tagesdiskussion verschüchterte Leser gemeinhin fürchtet[10], den zumindest soviel wie die
Texte auch die Kommentare der Interpreten erschrecken, die
mit der >Verschlossenheit< der Hermetiker wuchern, anstatt
sie aufzuhellen und das Bildvokabular auf seinen Stellenwert
im Bezugssystem zu untersuchen. Auch dies eine Sache der
>Konvention<.

Der Eindruck, den der verschüchterte Leser »von den Men-
gen der bastelnden Anfänger und Mitläufer« gewinnt – die
»Kümmerformen literarischen Ausdrucks finden, nichts,
was ein Elektronengehirn nicht besser zusammenstellen
würde«[11] –, ist eine Verzerrung jener, doch auch nur relativen,

10   Dies hat sich inzwischen herumgesprochen, einzelne Gelehrte sind dabei,
die Meinung umzuorientieren und das Gegenteil nachzuweisen.
Der französische Surrealismus und die spanische Lyrik der 20er und 30er
Jahre (Vorbürgerkriegslyrik, die hier als etwas Akutes und Gegenwärtiges ins
Bewußtsein trat) wurden nach dem Kriege bei uns nicht nur verspätet, sondern
auch extremistisch aufgenommen, sind inzwischen jedoch anverwandelt. »Der
Höhepunkt des Apokryphen ist überwunden, man schreibt wieder Gedichte,
die klar und präzise, einfach und vollkommen sind: vorbei die Stunde des Surrealismus… man stammelt nicht mehr und man schreit nicht« (Walter Jens,
Die Zeit, 27. 11. 1959). »Mein Dunkelheitsvortrag kam zu dem Schluß, daß die
meiste heutige Lyrik sich vom Schatten der nachsymbolistischen Dunkelheit
befreit hat« (Bernhard Böschenstein, Brief vom 15. 2. 1967). Auch Hugo Friedrich, der (*Die Struktur der modernen Lyrik*, Hamburg 1956, S. 154) feststellte,
daß Lyrik… »ihre Möglichkeiten erschöpft zu haben scheint und zuweilen
sich selbst zu vernichten droht«, hat diesen Satz (wie auch den über einen
möglichen »Abschied von Lyrik«) in der Neubearbeitung von 1967 gestrichen,
spricht in dem neuen Vorwort von »Entspannungen« und einer »da und dort
fühlbaren Rückkehr zur humaneren… Lyrik«, die »eine der Freiheiten und
Kühnheiten der Epoche« geblieben sei. (Wenn nicht ausdrücklich angegeben,
beziehen sich die Zitate immer auf die 1. Auflage.) – Demonstrationen von
Hermetisierung und >Ent-hermetisierung< an Texten von Guillén, Ungaretti
und Benn in meiner Rezension von *Struktur*, 1967 (*Monat*, November 1968).
11   Edgar Lohner, ein wenig global, aber drastisch in *Die Zeit*, 24. 9. 1965. –
Genau umgekehrt die Beschwerden zu Beginn des Jahrhunderts: »Die deutsche Dichtkunst schrieb notorisch / sich selbst den Uriasbrief, / seit das Gefühl
ihr obligatorisch / und der Verstand nur fakultativ« (Arno Holz, *Werke* V,
Neuwied/Berlin, 1962, S. 139).

Metapher Valérys vom Lyriker als ›Ingenieur‹. Immer hat die große Zahl, immer haben die Anfänger die modischen Rezepte appliziert… und nichts als appliziert. Sie sind und waren nie mehr als der Hintergrund für die Gezählten, die die eigene Stimme haben. Doch bewegen sie sich heute, wie bereits gesagt, auf jenem hohen Niveau angewandten Könnens, das auch den Anfänger sofort als ›zünftig‹ ausweist.

Sie machen ja auch nicht nur mit, sie ›applizieren‹ ja nicht nur die ›Rezepte‹: Durch ihr gehorsames Mitmachen dessen, was gerade verlangt wird, wie auch durch die große Zahl der Mitmachenden, derer eben, die kein eigener Schwerpunkt am Ausführen artistischer Fleißaufgaben und Bravourstücke hindert, verschieben sie die Schaffensprinzipien und geben – das ist nun einmal die Dialektik des ›Mitmachens‹ – der Kunstideologie eine Pseudo-Realität: als sei z. B. Lyrik, was sie nicht ist und wozu auch eine Armee Mitmarschierender sie nicht machen kann. Das ist naturgemäß jeweils von kürzester Dauer, desorientiert aber die Lesenden wie die Schreibenden.

Eine solche Unterstellung, ein Vorurteil ist zum Beispiel, daß Lyrik heute eine Lyrik des ›Ist‹ statt des ›Ich‹ wäre. Eine Untersuchung des Werks der Lyriker, die consensu omnium als die stimmführenden gelten dürfen, würde ohne weiteres zeigen, daß hiervon nicht die Rede ist. Man nehme das Werk der Sachs, das von Celan, Bobrowski, Bachmann, Huchel, Krolow oder der führenden jungen Amerikaner, und die These ist sofort demaskiert, wie es auch gar nicht anders sein kann. Sie ist nichts als ein Glaubenssatz, autoritativ dahingesagt. »Wege einer Stimme zu einem wahrnehmbaren Du… ein Sichvorausschicken zu sich selbst, auf der Suche nach sich selbst«, definiert Paul Celan das Gedicht. »Es ist immer ein Wort, das wir einander sagen und das uns gesagt wird – aber die Einheit dieses Worts legt sich auseinander in artikulierter Rede« (Gadamer)[12]. Lyrik ist, mehr als jedes andere,

---

12 *Wahrheit und Methode*, a. a. O., S. 433.

dieses ›Wort‹, also zueinander gesagt, gebe es nun ein Du oder nicht. Auch Lyrik des ›Ist‹ ist letztlich aufgehängt im Gesprochenen, der hier konstruierte Unterschied ist artifiziell und reduziert sich zur Manier. Unnachgeprüft wie alles wird jedoch diese wirklichkeitsfremde Behauptung von selbsternannten ›Weisungsempfängern‹ in Umlauf gesetzt, fatale Arbeitsmaximen für die Anfänger ergebend, denen damit Sterilität, also Nicht-Kunst, als Arbeitsziel gepredigt wird[13]. Und selbst ein oder der andere von den Gezählten, die selber Schwerpunkt und Korrektiv bildeten, wird unsicher angesichts der Menge der nach Schnittmuster arbeitenden Anfänger, welche naturgemäß alle beunruhigend jünger sind als er selbst, da nur die Jungen oder die Schwachen sich so bereitwillig anpassen, und verlängert vielleicht mit seiner Autorität das artifizielle Leben eines solchen Credos (oft genug zum Schaden seines Werks).

In andern Worten, die Zeitschriften, faszinierend wie sie sind als Barometer dessen, was versucht wird, erschweren und verfälschen das Urteil durch die hohe Proportion von Beitragenden, die willens sind, sich durch bedingungslosen Gehorsam hineinzuschreiben, also nichts weiter vertreten als eben den Trend, der ›offiziell‹, also vom Herausgeber oder einem der ›Manager‹ des ›Literaturbetriebs‹, gerade gefördert wird. Sie müßten zumindest durch eine genaue Kenntnis der zwanzig oder dreißig Bände ergänzt werden, aus denen die deutsche Nachkriegslyrik in diesem Augenblick besteht. Praktisch aber kommt das Urteil, insbesondere die Verurteilung, auf Grund des Lesens oder auch Anlesens von Zeitschriften oder

---

13 Eine demonstrative Unbefangenheit in bezug auf das verpönte ›Ich‹ ist bei den Allerjüngsten anzutreffen, siehe die Arbeitsprogramme in *Akzente*, 1966, Nr. 5.
   Eine weitere derartige Unterstellung: Identifikation werde heute weder erwartet noch ausgelöst. Vgl. hierzu ÜBER DAS INTERPRETIEREN, S. 207. Ebenso, Liebe oder Natur komme überhaupt nicht mehr vor. – Die Maschine als Metapher ist heute so abgenutzt wie die Natur, beide gehören zu unserer Wirklichkeit, ganz wie die gesellschaftlichen Einrichtungen. Es kommt, hier wie bei allem, nur auf die neue Verbindung an, vgl. WORT- UND BILDWAHL, S. 139 ff.

auch der vielfältigen, durch die Presse gehenden Tagungsberichte zustande[14].

Es ist also die Quantität der Adepten, ihre wenn auch kurzlebige Verbreitung durch Massenmedia, sowie der Nachdruck, den das Modediktat des Augenblicks durch diese Massenmedia bekommt, die ein offensichtlich falsches Pauschalurteil hervorrufen. Und zwar nicht nur unter den Laien, sondern vielfach noch unter den Schreibenden selbst.

Literatur als ›Spiel zwischen Eingeweihten‹.
Der Druck von Information und Rückinformation.
Vorauskonformismus

Dem falschen Pauschalurteil, das sich bei Gegnern und Freunden der zeitgenössischen Lyrik bildet, nur mit umgekehrten Vorzeichen, stehen unnachprüfbare – oder zumindest unnachgeprüfte – ideale Forderungen gegenüber, sie liegen vielmehr in der Luft, ungenau drohende Imperative, deren Stärke sich an den Überzeugungsopfern mißt, die sie kosten. Andersherum gesagt, die Angst, mit etwas wie ›einem Gartenzwerg im Arm‹ entdeckt zu werden, erschreckt jeden, wobei denn doch keiner weiß, was unversehens zum ›Gartenzwerg‹ deklariert werden könnte. Nur diese Angst ist präzise, nicht ihr Gegenstand. Selbst über die Repressalien läßt sich nur vermuten[15]. Vielleicht ließe sich von einem komplizierten Sy-

14 Zumindest habe ich das wieder und wieder festgestellt. Die Schimpfenden haben keinen Eich, keinen Huchel, keinen Bobrowski, Bachmann, Sachs, Celan etc. zu Hause. Und ich bezweifle, daß Emil Staiger in einer andern Lage war, als er der zeitgenössischen deutschen Literatur und Dichtung die Etikette des mutwillig Destruktiven um den Hals zu hängen versuchte.

15 »Terror« nennt es Ingeborg Bachmann. »Wir sind der Terror« (AUS DEN FRANKFURTER VORLESUNGEN, in *Gedichte, Erzählungen, Hörspiele, Essays*, München, 1964, S. 331/332), über den »inoffiziellen Terror, der ganze Teile der Literatur und jeder Kunst in Acht und Bann tut« und den es »immer gegeben hat« [der aber in einer Zeit gleitender gesellschaftlicher Verhältnisse praktisch sich doch anders auswirkt]. »In einem Gespräch über Malerei können Sie etwa die Namen Giotto, Kandinsky, Pollock hören, aber... man wird sich

stem beruflicher Sanktionen sprechen, das im Prinzip immer da war, heute nur radikaler und unheimlicher funktioniert. Ortega y Gasset hat diese Situation im Kern wohl richtig diagnostiziert (*La deshumanización del arte*), wenn er – an Stelle der fraglosen, weil ranggebundenen Zugehörigkeit zu den oberen und also geschmackbestimmenden Ständen, deren Urteil ästhetisch wie auch außerästhetisch fundiert war und für die die übrigen nur ein Resonanzboden waren – die Sphäre einer eigengesetzlichen und heiklen Zugehörigkeit annimmt, einen ›Spiel‹-raum im Sinne des Worts, zwischen Eingeweihten und nicht Eingeweihten, die aber à tout prix dazugehören wollen, unterscheidend, und die Bedrohung der Zugehörigkeit zu den ›Spielenden« für das Mißtrauen gegenüber dem eigenen Urteil verantwortlich macht, wobei er auf die besondere Labilität der älteren Generation als ›ältere‹, der jüngeren als einzuweihende hinweist. Die Druckmittel, die die Konformität, also die ›Zugehörigkeit‹ dieser Spielenden sichern, haben sich aber seit den 20er Jahren gewaltig geändert, die Schutz- und Schonzonen sind geschrumpft, dank der (die Pufferwirkung von Raum und Zeit immer mehr eliminierenden) Geschwindigkeit und Breitenwirkung des Kommunikationssystems, also des zunehmenden Tempos automatisch und pausenlos funktionierender

hüten, Raffael im gleichen Tonfall zu nennen.« Im Augenblick, 1966, ist z. B. bereits Pollock am Wanken. Über die ›Krise‹ der Abstrakten und des action painting und den zwischen dem angelsächsischen und dem Pariser Kunsthandel ausgebrochenen Kriterienkrieg, vgl. *FAZ*, 14. 4. 1967, zur Ausstellung von Soulages. – »Wir sind die Mafia«, sagte mir stolz eines der Mitglieder der führenden mexikanischen ›Gruppe‹, meinend, ganz direkt und anwendbar, »wir machen diesen Laden«, während die Bachmann sich in dem Kontext auf die Auswahl des gerade virulent gemachten Teils unseres Gesamtvorrats an Kunst bezieht, also auf das, was wir vom ›Regal‹ herabnehmen und womit wir gerade leben. – Wolfgang Hildesheimer, der in Selbstpersiflage die Angst, mit dem ›verkehrten Bild an der Wand‹ von den Gästen (den ›richtigen‹) erwischt zu werden, als einen der Grundschrecken des modernen Intellektuellen wieder und wieder parodiert (*Tynset* und *Lieblose Legenden* passim), bringt die Feststellungen Ingeborg Bachmanns und des Mexikaners recht drastisch auf den gemeinsamen Nenner. »Eine Art Ehrenkodex gegenwärtiger Literaturkritik« stellte kürzlich Eberhard Lämmert fest (*FAZ*, 6. 7. 74).

Rückinformation. Zufall, ›gutes Glück‹, k a i r ó s des Kunstwerks, werden durch die immer kürzer geschlossenen Schaltkreise ›ausgeschaltet‹ und somit der ›Weg‹, auf dem das
Kunstwerk Begegnungen hat, zu nichts verkürzt, die erste Begegnung ist ›fatal‹, einmalige Chance, inappellabel, denn sie
wird in jede weitere – zumindest offizielle – Begegnung
gleichsam hineingefunkt, Wirkung und Rückwirkung sind zu
einer unheiligen Simultaneität verkoppelt, die Freiheit unbe-
lasteter Reaktion verengend. Gerade diese »zwingende Logik
der Zusammenhänge«, der Nicht-Zufall, wird jedoch vom
Einzelnen immer wieder als eine »Kettenreaktion von Zufällen erfahren«[16]: eine Art Selbstschutz, eine lebensnotwendige
Blindheit, die Demoralisierung wäre sonst unerträglich.

Noch die Ubiquität dieses Kommunikationssystems, die
sich dem Einzelnen zunächst als etwas Öffnendes, zusätz-
lichen Bewegungsraum Erschließendes anzubieten scheint,
funktioniert als das Gegenteil ihrer selbst: statt zu erweitern
und zu diversifizieren, unifiziert und zentralisiert sie[17]. (Der
›Swingel‹ war überall schon da, wo auch der Hase hin-
kommt.) Einebnung findet automatisch – und das in interna-
tionalem Maßstab – statt, durch die selbsttätige Wirkung der
gesellschaftlichen und technischen Apparatur. »Wir brauchen keinen Propagandaminister mehr, jeder denkt schon
von selbst, was er denken soll«, dieser furchtbare Satz von
Uexkuell, bei dem das ›Wir‹ gar nicht weit genug zu interpretieren ist, gilt auch auf dem Gebiete der Literatur. Und zwar

16 Gadamer, zu Arnold Gehlen, ZEIT-BILDER, *Philosophische Rundschau*
1962, 1/2, S. 30. – Es ist der Widerwillen gegen das Durchleuchten der Zusammenhänge, also gegen die unvermeidliche Diagnose der Mechanismen,
der die Soziologie so unbeliebt macht.
17 Etwas wie das Durchsetzen eines Autors von außen her, diese ultima ratio
in Fällen einer Aporie (Heine, Nietzsche, Rilke z. B. kamen auf dem Umweg
über Frankreich zu uns zurück, Claudel, Gide, Stendhal über Deutschland
nach Hause), ist heute praktisch unmöglich. Die Situation leuchtet sofort ein,
wenn man aus dem Literarischen ins Politische geht und sich z. B. vor Augen
hält, daß Dante von Florenz nur nach Ravenna zu ›emigrieren‹ brauchte, die
Hitler-Flüchtlinge bis an die Peripherie der Welt flohen, und diese Welt zunehmend weiter schrumpft, während sie sich doch zu erschließen scheint.

gilt dies nicht nur nachträglich: Rückkoppelung erzwingt Vorauskonformismus, das Urteil konformiert sich nicht nur im nachhinein mit der erhaltenen Weisung, es peilt nach Möglichkeit die erwünschte Richtung im voraus an wie jedes andere sensible Radargerät. Ja wie die elektronisch gesteuerte Atomrakete nimmt es, wenn es wirklich up to date ist, die leichte Verschiebung des Zieles, seinen nächstminütlichen Stand, noch im Fluge vorweg. Da Urteil ja aber kein ›Radar‹ ist, Radar ist hier nur eine Metapher, das Radargerät ist nichts als die Nachkonstruktion unserer eigenen Reagibilität, so ist das Gesellschaftliche auch weit weniger fest vorgegeben, vielmehr materialisiert sich das angesteuerte Ziel erst durch die Ansteuerung: Vorauskonformismus, also Vorausbestätigung, schafft oder verstärkt zumindest die Macht der Konstellation, der sie sich anpaßt (Angst, den gefürchteten Zustand, z. B.). Bekannt ist Nehrus Erklärung: »I fear nothing but fear itself.« »Ich ängstige mich hauptsächlich vor der Angst.«[18]

Das Subjekt, besser, das menschliche Substrat der ›Selbsteinstellung‹, die dieser perfektionierte und automatisierte Druck auslöst, ist aber immer weiter der von Ortega beschriebene ›Eingeweihte‹, der ›Mitspielende‹, der als Älterer jede Überzeugung preisgibt, die ihn mit dem Odium des Alternden oder gar Alten behaften und ausrangieren könnte, als ›verkalkt‹ und ›nicht mehr‹ aufnahmefähig für das Junge. Und des Jüngeren, der der Weihen der Älteren, schon Etablierten bedarf, und sei es um den Preis seiner selbst.

Es dürfte wohl eher diese grassierende Labilität des Urteils sein, die etwas Ansteckendes hat – wo alle oder doch die meisten ›umfallen‹, um ›richtig zu liegen‹, ist es für den Einzelnen eine um so größere, kaum mehr aufzubringende Willensanstrengung, sich (d. i. zugleich dem andern, in diesem Fall dem Kunstwerk) die Loyalität zu wahren[19] –, also eher die man-

---

18 Ebenso (vermutlich vor ihm) Roosevelt, 1933, anläßlich des Antritts seiner ersten Präsidentschaftsperiode: »The only thing we have to fear is fear itself.«
19 Ähnlich wie in einem Ambiente mangelnder Betriebsamkeit und geringer Arbeitslust (z. B. in den heißen Ländern) die Arbeitsdisziplin des Einzelnen

gelnde Standhaftigkeit gegenüber einem wie immer gearteten Druck und das daraus erwachsende Ungenügen an sich selbst, was sich in den unaufhörlichen Klagen über den ›Verlust der Maßstäbe‹ ausspricht, als der Mangel an Kriterium als solchem. Der Unterschied zwischen der ersten, unmittelbaren Reaktion und der zweiten − ›ambientierten‹ − ist oft bestürzend groß, wobei die Einmütigkeit der ersten Reaktion und auch ihrer Begründung ermutigend ist für denjenigen, der überhaupt an etwas wie ein Kriterium glaubt. Um so entmutigender ist die oft nicht geringere Einmütigkeit des Abweichens von der ursprünglichen Reaktion, sobald die Windstille der Aufnahmekondition gestört wird. Der ›Verlust der Maßstäbe‹ ist hierbei sozusagen von Fall zu Fall miterlebbar wie der Verlust jedes beliebigen Gegenstands, wenn ein Zustand der Bedrängtheit eintritt.

In andern Worten: ›Maßstäbe‹ stehen da einfach nicht zur Diskussion, wo sie bei der kleinsten Einschüchterung sofort geopfert werden[20]. Ein solches Überzeugungsopfer vollzieht sich dann in einer Resignation, die der Farce einer Reinigung oder Selbstbeschuldigung in den totalitären Ländern gleicht. Die Rückzugsformel ist häufig ein Verzicht auf Zuständigkeit: ›denn ich verstehe von Zeitgenössischem nichts‹[21].

doppelt hoch und geradezu als heroisch einzuschätzen ist, da er sich nicht nur anders verhält, sondern überdies durch seine Initiative einen Ausgleich schaffen muß: d. h. er leistet objektiv ein Plus an Arbeit, im Vergleich zu der in einem arbeitsameren Ambiente erforderlichen.

20 Anschaulich geschildert in Nathalie Sarrautes Roman *Les fruits d'or*, Paris, 1963, der die literarische Urteilsbildung persifliert.

21 Über das dem Fachmann bei überlieferten Werken prägarantierte Lesevergnügen, also die geringeren Anforderungen an den Leser, vgl. LYRIKTHEORIE, INTERPRETATION, WERTUNG, Anm. 2. − Es handelt sich hier nur um eine ›subjektiv‹ andere Lage, vgl. Allen Tate, *Reason in Madness*, New York, 1941, S. 115: »Der Philologe, der uns sagt, er verstehe Dryden, aber er komme nicht zurecht mit Hopkins oder Yeats, sagt uns, daß er Dryden nicht versteht.« Ebenso R. C. Collingwood, *Principles of Art*, Oxford, 1938, S. 4: »Wer behauptet zu wissen, warum Shakespeare ein Dichter ist, behauptet damit ohne weiteres, daß er weiß, ob Gertrude Stein eine Dichterin ist, und wenn nicht, warum nicht.« Beide Zitate nach René Wellek und Austin Warren, *Theory of Literature*, New York, 1948.

Die Unbeweisbarkeit des Kunsturteils und die
besonderen Schwierigkeiten der Lyrik. –
Modalitäten des Überzeugungsopfers

Diese ganzen Kalamitäten würden allen Beteiligten erspart
bleiben, wenn das Kunsturteil beweisbar wäre, im Sinne der
Mathematik und der Naturwissenschaften. Und nicht, wie
Kant sagt, außerhalb des ›Disputierbaren‹ läge. Obwohl auch
ein nachrechenbares Ergebnis im Falle starken äußeren
Drucks sich, ganz wie ›Überzeugung‹, als ›revidierbar‹ und
›uminterpretierbar‹ erweisen könnte (wie wir es auf andern
Gebieten des Lebens häufig feststellen müssen [22]). Für die Literatur dürfte trotzdem die Unbeweisbarkeit des Urteils eines
der Grundelemente der Anpassungs- und Zugehörigkeits-
schemata sein, zumindest in der sogenannten pluralistischen
Gesellschaft.

Im Falle der Lyrik ist die Unsicherheit besonders akut,
denn wegen der starken irrationalen Komponente ist Qualität
hier noch weit schwerer nachweisbar als z.B. bei Prosa, und
überdies greift Lyrik auch mehr auf den Menschen über, Katharse und Identifikation schließen jede ›Extraterritorialität‹
aus. »Der Leser gehört mit zum Gedicht, das er versteht« (Gadamer). Gedichte, die einer liebt, sind daher verletzbar wie
eine eigene Sache, es handelt sich nicht mehr um ein isoliertes
Urteil, der Mensch selbst sieht sich in Frage gestellt und be-
schämt und zieht sich um so leichter zurück. Sein ›Verstehen‹
dient ihm keinesfalls als Ausweis und Rückhalt (wie auf der
andern Seite Nichtverstehen nichts ›beweist‹, den Leser wie
den Text disqualifizieren könnte). Alles was hier als »objektiv‹
gelten darf, gilt jeweils nur im Rahmen eines in sich schlüssi-

---

22 Das Elektronengehirn als Hüter der Wahrhaftigkeit? Sein Mechanismus
bewirke »rückhaltloses Bekenntnis des logisch als zwingende Folgerung Erkannten« (so der Kinderbuchautor Karl Bruckner, *Nur zwei Roboter?*, Wien,
1967; *FAZ*, 2.6.67). Das Elektronengehirn gibt jedoch, ganz wie das unsere,
nur auf richtig gestellte Fragen die richtigen Antworten. Unter dem Titel: MAN
MUSS SIE FÜTTERN KÖNNEN sah man kürzlich auf einer Karikatur eine Zahl
hilfloser Männer vor den als Tieren gedachten IBM-Maschinen sitzen.

gen Zeichensystems, also als Relation[23]. Selbst der gewandte Leser mißtraut hier mehr als sonst dem Boden, den er sich unter die Füße ›disputieren‹ kann. Nicht umsonst ist die Lyrikkritik ein heißes Eisen, das nur wenige in die Hand nehmen. Daß gewisse objektive Erfahrungssätze durchaus – für den Erfahrenen – Hinweise für die Qualifizierung enthalten (z. B. Hugo Friedrichs Hinweis auf die »künstlerische Notwendigkeit« oder auch »Evidenz«, die unabdingbar bleibe, und auf die »Sprach- und Spannungskurven«, die beim guten Gedicht eben »zwingend wirken«[24]), vermag keinerlei Trost zu bieten, wo es nicht so sehr um die Urteilsfähigkeit geht als um die Bereitschaft, überhaupt ein eigenes Urteil zu riskieren. Das Schielen nach dem Einverständnis anderer[25], der Wunsch nach den Abstempelungen, die der Literaturbetrieb

---

23 Die ›Umsetzung‹, objektivierend wie sie ihrer Natur nach ist, da sie das Zufällige und Private ins Musterhafte und Eigenständige bringt, läßt sich jeweils nur nach werkimmanenten Gesetzen und nicht nach objektiven Standards messen.

24 A. a. O., S. 153.

25 Über wenig bekannte Perspektiven literarischer Intoleranz vgl. Friedrich Sengle, *Die literarische Formenlehre*, Stuttgart, 1967, S. 24–26, der feststellt, daß eine »Stilebenendiktatur« zugunsten des »niederen Stils« die umgekehrte bei uns abgelöst hat. »Leider ist aber Maßhalten in Sachen der Literatur keine Eigenschaft von uns Deutschen«, fügt Sengle, selber ›ein alter Verteidiger des niederen Stils‹, hinzu. »Anton Klein lebt immer noch in unserer Mitte, auch wenn er 1962 das Gegenteil von 1781 behauptet!« 1781 wurde Schiller, der *Räuber* wegen, von Anton Klein »schonungslos beschimpft«, der erklärte: »Ein edler Mann wird sich so wenig eines niederträchtigen Ausdrucks bedienen, als Niederträchtigkeit begehen«, und mit dem Ausschluß aus der Gesellschaft drohte: Man schließt »aus dem Tone in eurer Schrift auf euern Karakter.« Peter Rühmkorfs *Bestandsaufnahme*, Hamburg, 1962, in der mit Ausschließlichkeit für die Ironie plädiert wird, wird Kleins *Vom Edeln und Niedrigen im Ausdruck* gleichgestellt. (Leidtragende waren u. a. Wieland, Heine, Nestroy, Thomas Mann. Kotzebue sei deswegen ermordet worden.) »Ob ein tierischer Ernst oder ein ewiger Karneval uns aufgezwungen werden soll – beides ist gleich unmenschlich«, schließt Sengle, die Gegenwart als Zeit der Stilebenenmischung kennzeichnend wie alle Spätzeiten.

Siehe hierzu z. B. die respektvoll vorsichtige Distanzierung, gleichsam versuchsweise, Reich-Ranickis (*Die Zeit*, 18. 5. 1967) von Bachmann und Celan als »feierlich«, anläßlich der Besprechung von Günter Grass' drittem Lyrikband, *Ausgefragt*. (Der Name von Nelly Sachs, die doch im Sinne des Expressionismus pathetisch ist, erschien nicht.) – Daß übrigens die Selbstrelativierung, also die Ironie (welche ja nur ›ernst genommen‹ auf ›Karneval‹ hinaus-

vergibt, verdirbt nicht nur das Schreiben (ob man schreiben ›darf‹, was man zu schreiben hat), sondern auch die Freude am Lesen von Gedichten: ob einen freuen ›darf‹, was einen freut.

»Ganz offenkundig führt der Mangel einer einigermaßen verläßlichen analytischen Maschinerie, die entscheidet, ob die eigene Reaktion die richtige ist, zu einer solchen Gefühlsverkümmerung (sterility of emotion), daß es kaum der Mühe wert erscheint, überhaupt noch Gedichte zu lesen«, schrieb der englische Dichter und Theoretiker William Empson hierzu bereits 1955[26]. Und dieser Druck nimmt automatisch zu, Jahr für Jahr, wird immer ›weiter‹ und immer ›enger‹. Bei der zunehmenden Verkümmerung des Menschen, von der der literarische Selbstverzicht ja nur eine Variante ist, ist der Bestand der Lyrik selbst gefährdet. Wie alles nicht exakt Beweisbare ist sie auf Treu und Glauben angewiesen. Sie würde verkümmern, mit dem verkümmernden Leser. Seine Freiheit und die Freiheit des Dichters sind Eines, ihrer beider spontane Antwort ist untrennbar.

läuft, sonst aber zum Schwebecharakter beiträgt), eines der wesentlichen Elemente des modernen Lebensgefühls und der modernen Kunst ist, darauf weist bereits Ortega hin (in: *La deshumanización del arte*, 1925). Doch ist gerade in Deutschland Ironie ein rarum (vorbildlich Klee), verliert leicht den Spielcharakter und wird ihrerseits etwas Methodisches und tierisch Ernstes, statt einer Selbstaufhebung (vgl. auch PRINZIPIEN DER WORT- UND BILDWAHL, S. 159, Anm. 28).

Interessant wäre eine soziologische Untersuchung über Druckmittel, Standfestigkeit und Überzeugungsopfer im 18. und 19. Jahrhundert, also vor der Ära der rückberichtenden Massenmedia, wie auch eine vergleichende Analyse literarischer Diktatur zu den verschiedenen Zeiten und in den verschiedenen Ländern. Sicher würde sich der jeweils auf die Urteilenden ausgeübte Druck, vergleichsweise, als objektiv meßbarer erweisen als die Grundlagen des Kunsturteils. Der Verdacht liegt nahe, daß es sich um Stufen gesellschaftlicher Entwicklung handelt, denen eine jeweilige Organisation der Konformierung auch in litteris entspricht, wobei wir Deutschen sicher gründlicher und lückenloser organisieren, befehlen, gehorchen als viele andere, welche es aber auch tun. – Über die deutsche Nachkriegssituation siehe S. 126 und 160, Anm. 30.

26 *Seven types of ambiguity*, zitiert nach Horst Meller, *Zeitgenössische englische Dichtung*, Frankfurt a. M., 1966, S. 26. – Goethe hat sich hierzu in den Eingangsversen des *Buchs der Betrachtungen* geäußert: »Höre den Rat, den die Leier tönt; / Doch er nutzet nur, wenn du fähig bist. / Das glücklichste Wort, es wird verhöhnt, / Wenn der Hörer ein Schiefohr ist.«

Daher wird Kunst mehr als je geteilt in das – relativ sichere – Gelände des Anerkannten und in etwas Zwielichtiges, ein Tabugebiet. Womit sich selbst Fachgelehrte von der Verantwortung, das Falsche oder das ›Richtige‹ zu schätzen oder zunächst geschätzt zu haben, zu befreien versuchen, die Urteilsfähigkeit provisorisch an andere delegierend und sich auf den ›Zaun‹ rettend, also in die Position des Zuschauers anstatt des Mitspielenden bei dem noch unausgetragenen Spiel. (Fence-sitting, wie es im Englischen so hübsch heißt. Der fence-sitter kann je nach dem Ausgang des Spiels auf der einen oder der anderen Seite herunter.) So werden die eigenen Statussymbole außer Gefahr gebracht: die Autorität des Eingeweihtseins in die Tradition. ›Mitspielen‹ wird abgewertet, als sei Eingreifen in ein noch laufendes (also nicht prägarantiertes) Spiel etwas Unpassendes für einen Mandarin. Wo aber kein Statussymbol einer anders begründeten Autorität zu retten ist, also spezifisch im Falle der Jüngeren, ›noch Einzuweihenden‹, aber auch sonst, wo man sich nicht als Zuschauer und Gutachter letzter Instanz aus dem Risiko ziehen kann, sondern wo weiter im Spiel zu bleiben eine Lebensfrage ist, da besteht die Tendenz, das erste Urteil gegen das diametral entgegengesetzte mit um so größerer Vehemenz einzutauschen, je mehr man sich zunächst mit ihm identifizierte. Dazwischen gibt es Zwischenpositionen aller Schattierungen, wobei häufig dem ursprünglichen Urteil eine Art schamhaften Fortlebens in einem geistigen Abstellraum gewährt wird, weil es zwar im Augenblick nicht gesellschaftsfähig ist, aber zu erwarten ist, daß – wenn es »mit rechten Dingen‹ zugeht, letztlich mag man die eigene Urteilsfähigkeit doch nicht so ganz in den Eimer tun – es irgendwann doch noch rehabilitiert und dann sogar ein Glanzstück werden könnte. Ein solcher Schatten einer Mentalreserve ist nicht unähnlich dem Verhalten gegenüber unterdrückten und abgeschworenen, aber eben doch nicht gänzlich ausgerotteten politischen Idealforderungen in totalitären Systemen.

Entscheidungsunlust als gesellschaftliches Phänomen.
Die Erziehung zum Selbstverrat

Dieser Mechanismus des Verhaltens ist eine Zeiterscheinung und eben keineswegs auf heikle Fragen der Entscheidung wie die der Qualität von Kunst beschränkt. Ein Sozialarbeiter, der von einem Gericht etwas so ›Einfaches‹ wie die Entscheidung über eine Rente erwartet, sieht sich vor dem gleichen Dilemma. (Bekannt ist der Witz, den sich Psychiater erzählen: Ein Patient, ein hoher Beamter, gelangweilt von der Untätigkeit in der Klinik, bekommt den Auftrag, etwas »ganz Einfaches‹ zu tun. Er soll einen Haufen Kartoffeln sortieren, in große und kleine. Nach einer halben Stunde erscheint er beim Arzt, völlig verzweifelt: »Nehmen Sie mir die Entscheidung ab.«) Unlust an Entscheidung, Verantwortungsmüdigkeit, Ratlosigkeit, das sind die Folgen einer politisch-sozialen Situation, die hauptsächlich aus Sackgassen besteht. Wie ein Hund wird der Einzelne immer wieder aus jeder Initiative zurückgepfiffen und mit der Nase in die eigene stagnierende Hilflosigkeit gestoßen, bis er so geübt ist im Aufgeben von Positionen, daß es einem Training in Selbstverrat gleichkommt[27].

»Wir lebten etwas anderes, als wir waren,

wir schrieben etwas anderes, als wir dachten,

wir dachten etwas anderes, als wir erwarteten«,

schreibt der in dieser Gymnastik nicht ganz ungeübte Benn[28].

---

27 Siehe Hans Magnus Enzensberger, *Zur Theorie des Verrats: Jedermann als Verräter. Dialektik des Verrats*, in *Deutschland, Deutschland unter anderm – Äußerungen zur Politik*. Edition Suhrkamp, Nr. 203. –

28 Zitiert nach Hans Daiber, *Vor Deutschland wird gewarnt*, Gütersloh, 1967.
Die Zahl von einer Million Menschen (global kalkuliert), die gegenwärtig in politischer Haft sind, wäre vermutlich noch höher ohne die Bereitschaft zum Selbstverrat, die den Verrat anderer naturgemäß immer miteinschließt. Es bestürzt zu denken, daß ein Teil der Gefangenen praktisch nur für Langsamkeit oder Ungeschicklichkeit im Selbstverrat bestraft werden, also weil sie bei der Umkehrung der Loyalitäten nicht schnell genug mitgekommen sind. Ein Teil natürlich war ›festgelegt‹, andere waren noch standhaft, und jetzt sitzen sie da

Die Ausweglosigkeit, zu der die Begegnung mit der Wirklichkeit wie mit der Kunst verurteilt ist, kommt auf vielen Wellenlängen und in vielen Spiegelungen zum Künstler zurück, wird von ihm täglich eingeatmet und ergibt Fragwürdigkeitsmodelle, deren Extremfall sich darstellt im perfekten Nicht-Bild, dem perfekten Nicht-Gedicht[29] und dem Nicht-Theater: hergestellt vom poeta doctus, vom pictor doctus; vom ins Werk hineinschwebenden ›neuen Kritiker‹ nur aus sich selbst freischwebend erklärt und – auf jeden Fall – gerechtfertigt, als ›Entlastung‹ von Entscheidung vor Kunst, für Menschen, die im Politischen und Persönlichen ›entlastet‹ sein wollen, von der Verpflichtung jeden Alibis. »Diese Art Kunst«, sagt Gehlen (im Schlußsatz seines Buchs, auch für das abstrakteste Kunstwerk den durch die Jahrhunderte geheiligten Anspruch der Kunst auf Liebe als ihre ultima ratio anerkennend), »wird in die Reichweite unserer Herzen

und bekommen, zumindest in den fortschrittlicheren Ländern, das ›Gehirn‹ gewaschen, bis die eine Überzeugung gegen die andere oder auch nur gegen den Zustand beliebiger Auswechselbarkeit vertauscht ist.

Kathoden im Gehirn, die elektrischen Impulsen gehorchen, würden diese Art Problem lösen (vor ein paar Jahren war man bei Hühnern, jetzt funktioniert es schon bei Stieren) und sind nur eine letzte Konsequenz der ›Humantechniken‹, die von Entscheidung ›entlasten‹ und den Menschen zum ›Funktionieren‹ bringen wie den Roboter oder auch den ›Zombi‹. (»Big brother is watching you«, Orwells negative Utopie, ist überholt, ehe sie auch nur praktikabel wird.)

Eine allerletzte ›Erleichterung‹ steht uns danach dann noch von den ›Menschenmachern‹ ins Haus, den Genetikern, die uns diese Art Sorgen ein für allemal und ab ovo abnehmen möchten.

Zum zwangsläufigen Versagen des Einzelwillens ›dem gesellschaftlichen Unrecht‹ gegenüber, vgl. auch Adorno (Negative Dialektik, a. a. O., S. 258 ff.), der, in einem tollkühnen Salto mortale der Selbstaufgabe, den antizipierten Totalverlust der Freiheit uns als eine der Segnungen einer zu erhoffenden besseren Gesellschaftsordnung ausmalt: »Vielleicht wären freie Menschen auch vom Willen befreit; sicherlich erst in einer freien Gesellschaft die Einzelnen frei«, hiermit alle bisherigen Diktaturen gewiß um mehr als eine Nasenlänge hinter sich lassend. Offen bleibt die Frage, warum die bisherige Gesellschaftsordnung uns diese Art Freiheit von der Freiheit nicht ihrerseits schenken könnte, durch weiter nichts als eine konsequente Fortentwicklung ihrer inhärenten Antinomien, mit oder auch ohne die Hilfe jedes neuen Hitler. Vgl. hierzu S. 93 ff. unten, über die Antinomien.

29 Über die Extremsituation des Gedichts an anderer Stelle, S. 130–135.

gerückt... man kann sich davor halten, darum lieben wir sie.«[30]

Den Moment der an der Grenze des Ausdrucks stockenden Darstellung haben wir gerade hinter uns, sicher auch irgendwann wieder vor uns, bei der nächsten Drehung der Spirale um diesen Turm zu Babel. Wir bewegen uns gerade wieder weg von Nicht-Bild und Nicht-Gedicht, von der Selbstaufhebung des Theaters: zur Erfahrung von Wirklichkeit, zur Erprobung neuer Verbindlichkeiten innerhalb der Eigengesetzlichkeit der Kunst, aber extrem sensibilisiert von der Grenzsituation, in der wir uns wissen.

Gehlens Salto-mortale-Bekenntnis der Liebe zur Kunst, noch zur zerebralsten, die ja insofern gerade in der »Reichweite unseres Herzens«, dieses schwach schlagenden Organs lag, als sie ihm nur noch »Affekte« und eben keine Gefühle mehr abverlangte, ist ein zeittypisches quid pro quo. Denn kurz vorher heißt es über die Erschütterung von Freundschaft und Liebe: »Die menschlichen Beziehungen... werden qualitativ insofern verändert, als nur noch diejenigen zumutbar sind, die sich durch eine Art Einspurung erleichtern lassen. Eigentlich nur im familiären Umkreis besteht noch die alte Dichte personaler Bindungen, mag sein, daß sie auch hier schon abnimmt.«

Das up-to-date-Bringen von allen Begriffen mit dem, was gerade angeboten wird, das Praktizieren der wertneutralen und »entlastenden« Gleichung: »Alles erklären ist sich mit allem konformieren können«, ja sogar alles »lieben«, ist nur eine weitere »Einspurung« in die Zweck- und Funktionsbestimmtheit. Also in den Prozeß zunehmender, mensch- und

30 Sperrung von mir. – Arnold Gehlen, *Zeit-Bilder*, Frankfurt a. M., 1962, Schlußsatz, S. 224/225. Dies warmblütige Finale wirkt ein wenig krampfhaft als Fazit so vieler Einschränkungen und sachlicher Bedenken, was die beiden Partner des Vorgangs, das Kunstwerk wie den Betrachter, angeht. Die Liebe, »erkennende Liebe«, betrachtet auch Hugo Friedrich als die gemäße Reaktion auf Kunst und also auf die moderne Lyrik, stellt allerdings dem Leser die Alternative des »erkennenden Abschieds« frei, *Struktur*, a. a. O., S. 154, vgl. auch Anm. 10.

kunstfeindlicher Verdinglichung, die die Authentizität ver-
drängt und Pseudo-Alibis für jede Situation, die politische
ganz wie die geistige und ästhetische, herbeischafft, uns also
noch das Gewicht unserer Ratlosigkeit abnimmt: die Würde
des Versagens und des Zweifels an uns selbst.

II. Werten und ›Gebrauchen‹ von Kunst

Wir sind angelangt in der uns von Max Weber angedrohten
»Zentrifuge«, dem stählernen Gehäuse, in dem wir die Identität verlieren. In dieser heiklen, aller Authentizität feindlichen
Lage ist nun die Entscheidung in Fragen der Kunst – und
jedes neue Kunstwerk verlangt uns die Entscheidung seiner
Authentizität ab – ganz besonders gefährdet, insofern es bei
der Antwort auf Kunst eben um eine Antwort, einen
response, also nicht so sehr um eine Initiative als vielmehr
um ›Aufnehmen‹ und ›Annehmen‹ geht: um ein zwar keineswegs passives, aber doch reaktives Verhalten, das in ein ›Tun‹
eigener Art mündet.

(Warnungsschild: »Sie verlassen jetzt die freie Gesellschaft« und betreten – einige Seiten lang – den ›Als-ob‹-
Bezirk des ungestörten Ablaufs rein prinzipieller Gesetz-
mäßigkeiten.)

Die Antwort auf Kunst, als eigengesetzliche Automatik.
Das zunftgerechte Training des Urteilsvermögens

›Entscheidung‹ über Qualität kommt am besten automatisch
zustande, auf Grund einer genau geschulten und an Qualität
ausgerichteten Sensibilität, die zwar Entscheidung a posteriori rationalisiert, aber zunächst einmal über eine äußerste
Reagibilität, über Reizbarkeit auf hochsublimierte Reize ver-

fügt[31]. Es handelt sich hier nicht um die Ausübung eines der Erpressung ausgesetzten Willensakts, verteidigbar durch Anstrengung – wie Entscheidung im gesellschaftlichen Bereich –, sondern um das intakte Funktionieren einer eigengesetzlichen Automatik. (Ähnlich wie vom Autofahrer automatische Reaktion auf den Straßenverkehr erwartet wird, um einen groben Verleich zu gebrauchen.) Jeder Einsatz von Willen, auch und gerade von ›Widerstand‹, würde mit dem Funktionieren der Automatik interferieren. Der Wille kann höchstens post festum zum Zuge kommen: Wenn die Automatik die Lage bereits entschieden hat, kann Wille die Entscheidung rationalisieren und gegen äußeren Druck verteidigen, zu ihr ›stehen‹, als einer eigenen Sache. Oder sehr viel früher: in dem Entschluß, die Automatik zur Höchstleistung oder auch zur Höchstleistung in einer bestimmten Richtung zu erziehen. Denn diese ›Automatik‹ wohnt uns nicht inne wie ein bakterieller Prozeß. Sie ist kein Fremdkörper, der herausoperiert und im Leeren aufgehängt und in optimale Funktionsbedingungen gebracht und studiert oder entwickelt werden könnte. Es ist ein Akt der Entscheidung, ob einer seine Muskeln trainiert, seine logischen Fähigkeiten oder seine Sensibilität und Aufnahmefähigkeit für Kunst: dieses sich aus dem Zusammen unserer widersprechendsten Möglichkeiten nährende Vermögen, das einen Totalanspruch an den Menschen stellt. Es ist die Entscheidung, was einer aus seinem Leben macht. Diese ›Entscheidung‹ wird mitentschieden von der konkreten Wirklichkeit, in die er geboren wird und in der er sich bewegt: von den Zufällen der Geburt, dem sozialen Milieu, dem geschichtlichen Augenblick, der Veranlagung. Und von der Neigung, die die Neigung steigert.

Durch Übung wird eine naturgegebene Anlage verbessert, Erfahrungen werden gespeichert und zum automatischen Abruf auf Reiz verfügbar gemacht (auch im Fall des Autofah-

---

31 Insofern es um hochsublimierte Reize geht, ist in dieser Automatik das rationale Element bereits vorausgesetzt, sie ist nicht zu verwechseln mit der automatischen Reaktion auf ein Kitzeln (Ortega).

rers). Sensibilität ist durch Übung an Qualität steigerbar, durch vergleichendes, selektierendes und analysierendes Wissen kontrollierbar (Wissen kann das Erfahrungstraining nicht ersetzen, sondern hilft nur zur Rationalisierung und Bestätigung, schärft also den Bewußtmachungsprozeß) und kann ausgebaut werden zu einem Feinstgerät, das das Leben verändert. Eine Kompaßnadel wäre ein primitiver Vergleich. Es handelt sich um komplizierteste Speichervorgänge, die auf spezifische Reize antworten und deren Training – was kein Computer leistet [32] – die Subsumtion von Nie-Erfahrenem in das sich ständig erweiternde Reizsystem einschließt [33]. In andern Worten: Ein Computer wird ›programmiert‹. Er tut das Programmierte. Die Sensibilität, die programmgemäß erzogen und gefüttert worden ist, ist auf alles Unerwartete, den Zufall jeder Begegnung, gefaßt, auch neugierig, und ihm gewachsen.

Eine derart geschulte Reizbarkeit, die also geübt ist, anzuspringen auf Kunst von Qualität, auf zeitgenössische wie auf alte, und die überdies so labil und so erregbar ist, daß sie auf hochqualifizierten Reiz, der neu und anders dargeboten wird,

32 Die Metapher der Elektronengeräte ist brauchbar zur Verdeutlichung der mechanischen Denkvorgänge, denen sie ja nachkonstruiert sind, gerade deswegen aber auch zur Aufzeigung der Grenzen der Mechanik, des bloßen ›Funktionierens‹ der Apparatur. Die Reaktion auf Kunst ist etwas grundsätzlich anderes als ein im Bereich des Mechanischen liegender Test. Der Apparat »testet«. Das ist »keine Haltung, der Kulturgüter ausgesetzt werden können«, liest sich Kants Feststellung in der Terminologie des 20. Jahrhunderts (Walter Benjamin, *Das Kunstwerk im Zeitalter seiner technischen Reproduzierbarkeit*, Edition Suhrkamp, Nr. 28, S. 28). Vgl. URTEIL ALS RISIKO, S. 54, Anm. 7.

33 Jeder Reiz löst »Gefühlsstöße« aus, die in einem steten Vorgang der Selbstverarbeitung registriert, sublimiert und geordnet werden von einer inneren »Instanz«, einer Art »historischer Reaktionsbasis«, die stetig neu definiert wird. (Gehlen, *Anthropologische Forschung*, S. 117 und passim, der hier die Ergebnisse der Psychologie, Tierpsychologie und Anthropologie zusammenfaßt.) Es handelt sich wohl mehr oder weniger um die Instanz, die früher global mit dem Wort ›Seele‹ umschrieben zu werden pflegte. Von Bergson wird diese ›Instanz‹ so definiert: »énergie intérieure d'une intelligence qui se reconquiert à tout moment sur elle-même, éliminant les idées faites pour laisser la place libre aux idées qui se font… ajustement toujours renouvelée des situations toujours nouvelles« (Rede über den bon sens 1895, zitiert nach Gadamer, a.a.O., S. 23).

auf Grund des Gesamts ihrer Erfahrungen einigermaßen verläßlich antwortet, würde in ihrer rationalisierten Reaktion Anhaltspunkte für das geben, was unter ›Maßstab‹ verstanden wird und was wiederum etwas Suspendiertes, in einem sich wandelnden Gleichgewicht Befindliches wäre, ermittelbar durch die Summe der Schwingungen feinstgeschulter Sensibilitäten in einer bestimmten Zeitspanne. Praktisch ist die einzelne ›Reaktion‹ nichts Punktuelles, sondern bedingt und flektiert durch die sehr komplexe Wirklichkeit ihrer konkreten Gegebenheiten: psychologischen, gesellschaftlichen, historischen, aus denen sie hier für einen Augenblick abstrahiert ist, und in die sie sogleich nachdrücklich wieder zurückgehängt werden soll.

Um aber zunächst bei der Beobachtung unseres – abstrakten – ›Feinstinstruments‹ zu bleiben, so suche ich nach einem Namen. Das Instrument ist dressiert auf Authentizität und auf Qualität: also darauf, ob etwas Kunst ist oder nicht, und ob dies Kunst von Rang ist. An seinem ›Funktionieren‹ läßt sich Authentizität und auch Qualität ›ablesen‹, in dem Augenblick oder der Summe der Augenblicke, wo sie durch dies Instrument kenntlich gemacht wird. Im Vergleich zum ›Geschmack‹ ist es etwas Objektiveres und Rationalisierteres. Urteilsvermögen ist wohl zu rational und limitiert für seinen Aktionsbereich. Ich würde es Selektionsvermögen nennen wollen: Es sondert das Besondere und Unverwechselbare aus, denn es ist trainiert auf das Erkennen dieser Besonderheit: eben auf das Kunstwerk (das so einmalig ist wie jeder von uns. Und wie jeder unserer Fingerabdrücke. Aber es ist zugleich nicht nur einmalig, sondern exemplarisch, Modell oder Zeichen setzend. Es hat eine andere, unabhängigere Art von Leben, ein Leben sui generis). Das Instrument, das geeicht ist auf das Erkennen dieser Art Leben, könnte man Selektionsvermögen nennen. Es gewährt oder verstellt Einlaß.

Vorschlag eines neuen Begriffs
anstelle des Geschmacksbegriffs

Aber am liebsten würde ich für die Kunst der Reaktion auf
Kunst einen neuen Namen prägen, der seinerseits eine gute
Tradition hat. Ich würde diese Art geschulter Reizbarkeit ›Kriterium‹ nennen wollen, den Terminus aktiv und für das Vermögen gebrauchend, wie es im Spanischen üblich ist und im
Englischen bis Ende des 17. Jahrhunderts üblich war. Kriterium ist das, was über Authentizität befindet, »qui permet de
distinguer le vrai du faux, de juger et d'estimer« (*Larousse*,
1960). In diesem Sinne ist Kriterium ein ›Objektiv‹, das sich
der Urteilende vorhält. Oder auch dem Ding vorhält, es ist das
gleiche. Etwas ganz und gar Sokratisches. Die Frage, mit der
jedes Ding befragt wird. Jedes Ding mit seiner. Die Fragestellung ist nicht mit dem ›Maßstab‹ zu verwechseln. Sie ist nichts
als eine Blickrichtung: auf das hin, worauf es ankommt. Das
Nützliche ist ein Kriterium, zum Beispiel. Die Evidenz ist ein
Kriterium. Die Authentizität ist eines. Die Qualität von Kunst,
ihre ›Besonderheit‹, sobald sie das Examen der Authentizität
bestanden hat. Das Kriterium, die Frage, die an Kunst gestellt
wird, und die Antwort, die von Kunst gegeben wird und die
ihrerseits angenommen oder nicht angenommen werden
kann, das ist etwas ganz Spezifisches, Objektives. Ich möchte
dies hinzuaddieren zu der Reagibilität, zu der Sensibilität,
die aufs Wählen und Urteilen in Sachen der Kunst trainiert
ist.

Dies Training, wenn es denn etwas getaugt hat, hat darin
bestanden, die Sensibilität wieder und wieder im Angesicht
von ausgesuchten Kunstwerken durch den Reif dieses Kriteriums springen zu lassen. Das ist die objektivierende Erziehung, das strikte Programm, das diese geschulte Reizbarkeit
zu dem gemacht hat, was ich das Feinstinstrument nannte.

Ich schlage also, versuchsweise, vor, die geübte, fast möchte
ich sagen, zünftige, in einer subtilen Weise rationalisierbare
(nicht mathematisch beweisbare) urteilsträchtige Antwort auf

Kunst ›Kriterium‹ zu nennen: ein Vermögen, das der Einzelne in sich zu erziehen sich entscheiden kann. Ich rechne also die Linse, durch die etwas betrachtet wird, das ›Objekt‹, dem Betrachtenden als Teil seines Tuns hinzu und nenne das Tun nach ihr. Dies ist nur (›nur‹) eine Frage der Nomenklatur.

In andern Worten, ich schraube dem Fragenden, der Kunst befragt, die Gläser der zünftigen Fragestellung vors Auge. Ein striktes, wenn auch abgekürztes sokratisches Verfahren[34]. Womit ich, trotz des Wortes ›zünftig‹, nicht eine tote, sondern die lebendige Befragung des Kunstwerks meine. Nicht die des Gelehrten, dem Kunst Wissensmaterie ist und Alibi einer archivierenden Aktivität. Ich rede hier vom wahren Leser (der sehr wohl, in Personalunion, auch Gelehrter sein kann), der nicht zu einem Zweck liest, sondern dem das Lesen Zweck ist. Der das Kunstwerk ›gebrauchen‹ und nicht nur qualifizieren will, es nicht zum Gegenstand geistiger Gymnastik herabwürdigt, nicht zu einem Objekt macht, an dem er vor allem sich selbst beweist.

34 Die gemäße Fragestellung, dies Objektiv, das ich fest vors Auge rücke, soll übrigens niemanden vergewaltigen, sie ist kein Zwang, sondern einfach sui generis. Niemandem ist z.B. benommen, zehn Meter Klassiker in grünem Leder zu suchen, aus innenarchitektonischen oder gesellschaftlichen Gründen. Oder zu lesen, was man lesen ›muß‹, um mitreden zu können. Oder seinen Kindern Bücher zu schenken, die ein gewünschtes ethisches oder historisches Soll als wünschenswert übermitteln. Oder die an Sex Brigitte Bardots Reize übertreffen, oder oder… Oder Erbauungsgeschichten. Die Vielfalt des Ungemäßen ist unendlich. Das Gemäße ist Eines.

Man würde im hier vorgeschlagenen Sinne also sagen: Jemand versteht etwas von Kunst, ›er hat Kriterium‹, wenn man auszudrücken beabsichtigt, er habe sich auf die gemäße und strenge, nicht auf eine beliebige, amateurisch geschmäcklerische Weise an Kunst geschult und sich ein Organ zu ihrer – sachgemäßen – Beurteilung anerzogen. (So wird das Wort auch seit Gracián im Spanischen verwendet.)

Nichts hängt im übrigen davon ab, für den Gedanken- und Beweisgang dieser Untersuchung, ob man sich auf den Namen ›Kriterium‹ oder ›Selektionsvermögen‹ einigt. Jedoch kann ein neuer terminus, durch die Nuance, um die er den Aspekt der Sache verschiebt, eine Diskussion aus dem toten Winkel bringen.

Das Urteil als Grenzkontrolle.
Die ›Einladung‹ des Kunstwerks

Auf keinen Fall wird, sei es das Urteilsvermögen, noch der Geschmack, noch das Selektionsvermögen oder auch das Kriterium dem Kunstwerk in seiner Gänze oder auch nur im Wesentlichen gerecht.

Das Trainieren dieses Vermögens ist keineswegs Selbstzweck. Die Tatsache, daß es Gegenstand dieser Untersuchung ist und sein Funktionieren, sowohl im Schema wie in der gesellschaftlich-historischen Wirklichkeit, hier im Zentrum steht, darf nicht davon wegführen, daß es seinerseits nichts ist als das Mittel zu einem Zweck: eine Vorübung. Der Zweck, dem es dient, ist das Kunstwerk und der Gebrauch dessen, was es uns anbietet und dessen wir auf keine andere Weise teilhaftig werden können: seine eigentliche Benutzung, die eben nicht in seiner Qualifizierung besteht.

Die ganze Leidenschaft, mit der hier das Selektionsvermögen untersucht wird und die Bedingungen des Antwortens auf Kunst, entspringt daher nicht einem ersthändigen Interesse an Fragen der Kritik und des Funktionierens von Kritik – Kritik ist ein Vorgang zweiter Ordnung, eine Vorbedingung, bezieht ihren Sinn und ihr Alibi nur aus der Funktion, die sie erfüllt –, sie entspringt einzig und allein der Angst um die Lebens- oder besser Ü b e r lebenschance der Kunst in einer Gesellschaft, die ihr – gleichsam ›von selbst‹ und absichtslos, ›nur so‹ – täglich mehr die Luft abschneidet. Das Erkennen des Kunstwerks durch optimale Leser, das Bündnis auf Gedeih und Verderb mit dem optimalen Leser, der ja nur die Vorhut ›der‹ Leser ist, und die Verläßlichkeit des optimalen Lesers, das ist die einzige Hoffnung, die das Kunstwerk hat. Nach diesem optimalen Leser und den ihm täglich mehr verkümmerten Bedingungen seines Lesens ist hier gefragt, nach den auf viele subtile Weisen bedrohten Möglichkeiten eines authentischen Antwortens auf Kunst: also nach der Gefährdung und Verteidigung jener Mindestzone von Freiheit, ohne die Kunst nicht entsteht und ohne die Kunst totgeboren wäre.

In der Praxis des Lesens, der ›Kriterium‹ dient (des Betrachtens oder des Hörens, aber es soll hier exemplifiziert werden an der Literatur, vor allem an Lyrik), sind die ›Selektion‹ und der ›Gebrauch‹ auch schwer zu trennen, selbst wenn man den Vorgang unter die Zeitlupe legte. Es handelt sich hier um einen ersten Akt der Zulassung, der Annahme. Um das Freigeben einer Grenze, hinter der wir mit dem Kunstwerk auf eine andere Art verkehren, auf ›Du und Du‹ mit ihm sind, und es mit uns. Häufig treten wir unmittelbar in einen solchen Verkehr mit ihm, lassen uns auf viele und intime Weisen mit ihm ein, und geben ihm den Paß über die ›Grenze‹ sozusagen post festum. Das ist bei derlei Dingen sogar das Übliche: bei der Kunst ganz wie in der Liebe. Alles passiert so simultan, daß es zumindest schwer zu entscheiden ist, wann die Formalitäten der Anerkennung stattgefunden haben.

In andern Worten, das Kunstwerk passiert die Schwelle des Kriteriums, welche hoch liegt, automatisch: Freude, Identifikation, Bewunderung, Katharsis finden nicht statt, wenn das Kunstwerk diese hohe und genaue Schwelle nicht nimmt. Die Schwelle ist nicht um ihrer selbst willen da. Sie verteuert den Zugang, je nach der Qualität des Kunstwerks und auch der Qualität des Vermögens, das dem Kunstwerk diesen Ausweis abverlangt, und erhöht das Niveau und die Einzigartigkeit der Begegnung.

Man ist eben exklusiv und hat nur besondere Gäste [35]. Man will auch nichts von ihnen als sie selbst. Man gerät nicht in Gefahr, sie zu tolerieren oder anzulügen, man hat keine Verpflichtung außer der freiwilligen, keine Erwartung, die sich

35 Die Konkretheit, mit der ich die Begegnung des Kunstwerks mit seinem Gebraucher schildere, darf nicht darüber hinwegtäuschen: Wir befinden uns weiterhin auf dem Terrain der Abstraktion und beobachten das Funktionieren von Idealvorgängen, deren Gefährdung hier analysiert werden soll. Das Als-ob-Schema idealen Funktionierens gibt erst die Möglichkeit, die Zerstörung solchen Funktionierens zu beobachten. Es gibt zugleich auch den Pegel der Erhaltungswürdigkeit dessen, was uns täglich mehr genommen wird.

an ihre Nützlichkeit im Hinblick auf Dritte knüpfte, um derentwillen man sich zwingen müßte. Man hat sie, solange man sie liebt, sie kommen auf Anruf, sie verschwinden diskret, man ist nicht allein, wenn sie da sind. Und man ist ganz konzentriert und ganz man selbst und bereit für sie, und ganz auf den Zehenspitzen und ungelangweilt, denn sie sind ihrerseits, hart geprüft wie sie sind, ebenso anspruchsvoll und lassen sich nicht mit Höflichkeiten abspeisen.

Kurz, man hat eine besondere Art Ferien mit ihnen: die vom Interesse und der Zweckmäßigkeit und allem, was damit zusammenhängt, der Banalität der Zwänge. Man trifft sich, wenn man sich wirklich trifft, in der Intimität *gegenseitiger* Freiheit. Auch die furchtbarsten Themen, von denen man bei diesen Treffen miteinander spricht, auch das Tragische und das Unheilbare, das Zerstörte und das Zerstörende, auch das Ausgeliefertsein und die Wehrlosigkeit, wenn sie zum Thema stehen – man drückt sich nicht vor solchen Themen, denn es wird ja nicht gelogen, sondern man trifft sich unter dem Zeichen der Wahrhaftigkeit –, nehmen teil an dieser Sphäre der Freiheit.

Damit Derartiges stattfinden kann, braucht man eben Gäste von hoher Qualität und ist exklusiv, und läßt ›Kriterium‹ Wache halten an der Tür.

Die Kriterien der Authentizität und der Besonderheit.
Das ›Wirklichkeitsmodell‹

Hieraus ergibt sich schon, was Kriterium vom Kunstwerk verlangt: Authentizität. Das ist das Erste. Unverlogenheit. Das heißt, es muß wahr sein in bezug auf das, was es ist und was es mitbringt (was selbst, in seinem Ausgangsstadium, sogar verlogen gewesen sein könnte): auf die konkrete Wirklichkeit der Erfahrung, durch die es hindurchgegangen ist und die es gefiltert und konzentriert oder auch transformiert hat, muster-haft. Auch wenn es phantastisch ist, ist es immer und ausschließlich bezogen (auch im Spiel noch im Ernst) auf diese Art Wahrheit. Das Kunstwerk hilft zu erkennen und zu erleben, wie die Dinge wirklich sind, wie man selbst ist, wie die konkrete Wirklichkeit ist, in der man sich bewegt, und wie sie sich zur Wirklichkeit aller Zeiten verhält, auch wie sie sein sollte, im Idealfall, und was man mit der Wirklichkeit für Erfahrungen machen kann. Es geht um Wahrheit, um das, worauf es ankommt. Kunst hilft beim Erfahren, beim sich Durch-und-durch-Aneignen und Erkennen von Wahrheit[36], und zwar im Konkreten: durch Erfahrungsmodelle und Gegenmodelle, durch Darstellung und Imagination. Die Wahrheit wird also nicht deduziert wie in der Philosophie. Sie hat Epiphaniecharakter: sie erscheint. Sie geht einem auf, sie wird sichtbar, greifbar, fühlbar, benennbar und vollziehbar, sie wird zu eigen gemacht[37]. Dabei ist sie in dieser Form der ›Erscheinung‹ ›wahrer‹, daher wirklicher als die ›erste‹ Wirklichkeit, die Gegenstand der Erfahrung war und die in ihrer Einmaligkeit sehr viel Nicht-Muster-haftes enthielt. (Ganz abgesehen davon, daß der Zufall seinerseits Modellcharakter erhalten kann, natürlich.)

Das liegt an der Art der Verbindung der Besonderheit des Kunstwerks mit der Nicht-Besonderheit. Denn Besonderheit ist das Nächste, was man verlangt, nach der Authentizität. Diese Besonderheit ist etwas Einmaliges, Unverwechselbares, und sie ist zugleich, obwohl sie so besonders ist – das verlangt man von ihr –, das Archetypische und Modellhafte, Exemplarische schlechthin: die Musterhaftigkeit einer unwiederholbar einmaligen Wirklichkeitserfahrung[38]. Mit der Einma-

36 »Produktionsmittel zur Erkenntnis der Wahrheit« nennt Enzensberger das Kunstwerk. – »Alle Werke – und das ist der einzige Unterschied von Buch zu Buch – sind jeweils Unterrichtsvorschläge in dem großen Wettbewerb um den wahrheitsgetreuen Text (»le grand concours pour le texte véridique«) innerhalb der zivilisierten oder doch der lesenden Zeitalter«, formulierte es der aktive Schulmann Mallarmé.
37 Über die Konsequenzen oder die Folgenlosigkeit des Wahrheitserlebnisses in der Kunst vgl. WOZU LYRIK HEUTE?, S. 24 ff.
38 »Musterhaft in Freud und Qual« (Goethe, *West-östlicher Divan*, WIEDERFINDEN).

ligkeit, mit dem Zufall der ganz besonderen, Gestalt gewordenen Chance, muß sie die äußerste Gesetzmäßigkeit verbinden[39]. Denn die Einmaligkeit eines Irren, der die Welt sieht wie niemand sonst, vor ihm oder nach ihm, würde wegführen von der Wirklichkeit der Erfahrung, also von den Menschen, tangential in ein Nie und Nirgends. Die Art der Besonderheit, von der hier die Rede ist, führt aber hin zur Wirklichkeit, das heißt zu allen Gesichtern der Wirklichkeit, und durch sie hindurch zu der Wirklichkeit hinter der Wirklichkeit, da wo sie am wirklichsten ist, auch wenn sie so nie passiert: zu ihrem Potentialis, zu ihrem Modell.

Die Musterhaftigkeit, die ›Regel‹ in dieser ihrer Fleischwerdung in der ganz besonderen Gestalt des Kunstwerks, das schwebende Gleichgewichtsverhältnis unvereinbarer Kräfte, ist auch das, was als das Schöne empfunden wird, wobei durchaus auch das prima facie ›Häßliche‹ als schön ansprechen kann, je nach der Art, wie es sich als Regel oder auch als Antiregel mittels des Einmaligen darstellt[40]. Sie berührt sich so sehr mit der Authentizität, und also mit der Wahrheit innerhalb eines Erfahrungsbezugs, daß dies schwer zu trennen ist. Qualität, in der Kunst, ist eo ipso bereits authentisch. Denn was nicht authentisch ist, ist eben keine Kunst.

Das Erkennen der Musterhaftigkeit, der Modellhaftigkeit ist auch das, was einen angeht, erregt und ›glücklich‹ macht oder zumindest befreit, gleichgültig wie tragisch die Gestalt

39 Auch ›Authentizität‹ alleine, ohne Besonderheit, reicht keinesfalls aus. »Der edle Halbkünstler ist heute noch unerträglicher als der unedle«, formulierte es Joachim Günther. Der ›unedle‹ findet Unterschlupf in der Machbarkeit, in der Verwechselbarkeit des hohen handwerklichen Standards und ist daher weniger enervierend.
40 An die Stelle der obersten Kategorie des Schönen, »der letzten Durchbildung« (wie Schönberg es definierte), sei eine »Oligarchie« von relativen ›Schönheiten‹ des Werks getreten, wie ›Größe, Vollkommenheit, Differenzierung, Gestaltenreichtum, motivische Dichte und Mehrdeutigkeit« (Tagung des Instituts für Neue Musik und Musikerziehung, Darmstadt, 1967, FAZ, 25.4.1967), handwerkliche Forderungen der Musiker, welche beim Sprachkunstwerk, selbst beim verspieltesten und experimentellsten, allemalen, gleichgültig in welchem Orientierungswinkel, auf die Wahrheit seiner Wirklichkeit zu beziehen sind.

und wie verhängnisvoll die Regel ist, die in ihr verlebendigt ist. Und deswegen, wegen dieser Wirkung, gibt man der Darstellung jedes Medusenhaupts nachträglich und wegen des befreienden Effekts das Prädikat ›schön‹, ganz unwillkürlich, das tut die Sprache von alleine, auch wenn es keineswegs im Sinn des Wortes ist und man es gleich als ungemäß zurücknehmen möchte, sobald man es sich sagen hört, weil man das pure Gegenteil mit diesem Attribut benannt hat. (Mit der Wahrheit kann das nicht passieren.)

Das Kunstwerk als Partner, Treffpunkt Freiheit

Je ›besonderer‹ nun der Gast ist, den man erwartet, um so ungewohnter und erregender drückt er sich aus. Worüber er redet, das wird interessant, man weiß nicht, wieso. Er drückt es ein klein wenig anders aus, eine kaum merkliche ›Abweichung‹[41], das heißt, er streichelt mit seiner Sprache die Wirklichkeit gegen den Strich, hält Kurs sprachaufwärts: und schon ist alles neu, wovon er spricht, obwohl es doch altbekannt ist. (Gäste, die sich bizarr ausdrücken, lädt man auch ein, natürlich, erträgt sie kürzer. Derartige Gäste rotiert man.) Auf jeden Fall aber soll er sich so ausdrücken über etwas, das uns wichtig ist und uns angeht wie eine eigene Sache. Das zumindest zur eigenen Sache gemacht werden kann. Also über Erfahrungen von Relevanz, beispielhafte. Phantastische oder wirkliche, aber unverlogen müssen sie sein. Der Gast muß beredt schweigen können und mehr wissen, als er sagt. Das verlangt man von dieser Art Gäste. Am besten ist er auch erfahren über so viel wie möglich von dem, was andere vor ihm gesagt haben. Und am liebsten hat man, daß er in einer

---

41 »Das Schöpferische – dem tiefsten Wesen nach Variante‹ (Walter Benjamin, a. a. O., S. 90). Über die Paradoxien des Schöpferischen, vgl. UNSPEZIFISCHE GENAUIGKEIT, S. 174. Über die technische Bedeutung der Variante, vgl. PRINZIPIEN DER WORT- UND BILDWAHL, S. 153 ff. Über spezifische Strukturparadoxien der dichterischen Erfahrung, vgl. das Lebensparadox des Exildichters, OFFENER BRIEF AN NELLY SACHS, in: *Von der Natur nicht vorgesehen*, Fischer Taschenbuch 12203, S. 161.

Nuß die Welt zur Tür hereinbringt, mit allen ihren Widersprüchen, ihren Herrlichkeiten und Scheußlichkeiten, absurd gemischt, so wie die Welt eben ist.

Dafür also übt man sich, um soche Gäste zu erkennen und hereinzubitten, wenn sie auftauchen. Das ändert das Leben, wie ich schon sagte. Und zwar ganz unabhängig von der Thematik, die sie mitbringen.

Die ›Übung‹ besteht in der Begegnung mit den Gästen, die ausprobiert sind, d. h. bereits die Prüfungen anderer bestanden haben. Man entscheidet sich vielleicht für eine bestimmte Art Gäste und sucht danach aus. Die Prüfung auf ihre Authentizität und ihre Besonderheit, das heißt ihre Qualität, welche sich fächerartig öffnen kann, ist die gemeinsame Voraussetzung für alle. Wenn man hierbei streng mit sich selbst ist und sich strikt an dies Kriterium hält, so kann es gar nicht fehlen, daß man ein Auge dafür bekommt, mit welchem Kunstwerk man umgehen möchte, und es erkennt, auch wenn man es zum ersten Mal trifft.

Das Kunstwerk selbst ist auch keineswegs nur etwas Passives. Es hat ja ganz objektiv die Qualitäten, die es zu einem solchen machen, und auch seinen eigenen Rang innerhalb des Gesamts. Es kann nichts in es hineingeheimnißt werden, was nicht in ihm wäre. Es bedarf jedoch der Chance, um zu wirken. Daher hat das Kunstwerk Glück oder Unglück wie jedes Lebewesen. Es kann gleich oder spät erkannt werden, es kann gefeiert werden, es kann ermordet werden oder sonst umkommen oder es schwergemacht bekommen. Es kann rehabilitiert werden, es kann sogar auferstehen, denn es verfügt über einen höheren Grad von Verwandlungsfähigkeit und Vitalität als andere Lebewesen. Es hat eine Tendenz, für sich selbst zu sorgen, sich hörbar zu machen und sich seinen Platz zu erobern. Bei aller Zerbrechlichkeit ist es erstaunlich hartnäckig und an Überlebenskraft dem Menschen und also auch seinem Autor überlegen. Es hat ganz andere Reserven, wächst und ändert sich nach eigenen Gesetzen, je nachdem wie es die mitgeborenen oder die zufälligen Chancen erlauben. Es wird nicht nur geprüft, es prüft ja auch sein Gegenüber: Das Versagen kann immer auf beiden Seiten sein. Ganz und gar aber ist es in seiner Natur, bejaht und adoptiert und geliebt[42] zu werden, um seiner selbst willen.

Dabei ist es völlig untreu, sein Autor ist ihm gleichgültig, was der Autor mit ihm für Absichten hatte, ist ihm gleichgültig, was es mitteilen sollte, ist ihm gleichgültig, es ist eine Art magischer Spiegel und spiegelt anderes, mehr oder weniger, je nach den Wirklichkeiten, durch die es sich hindurchbewegt, und je nach dem Muster, das ihm mitgegeben ist, und je nachdem, mit wem es sich einläßt. Es kann einfach ein Spielding sein oder ein Botschafter oder beides. Es läuft einher und ruft und redet die Leute an, aber es sagt keinem genau dasselbe, weil es jeden auf seine eigene Erinnerung und seine Erfahrungen und seine Phantasie anspricht. Es ist ihm auch egal, was man von dem hört, was es sagt, solange man überhaupt etwas hört. Und wie ein Tennisspieler antwortet es nur auf die Bälle, die der andere zurückschlägt, aber es trainiert sein Gegenüber, immer besser zurückzuspielen. Denn es hat etwas den Menschen Mobilisierendes, wie nur je ein Stimulans. Daher kann es, je nach der Konstellation von Zufall und Gesetz, die Wirklichkeit verwandeln helfen.

Auf jeden Fall und immer ist es frei: Befehle vermögen einfach nichts darüber, sowenig wie Gründe. Daher läßt sich mit ihm nur in Freiheit umgehen und ohne Hintergedanken, oder überhaupt nicht. Es ist wie es ist oder wie es gerade wird oder je nach seinen Begegnungen. Wer mit ihm zusammentrifft, bewegt sich in der Sphäre der Freiheit, die es um sich schafft, seinem natürlichen Atemraum. Auch wenn er sich keine Rechenschaft gibt und nicht darüber nachdenkt und es erst nachträglich merkt, daß dies die Freiheit war. Die zugleich

---

42   Über den Anspruch des Kunstwerks auf ›Liebe‹ und Liebe als ultima ratio im Verhalten zur Kunst, vgl. die schon (S. 73) zitierte Feststellung von Gehlen (*Zeit-Bilder*), der von der abstrakten Malerei sagte, sie werde »in die Reichweite unserer Herzen gerückt… man kann sich davor halten und darum lieben wir sie«. Dies ist der Schlußsatz und der – in jedem Sinne – letzte Schluß des Buchs.

auch das Eintreten in eine andere Zeit ist und die Freiheit vom
Zeitzwang. Denn bei Zwang stellt es sich sofort tot, und daher
gibt es keinerlei Möglichkeit, mit ihm eine Beziehung zu haben, außer eben in einer beiderseitigen Ausübung von Freiheit: Die verlangt es durch seine bloße Existenz, und deswegen
ist die Begegnung mit ihm etwas wie Ferien und auch eine
Übung in Freiheit, für die, die es nicht mehr gewohnt sind.
Selbst aber wenn es im Zorn gemacht ist oder auch in Rache
und also böswillig gemeint war, so wohnt ihm Böswilligkeit
nicht inne, und es zerstört nicht um des Zerstörens willen. Ein
Gegenstand von Haß ist es unter keinen Umständen[43]. Ein
Gegenstand von Abscheu ist es unter keinen Umständen.
Etwas aktiv Trennendes ist es unter keinen Umständen. Etwas
Erinnerungtötendes ist es unter keinen Umständen. Immer,
und sei es noch so kantig und ungebärdig, ist es den Menschen
Freund, und das wenigste, was es ist, wäre ein Delphin.

Der Ideologiecharakter der ›Maßstäbe‹.
Die Notwendigkeit eines gleitenden Begriffsschemas

Aus dieser konkreten Darstellung dessen, was vom Umgang
mit dem Kunstwerk zu erwarten ist, ergibt sich, welch entscheidende Aufgabe dem ›Kriterium‹, dem auf eine genaue
Art disziplinierten Vermögen, zukommt. Es ergibt sich aber
auch, worin der Unterschied des Kriteriums, dieses sich vor-
sätzlich vorgenommenen ›Objektivs‹, zu den ›Maßstäben‹
liegt. Das Kriterium (oder Selektionsvermögen) stellt Spannungsverhältnisse fest und bestimmt diese – und ihre Muta-
tionen – von Augenblick zu Augenblick. Und zwar die, die von
Bedeutung sind. Und nicht beliebige. Insofern ist es eine
Orientierungshilfe in dem Frage-und-Antwort-Spiel mit dem
Kunstwerk.

43 Vielmehr immer ein Anruf an Gleichgestimmte, gemeinsam etwas Unleb-
bares zu überkommen, vgl. OFFENER BRIEF AN NELLY SACHS, a.a.O., S. 163.
Ebenso Sartre, a.a.O., S. 80ff.

Es ist, als Fragestellung, als Blickrichtung, etwas einigermaßen Festes, aber zugleich, von der Antwort gesehen, doch etwas Gleitendes: denn es ziehen immer neue Besonderheiten, neue Epiphanien an ihm vorbei, immer neu sich zusammenfügende Einmaligkeiten einer auf ihr Muster durchsichtigen Erfahrungswirklichkeit. Das Muster ist die andere Invariante: Es sind die großen Themen, die das Leben immer neu und nie sich wiederholend stellt, die unendlichen Variationen auf Liebe und Tod, Zugehörigkeit und Zuhause aller Art, Einsamkeit aller Art, Sehnsucht aller Art, Angst aller Art, etc. etc. Die wesensgemäße Frage an das Kunstwerk, das große Muster, sind die festen Pole: Alles, zwischen ihnen, verschiebt sich unaufhörlich, zersetzt sich und formt sich dauernd neu und anders, in unendlicher Varietät.

Wenn das Kunstwerk die ›Schwelle‹ passiert, die Kriterium errichtet, so läßt sich ein Qualitätsurteil ablesen, obwohl das von relativ untergeordneter Wichtigkeit ist, wie wir gesehen haben, außer man wolle sich mit ihm wirklich abgeben. Trotzdem erwachsen hieraus Konsequenzen, für das Geschick des Kunstwerks und seine Möglichkeit, zu den Menschen zu kommen. Und also für die Möglichkeit der Kunst überhaupt. Denn die neugeschaffenen Kunstwerke stehen da, zitternd und nackt und noch ohne Sicherheit, ob sie erkannt und ausgewählt werden und das ›Visum‹ bekommen, die Zustimmung, den Druck, die Ausstellung, die Aufführung, das nächste Visum, den Geleitbrief zu den Gebrauchern der nächsten Stufe. Ob sie ›signalisiert‹ werden als weiterer Prüfung wert in der Flut des scheinbar Ähnlichen, ob man ihnen eine erste Lebenserwartung[44] zubilligt. (Die Art dieses Signalisierens,

---

44 Die Veröffentlichung ist der letzte Akt der Verwirklichung des Kunstwerks, ohne den es kein Leben beginnt. Virginia Woolf beschreibt dies so: »The manuscript... began shuffling and beating as if it were a living thing... she could make out what it was saying. It wantet to be read. It must be read. It would die in her bosom if it were not read. For the first time in her life she turned against nature. Elk-hounds and rose bushes were about her in profusion. But elk-hounds and rose bushes can none of them read... Human beings alone are thus gifted. Human beings had become necessary.« Dies ist die

des Funktionierens von Kriterium, strahlt wieder zurück auf den Schaffensprozeß.)

Im Prinzip läßt sich also aus dem Qualitätsurteil, das das Kriterium jeweils gefällt hat, auf den Maßstab schließen. Dabei verhält es sich so: Das Kunstwerk ist authentisch oder es ist keines. Aber das Maß seiner Besonderheit, die ein einmaliges, aber gleichzeitig eben musterhaftes Verhältnis zur Wirklichkeit einschließt, variiert sehr. Wir beschäftigen uns hier also vor allem mit dem Maß der Besonderheit, eben mit der Frage der Qualität. Der ›Maßstab‹, nach dem in dieser Zeit der Urteilskrise so gerufen wird, läßt sich, wie gesagt, herauspräparieren aus einer bestimmten Reaktion oder einer Serie von Reaktionen, in einem bestimmten Augenblick. Hiernach ist gemessen worden, das läßt sich jeweils feststellen.

Ein solcher ›Maßstab‹ ist ein Zeit-›Präparat‹, eine Urteilsscheibe, herausgeschnitten aus dem Fließenden und analysierbar wie ein biologisches Präparat. Er ist eine Abstraktion, Fixierung eines labilen Spannungsverhältnisses zwischen sich fortentwickelnden Kriterien und sich verändernden Reizen. Es gibt ihn nicht. Er hat sich sozusagen jeweils gezeigt. ›Das‹ Schöne, ›das‹ Wahre sind Zeitschnitte, abstrahiert aus der labilen Gleichgewichtsbeziehung zwischen sich entwickelnden Variablen. Sie gelten nur als historische Relation. Ein statischer Begriff wie der des ›Maßstabs‹ ist einem sich fortbewegenden, in Fahrt befindlichen Tatbestand, also einem nicht abgeschlossenen Prozeß schon grundsätzlich nicht gemäß, schafft eine progressive Diskrepanz zwischen Denkschema und Praxis[45]. Die Kunst läuft unter dem ›Maßstab‹ weg, das

Rückkehr aus der Reise durch die Jahrhunderte, zu Kritiker und Verleger, konkret zur Hogarth Press, dem berühmten Selbstverlag der Woolfs (*Orlando*, London, 1960, S. 245).
45 Vgl. hierzu auch den anläßlich der Neudefinition der Struktur des Gedichts und der Prozesse des Schreibens und Lesens unternommenen Versuch, das gebräuchliche statische Denkschema durch ein den labilen, sich in fortwährender Verschiebung befindlichen Spannungsverhältnissen angemesseneres Koordinatennetz zu ersetzen: die ›Simultanbegriffe‹ (S. 202 ff.).

Selektionsvermögen läuft mit ihr um die Wette. ›Das Schöne und Wahre‹ von gestern wird zur Ideologie, zur Lüge von morgen. Wie weit dies jeweils sichtbar wird – heute kann es jeder miterleben, und zwar mehr als einmal[46] –, das hängt vom Tempo dieses ›Wettlaufs‹ ab und ist in verschiedenen Zeiten verschieden. Wenn es langsam ist und stagniert, kann eine Generation lang oder auch länger der Täuschungscharakter der Maßstäbe nicht wahrgenommen werden, die Verhältnisse etablieren sich. Im Augenblick aber ist das Tempo ein fatales – vielleicht fataler noch als in andern Krisenzeiten der Menschheit –, die Relativität der Maßstäbe wird auch dem Verstocktesten eingebleut, und von dieser Enttäuschung rührt die Erbitterung, mit der nach ihnen gerufen wird, und mit der zugleich nach der Kunst von gestern gerufen wird, als sei sie besser gewesen, nur weil die vorigen Maßstäbe nach ihrem Maße abgenommen waren, und die langsame Entwicklung sie mit einer falschen Autorität, einer Art ›Ewigkeitsanspruch‹ ausgestattet hatte. Dabei bleibt das Schöne und Wahre von gestern für das Koordinatennetz von gestern gültig (obwohl, selbst das oszilliert in der Rückbeziehung).

---

46 Am augenfälligsten natürlich an dem Beispiel des Kommens und Gehens der falschen Klassik des Dritten Reichs und allen entsprechend oktroyierten Kunstidealen, die in einem ›Rechts-um-kehrt‹ weg vom Hauptweg der zeitgenössischen Entwicklung führen: also Versuchen der Macht, verlogene Kunst durchzusetzen, welche recht eigentlich den Namen ›entartet‹ verdient.
  Interessant, demgegenüber, der diktatorielle Versuch am tauglichen Objekt: das Durchsetzen Majakovskijs gegenüber einer feindlichen Clique dank dem Eingreifen Stalins. (Hugo Huppert, *Erinnerungen an Majakovskij*, Edition Suhrkamp, S. 141: »Es ist ein Verbrechen, Majakovskijs Erbe zu vernachlässigen, seine Werke der Vergessenheit anheimzugeben…«, Bemerkung Stalins auf einer Eingabe von Brick, 5 Jahre nach dem Tode des Dichters. »Von jenem Tage an waren Name, Werk und Vermächtnis Majakovskijs in seinem Heimatland geborgen, gerettet, gesichert, fast heilig. Seine Werke begannen in ungezählten Auflagen zu erscheinen… zum Nationaldichter erhoben. Seine Feinde waren hinweggewehlt.« Das Verschwinden Stalins hat den Ruf Majakovskijs nicht gemindert. Erst in diesen Tagen beginnt man, ihm Stalins Unterstützung zum Vorwurf zu machen, und versucht, ihn abzuwerten, wie man es, fast 40 Jahre nach seinem Tode, wohl ohnehin getan hätte.) Ähnlich ›zeitgenössisch‹ auch das Bündnis des italienischen Faschismus mit dem Futurismus.

Einzig das Kunstwerk selber, auf Grund seiner Entwicklungs-
fähigkeit, seiner Potentialitäten, vereinigt in sich den Widerspruch, zugleich statisch und dynamisch zu sein, also immer –
oder doch eine unvorhersehbare Zeit – ›dabei bleiben‹ zu können. Es wandelt sich unmerklich, aber unablässig und fügt
sich den kommenden Konstellationen ein, die es gleichzeitig
mitbestimmt[47].

Die Rationalisierung des Urteilsvermögens

Die Frage nach den ›Maßstäben‹ ist also widersinnig. Wie
funktioniert das Selektionsvermögen, das Kriterium für das
Besondere? Wie wird Kriterium intakt gehalten, das ist die
Frage. So wie es nicht ›das‹ Verbrechen, sondern die Verbre-
cher gibt, gibt es nicht ›das‹ Urteil, sondern die Urteilenden,
die jeweils ›Maßstäbe‹ setzen[48] und die die Gabe, auf Kunst zu
antworten, eben die Urteilsfähigkeit, von Tag zu Tag und von
Generation zu Generation innerhalb eines Kulturzyklus raffi-
nieren und einem immer schärferen Rationalisierungsprozeß
unterziehen. Dabei stellen sie auch her, was jeweils rückblik-
kend dann als ›das‹ Schöne oder ›das‹ Wahre erscheint. Die
Abfolge ihrer Reaktionen durch die Zeit bestimmt die Tradition der Kunst: diese lebendige und weiterhin verhexte Spur,
die die Künstler und die leidenschaftlichen Benutzer der
Kunst hinterlassen und die die Erinnerung der Menschheit
ist, aktualisierbar nach Gesetz und Zufall wie Erinnerung immer.
Alles hängt also ab von den Voraussetzungen, die die Urtei-

---

47 Über Wachstum und Eigenleben der Texte, passim, unter ÜBER DAS
INTERPRETIEREN.
48 Dabei gibt es in einem groben Sinne ›das‹ Schöne, ›das‹ Wahre, so wie es
›das‹ Rechte, im Gegensatz zum Unrechten, gibt. Doch sind diese Begriffe
ungenau und relativ, trotz offenkundiger Zonen der Übereinstimmung, abhängig wie sie sind von Geschichte und Raum, Geographie, Ethnographie,
gesellschaftlicher Entwicklung. – Vgl. oben S. 84, über die befreiende Wirkung der Modellhaftigkeit und das Prädikat ›schön‹.

lenden haben, um intakt und ungestört zu reagieren und das jeweilige labile Gleichgewichtsverhältnis ihrer Begegnung mit dem Kunstwerk genau anzuzeigen.

Die Bedingungen für das Funktionieren des ›Urteilsvermögens‹. Die Gefährdung durch die gesellschaftliche Entwicklung (Außensteuerung, Zwickmühle der Antinomien)

Sogleich erweist sich die äußerste Gefährdung ihres hyperfeinen Instruments durch atmosphärische Bedingungen. Und zwar sowohl durch mikroklimatische, also den einzelnen Urteilenden in einem gegebenen Augenblick affektierende, wie durch makroklimatische, also im Ambiente liegende. Je sensibler das Instrument ist, auf dessen feinste Schwingung das Kunsturteil angewiesen ist, um so anfälliger für Störungen ist es.

Hier sind nun die Voraussetzungen schlecht, und zwar für beide Arten ›Klimata‹, wenngleich das ›Instrument‹ als solches im Prinzip von einer extremen Brauchbarkeit wäre, mindestens so fein geeicht wie in früheren Zeiten oder auch auf eine noch extremere Feinstreaktion dressiert. Vermutlich gehört es zu den feinsten, raffiniertesten Instrumenten aller Zeiten und daher auch zu den gefährdetsten und schwierigst zu benutzenden. Denn Entwicklung von Kunst bedeutet nicht nur eine nie ruhende Verlagerung, sondern (zumindest innerhalb eines Zyklus) eine Steigerung von Effekten, also von Reizen. Dieses extrafeine Instrument ist es ja auch, dies mit den Reizen der heute verfügbaren Jahrhunderte gebeizte Sensorium der Urteilenden, mittels dessen die raffinierte Perfektion des ›Machbaren‹ kontrolliert wird, die eines der Charakteristika heutiger Kunstproduktion auf allen Höhenlagen ist.

Wir befinden uns also, was dieses hyperentwickelte Instrument, das Kriterium der Urteilenden, betrifft, in der gleichen paradoxen Situation wie mit allen unsern Instrumenten (materiellen wie geistigen). Die Instrumente sind besser als je. Aber die Konditionen ihrer Anwendung werden immer problematischer. Diese Entwicklung ist gegenläufig[49].

In andern Worten, im Gegensatz zu dem, was behauptet wird, fehlen uns die Maßstäbe gar nicht. Abgesehen davon, daß es sie – absolut genommen – nicht gibt noch geben kann noch gegeben hat (daß sie eine Abstraktion sind und eine optische Täuschung), ist das Vermögen, Maßstäbe zu setzen, also das Kriterium der Urteilenden, heute optimal. ›Super‹ wie alles, extrem raffiniert. Wieso auch nicht. Nicht nur, weil jede Spätzeit eine hohe Schule der Effekte ist. Dem, der neugierig ist und sein Instrument schulen will, steht die Kunst aller Zeiten und aller Länder simultan und wertfrei zur Verfügung wie noch nie. Das ist die p o s t - h i s t o i r e[50]: Wir dürfen alles beta-

49 Um die Erde zu reisen, ist gar keine Sache mehr. Nur daß die eine Hälfte des Globus für die andere verboten ist. Die Sterilisation wird immer vorzüglicher, Flüsse und Luft immer vergifteter. Die Ubiquität des Kommunikationssystems, das die Welt erweitern sollte, wird zur Zwangsjacke (etc. ad infinitum).

50 Gehlen, *Anthrop. Forschung*, a.a.O., S. 134. Der Begriff scheint ein Vakuum vorauszusetzen zwischen der – fatalen – Geschichte, die wir hinter uns haben, und der bevorstehenden Selbstvertilgung der Menschheit. In diesem Vakuum kommt alles schwerelos angeschwebt, was je da war, aber nur erscheinungshaft, wird angesogen und losgelassen: eine Art Limbo, wo nichts mehr gilt und alles erlaubt ist, weil wir von allem dispensiert sind, was wir doch nicht erfüllen werden im Angesicht unserer zukünftigen Totalvernichtung.

Gehlen (*Anthrop. Forschung*, a.a.O., S. 129) definiert die gegenwärtige Situation, insbesondere Europas, als ›Kontaktfeld‹ zwischen dem Ende von 3500 Jahren landschaftsbestimmter Hochkulturen und dem Beginn der Welt-Industrie-Kultur, welche vor 200 Jahren begonnen habe, zitiert hierzu Alfred und Max Webers Voraussagen, während die Kybernetiker und Kommunikationstheoretiker die neue Ära von der Erfindung der ›transklassischen‹, also rückgekoppelten Maschinen an datiert sehen wollen – diesem Endzustand der dem Gehirn nachkonstruierten, es im bloßen Funktionieren übertreffenden Mechanik –, die zweifellos das soziale Gefüge wie auch unser Selbstverständnis von Grund auf zu verändern im Begriff sind (zur Menschenähnlichkeit der Supermaschine, vgl. auch *Kursbuch* 8, 1967). An anderer Stelle bezeichnet Gehlen die p o s t - h i s t o i r e als ›Nachgeschichte‹ (»daß wir die Schwelle zu einem nachgeschichtlichen Zustand bereits beschritten haben könnten«, S. 134).

Fatal wäre es, diese *post-histoire* als Dispens von Verantwortung schlechthin zu nehmen. Vielmehr gilt es »alle jene Worte, in denen Geschichte als unerfüllte, als Perspektive auf die Zukunft gegenwärtig ist, zu bewahren und akti-

sten, uns daran aufregen, es lieben oder hassen. Alles dürfen wir lernen und lernen wir auch. Trotzdem sind unsere Bäume nicht in den Himmel gewachsen. »Wo aber Gefahr ist, wächst das Rettende auch.« Wo Rettung ist, wächst Gefahr, das ist mindestens so sicher. Die Eigengesetzlichkeit unserer Gesellschaftsordnung unterläuft den geplanten Nutzen unserer immer erstaunlicheren Mittel und demaskiert jede neue Errungenschaft sofort als Werkzeug unvorhergesehener, auf jeden Fall aber unaufhaltsamer Beraubung, jede neue Anschaffung der Menschheit führt zu zwangsläufigen Abschaffungen, die wiederum neue, immer tückischere Anschaffungen nötig machen, und das immer rascher und immer durchsichtiger und für jeden zu sehen. Wir kontaminieren mit Sterblichkeit[51], was wir anfangen, aber wir scheinen schneller und unaufhaltsamer in Fahrt als je, und es ist schwer zu sagen (liegt auch außerhalb des Rahmens der hier behandelten Fragestellung, nämlich der Wechselwirkung von Urteilsbildung und Schaffensprozeß in der sich automatisierenden Gesellschaft), ob diese vom Marxismus durchaus vorhergesehene Situation einer technischen Überentwicklung oder nur der Endphase einer bestimmten Gesellschaftsordnung entspricht, und ob in einer anderen Ordnung von gleichem technischem Niveau die verderbliche Frucht vom Baume der Erkenntnis ungestrafter zu verzehren wäre[52].

vieren«, schreibt hierzu Karl Markus Michel, DIE SPRACHLOSE INTELLIGENZ III, *Kursbuch* 9, S. 224, »vorausgesetzt nur«, fährt Michel fort, »sie bleiben nicht in Intension und Extension hinter dem real Gegebenen zurück«.
51 Die biologischen termini sind hier nur um der Drastischkeit willen zur Kennzeichnung historisch-gesellschaftlicher – und also nicht naturbedingter – Phänomene verwandt, wenn auch die Mangelhaftigkeit der menschlichen Natur ihnen nicht von ungefähr imputiert wird.
52 Werner Hofmann (*Stalinismus und Antikommunismus. Zur Soziologie des Ost-West-Konflikts*, Edition Suhrkamp, S. 122) redet, was den erwarteten Wegfall der ›Antinomien‹ betrifft, bereits von »vereinfachenden Behauptungen der vorangegangenen Zeit«, wofür er russische Quellen angibt. Ebenso Herbert Marcuse zu den bisherigen Revolutionen: »Was ist dabei herausgekommen... Ersetzung eines Herrschaftssystems durch ein anderes Herrschaftssystem...«, SPIEGEL-INTERVIEW, 21. 8. 1967 (Marcuse schlägt statt dessen eine »Erziehungsrevolution« vor). Auf jeden Fall ist der negative Aspekt,

Simultaneität als Bereicherung und Verarmung.
Der Kulturbetrieb

Nun ist auf dem ohnehin labilen Gelände der Kunst die Bilanz von Gewinn und Verlust, von Zuwachs und ›Strafe‹ noch weit heikler als auf andern Gebieten: Gerade die ungeahnten Vergleichs- und Ausbildungschancen, die heute geboten werden, verkehren sich bereits in eine der Gefahren für das Funktionieren von Kriterium wie für das Schaffen von Kunst. Bedingungen, die sich nicht trennen lassen.

Die von den historischen Kausalketten losgeschnittene Simultaneität des Angebots macht sozusagen das gesamte Erfahrungsrepertoire der Menschheit gleichzeitig virulent für uns wie etwas Aktuelles, entleert es jedoch seines spezifischen Erfahrungsgehalts durch Entbindung von seinen zugehörigen Wirklichkeiten. D. h. die zugespitzte Rationalität der Aufnahmebereitschaft ist einem traumhaften Vorbeizug nur noch kulissenbezogener artistischer Phänomene ausgesetzt, die eine akute, aber jeweils doch flüchtige und oberflächenhafte – weil der Verbindlichkeiten entkleidete – Reizwirkung ausüben und versatzstückweise in die eigene Realität montiert werden: sozusagen als ›Materialien‹, ganz als seien sie das Ergebnis eigener Formexperimente. Die Diachronie der Erinnerungsmechanismen und die überkommenen Bezugssysteme werden durch die Synchronie von allem mit allem[53] gestört, die Erfahrungs- und Erinnerungsschwelle herabgedrückt zugunsten einer schnell ermüdenden und nivellierenden Spielfreudigkeit bei entsprechendem Intensitätsverlust.

der prometheische Täuschungscharakter jeder technischen Errungenschaft so obtrusiv, daß er für uns die Tatsache, daß (in der Bilanz) ›Fortschritte‹ unleugbar stattfinden, überschattet. Wir heften fast manisch den Blick auf den Verlust in seiner Eigengesetzlichkeit – wir sehen die Flasche jeweils als ›halbleer‹ statt als ›halbvoll‹ –, was ohne Zweifel an der spezifischen Bewußtseinsstruktur der ›Endphase‹ liegt.

53 Die Informationsüberflutung, die lesbare, hörbare, ansehbare, ein in der Wurzel verwandtes Phänomen, ist in ihrer Auswirkung, im Vergleich hierzu, als nahezu harmlos zu bezeichnen.

Unsicherheitsfaktoren selbst bei den Kunstgeübten entstehen weiter durch das Prestige, also den hohen historischen Zustimmungsgehalt, den ihren Zusammenhängen entfremdete und schwer assoziable Kunstwerke nachweislich mit sich bringen. Sie müssen daher geschluckt werden, und wer sie verweigert, muß sich zunächst vor sich selbst vom Verdacht des Provinzialismus klären. (Dem Gewissenhaften – und über wissenschaftliche Hilfsmittel Verfügenden – hilft vielleicht die Rückambientierung und das Mitschlucken des einen oder andern Ambientes.) Hier ja oder nein sagen zu können, das sind Kraftproben für Gezählte. Diese Art ›Lernen‹ birgt in sehr starkem Maße das Risiko gleichzeitigen Verlernens. Die Welt, die scheinbar in ihrer ganzen Buntheit gebracht wird, kommt ausgeblutet zu uns: kaum mehr atmende Fische fremder Meere, nur noch mit einem kurzen Glanz von Einmaligkeit aufleuchtend und sofort in den Topf der Verwendbarkeit als ›Material‹ geworfen. Kulinarisches, Dekoration, Ware, Objekte, nicht Subjekte einer Begegnung. Und nur noch in Augenblicken uns anblickend, alles, was wir sind, von uns verlangend, wie Kunst, das Einmalige und Exemplarische, das nicht Lexikographische, sondern Muster-hafte, das uns über uns selber Aufklärende, in unser Leben Eingreifende, es eben tut. »Die zauberhafte Veränderung des Begriffes der Kunst«, die noch Valéry von der Technik, von der ›conquête de l'ubiquité‹ erwartete, bringt Kunst – auf viele und subtile Weise – an die Grenze ihrer selbst.

Nicht umsonst wächst aus dieser Überflutung[54] mit der erinnerungsentblößten Erinnerung aller Zeiten, mit Erfahrungshülsen, die in immer rascherem Rhythmus von der Frei-

---

54 Wieweit diese Vielfalt und Varietät letztlich die Invarianten, die sogenannten Grundtatsachen des Lebens, also die Erfahrungs-›Kerne‹, wieder in den Vordergrund rückt und so mittels der Varietät die Varietät recht eigentlich abschafft: Wieweit also gerade die Überflutung mit einer Vielheit der Formen als eine der Ursachen der formalen Reduktion und der – spürbaren – Rückkehr zu einer neuen, im archaischen Sinne multivalenten Einfachheit zu betrachten wäre, bliebe zu untersuchen (vgl. hierzu UNSPEZIFISCHE GENAUIGKEIT, S. 176f.).

zeitindustrie herangeschwemmt werden – ähnlich wie aus der Bücherschwemme und dem Überangebot der Kunstadepten – eine Desorientierung, die wiederum sich im Schrei nach den ›ewigen Maßstäben‹ manifestiert.

Sich multiplizierende Zahlen auf beiden Seiten: auf der des Angebots, auf der der Teilnehmer am Kulturbetrieb. Dem immer schnelleren Herbei- und Vorüberfluten traumhafter Angebote entspricht die Drehscheibe, auf der die Menge der Schaffenden und der Kunstbeflissenen n o l e n s v o l e n s gewirbelt werden, zu immer neu und immer ein wenig anders sich zusammensetzenden, transkontinentalen Kelterfesten letzter Reizkombinationen. Begegnung, dies merkwürdige Spannungsverhältnis zwischen Distanz und Nähe, kann nur stattfinden in einem Zustand der Losgebundenheit, bei einer Mindestfreiheit von Zeit und Bewegung, wie sie der Gewirbelte und Geschleuderte nicht hat. Die Begegnung erzeugt zwar diese Mindestfreiheit, welche zunächst jedoch potentiell da sein muß, damit Begegnung stattfindet: wie so vieles, eine petitio principii, aus der nur der gute Zufall oder eine Willensanstrengung erlösen. Das zu rasch gedrehte Kaleidoskop zerfasert die Erinnerung, die Zeit, die Menschen, nichts nimmt Identität an oder behält Identität. Alle Geschenke, herrlich wie sie wären, zerrinnen, ehe man sie berühren und annehmen könnte, und erwecken die Rastlosigkeit der Enttäuschung, welche Erfüllung hindert und neue Enttäuschung gebiert.

Der Automatismus des ›Kriteriums‹, des Selektionsvermögens, diese ›Vorübung‹ von Begegnung funktioniert nur, wo die Feinstautomatik, diese Innensteuerung, sich frei auspendeln kann und nicht von außen, von dritten Faktoren, mitgesteuert wird: also in der Isolierung. Es handelt sich um das vielleicht raffinierteste Instrument aller Zeiten, der größten Belastungsprobe aller Zeiten ausgesetzt.

III. Die Institutionalisierung der Literatur und der Aufbau der Meinungsmaschine

Die Isolierung der Innensteuerung als Voraussetzung des
Kunsturteils. Die Stillzone im Wirbel.
Programmieren, Mitprogrammieren, Programmiertwerden

»Der Kritiker muß allein sein auf der Welt mit seinem Buch«,
definiert Walter Boehlich die ›ideale‹ Kondition des Kriti-
kers [55]. (Eine Definition, die nicht von ungefähr dem jahrtau-
sendealten Anspruch der Liebenden wortwörtlich entspricht:
›Allein mit Dir.‹) Ebenso geht der schaffende Künstler in
›Klausur‹. Für ihn gelten die gleichen Bedingungen: Die Ausübung von Kriterium, Antworten auf Kunst und Schaffen von
Kunst, sind korrelative Prozesse, der eine die genaue Umkehr
des andern. Durch Isolierung wird das Mikroklima hergestellt, in dem die leise Stimme des Kunstwerks überhaupt hörbar wird: Feinstreiz und Feinstreaktor sich aneinander versuchen können. Wobei noch weit anderes dazugehört, um die
optimale Empfänglichkeit und Bestimmtheit im Augenblick
der Begegnung zu sichern, als nur die geschlossene Zimmer-
tür eines relativ ruhigen Zimmers und das Absagen von ungezählten Einladungen zu Tagungen und Kongressen. Auf jeden Fall bedingt der Rückzug in Isolierung einen äußersten
Willensakt: den Verzicht auf Mitmachen in einer Gesellschaft, die wie ein Staubsauger den Einzelnen ansaugt und
ihn für reibungsloses Mittun in ihrem wohlorganisierten Wirbel auf viele Weisen prämiert.

Der sich den Versuchungen der Gesellschaft Entziehende
ist der Definition nach ein Asket. Insoweit er sich entzieht, um
die Mindestzone von Freiheit um sich zu schaffen, in der er
sich mit der Kunst und dem Geist begegnen kann – das heißt,
soweit er sich nicht zurückzieht in die relativ abgesicherte
Eremitage erprobter Genüsse, sondern sich offenhält für die

---

55 *Die Zeit*, 2. 12. 1960.

aktuelle Begegnung jeden Augenblicks – soweit er also die
schwierige, einer Gymnastik der Standhaftigkeit bedürfende
Askese in der Stillzone inmitten des Wirbels sich zumutet,
übernimmt er, gerade durch seine Weigerung zu ›funktionieren‹, gerade durch die Enthaltung von der Gesellschaft, eine
zentrale Funktion für diese[56]: Er wird zum Treuhänder noch
möglicher Unabhängigkeit. Andere können sich, für länger
oder kürzer, zu ihm auf seine Insel einer Mindestfreiheit, die
in ihrer Ausübung besteht, salvieren. Und die Schaffenden
können zu solchen Asketen ihre Zuflucht nehmen und mit
ihnen die Begegnung haben, die jedem von ihnen den Mut zu
einer eigenen Insel und einer eigenen Askese gibt. Es handelt
sich also, bei dieser Art Rückzug in die Klausur ohne Wände,
nicht um eine Flucht vor der Wirklichkeit, nicht um einen epi-
kureischen Rückzug in Sonderparadiese, in das λάθε βιώσας
als Rezept ungefährdeten Lebens in gefährdeter Zeit, sondern
um ein Widerständlertum[57] gegen die Automatisierung und
Verdinglichung des Menschen: um den hartnäckigen Versuch
der Verschiebung von Kräfteverhältnissen zugunsten von
Kunst und Geist.

56 Anders Benjamin (a.a.O., S. 62), der mit Recht »das theologische Urbild
dieser Versenkung« in dem Bewußtsein, »allein mit seinem Gott« zu sein erkennt, und der individuellen Versenkung für die Zeit des aufsteigenden Bür-
gertums eine freiheitsstärkende, weil von der Bevormundung der Kirche
emanzipierende Qualität zuspricht, in der Zeit des niedergehenden Bürger-
tums darin aber einen Entzug von sonst »den Angelegenheiten des Gemein-
wesens« zufließenden Kräften sieht. Heute, am Umschlagspunkt zur synchronischen Gesellschaft (vgl. S. 34 ff.), ist jedoch eine neue Umwertung dieses
Rückzugs auf sich (›Versenkung‹ wäre ein zu irrationaler Begriff für das komplexe Frage-und-Antwort-Spiel mit Kunst) im Sinne einer Emanzipation
von ›Außensteuerung‹ fällig.
57 Gehlen (Anthropologische Forschung, a.a.O., S. 66) bezeichnet die Askese
(disciplina und stimulans) als die eigentlich gefährliche Form des Lebens: »der gemeinsamen Gegnerschaft des Kapitalismus und Kommunismus
sicher«. Er skizziert im übrigen nur andeutungsweise die Möglichkeit der Askese (als Ablehnung von Wohlstand), untersucht nicht, wie es hier geschieht,
die Chance des Ausbaus einer weithin offenen Klausur zum Standort eines
möglichen Korrektivs und Kraftzentrums innerhalb der sich autonomatisieren-
den Gesellschaft. Sicher aber ist jeder Art Lenkung ein solches Freiheitsreser-
vat suspekt.

So lebt diese Askese, im Optimalfall, von ihrem engen Kontakt zu dem ›Wirbel‹, dem sie sich weigert. Nur so ist sie ja auch öffentlich in Sicht, um als Zentrum eines Widerstands wirken zu können. (Was man als ›Stille im Lande‹ zu bezeichnen pflegt, also Nicht-Kraftzentren, ist hier nicht gemeint.)

Im übrigen war es schon immer eine kleinste Minorität, die sich mit der Ausschließlichkeit des Lebensverzichts einer so differenzierten Begabung wie der des Umgangs mit Kunst widmete. Angeordnet um diese, in konzentrischen Kreisen, die verschiedenen Grade der Berufenheit oder der Ausübung.

Falls diese unisolierte Isolierung glückt dank einer Verbindung von Entscheidung und Umständen – der ideale Aussichtsturm für einen solchen Lynkeus wäre das Lektorat eines literarisch ehrgeizigen Verlags oder auch eine Zeitschrift –, ist der Kritiker »allein mit seinem Buch«, der Autor allein in seiner ›Klausur‹? Das Mikroklima[58] schafft er sich durch den Rückzug aus dem Makroklima. Um sich seiner Innensteuerung anvertrauen zu können, hängt er sich ab, so gut er kann, von der Außensteuerung. Wird er sie los?

Das ist die crux. Er ist das Mitglied einer repressiven Gesellschaft (jede Gesellschaft ist – mehr oder weniger – repressiv), die auf eine halbautomatische Steuerung ihrer Mitglieder angelegt ist und die subtilsten Apparaturen vervollkommnet hat, um seine zustimmende Mitarbeit zu sichern und ihn automatisch ›funktionieren‹ zu machen. Auch die private Sphäre ist nur bedingt ›privat‹, also isoliert, selbst in den politischen Systemen, in denen das Gesetz sie zugesteht und auch einigermaßen abschirmt: Alles überschneidet sich, verzahnt sich, bedingt sich wechselseitig, Lockungen, Strafen, Drohungen, Direktiven liegen uns schon zum Frühstück auf dem Tisch,

---

58 Wieweit die innere Gestimmtheit, das eigene Klima im konkreten Augenblick dann günstig ist, das hängt wiederum von vielen Imponderabilien ab. Und von dem k a i r ó s, den konkreten Voraussetzungen jedes Augenblicks, die hier nicht zur Debatte stehen. Unter anderm auch davon, daß der Rückzug nicht zu angestrengt ist und ohne große Bitterkeit erfolgt, so daß keine Verkrustung, sondern eine wirkliche Freizone entsteht.

der Briefträger, die Zeitung, das Telefon bringen sie, und auch wenn man alles ›abstellt‹, wären sie da[59].

Die Isolierung des ganz besonderen Asketen ist ja auch keineswegs ›privat‹. Vielmehr ist sie aufgehängt im allgemeinen ›Funktionieren‹, ist intim und öffentlich zugleich. Die Wirklichkeit, von der er sich absondert, kommt zu ihm in sehr verschiedener Form. Sie ist doch die gleiche, um derentwillen er sich absondert. Denn wovon er sich frei macht, dafür hält er sich ja gerade frei: für die Wirklichkeit der Erfahrung in ihrer Quintessenz, in ihrer Erscheinungsform als Literatur. Damit will er und muß er ›allein‹ sein: Um mit diesem besonderen Partner intim sich zu unterhalten, verzichtet er auf das Vielerlei der Unterhaltungen. Und ihn will er ›retten‹, wenn er das Eine, das Rettenswerte ist. Das ist sein Beruf, das ›Glück‹ des Kunstwerks zu sein, das Gegenüber, das es ›hören‹ wird und auf das es zuhält in dem großen Strudel. Er ›signalisiert‹ es für die andern, durch ihn bekommt es die erste Lebenschance.

Diese andern, denen er es signalisiert, kommen gleichfalls zur Tür herein. Das ist das Kräftespiel: Signalisiert er, was ihnen annehmbar ist – oder nehmen sie an, was er signalisiert? Wieweit pendelt sich Urteil frei aus, wieweit ist es, trotz der relativen Isolierung, mitgesteuert? Wieweit ist er also mit dem Buch ›allein‹, wieweit ›programmiert‹[60] sein Urteil andere, wieweit ist es unmerklich schon von andern mitprogrammiert? Das hängt wohl letztlich von der Leidenschaft ab, mit der er den Beruf des arbiters vor jedem andern Lebenszweck erwählt hat, von seiner Leidenschaft als Leser, nur sie kann die unverfälschte Erstbegegnung ermöglichen, sie schafft die Freizone, für die er sich aufspart, im Augenblick des Lesens selbst. Und davon, wie ›still‹ und zentral die Still-

---

59 »und der embryo weiß es
   in seinem warmen zuckenden Sarg«,
spitzt Enzensberger dies Eindringen der Apparatur in das Privateste zu, diesen Hauptschrecken, gegen den sich seine Gedichte entladen.
60 Mit Absicht benutze ich, in diesem Kontext, den verdinglichten, auf das Gerät, nicht auf den Menschen anwendbaren terminus.

zone in der Mitte des Wirbels de facto ist: also in welcher Unabhängigkeit, von der andere abhängig sind, er seine Berufung zum Beruf machen konnte. Das heißt, wieweit die Gesellschaft sein Urteil anzunehmen und ihn in der oder jener Form als Schiedsrichter anzustellen willig ist. Hier ist sein ›Alleine‹ also unabhängbar aufgehängt in das Funktionieren zusammen mit andern. Und ›Funktionieren‹ ist, der Definition nach, ein erwartetes Verhalten, ein Antworten auf Außensteuerung. Seine erste Abhängigkeit ist also die von seinen Mitspielern: denen, deren consensus ihn zum arbiter macht und für die sein Urteil mehr oder weniger programmbestimmend ist: Kritiker, Redakteure, Lektoren, Lehrende, Studierende und, last not least, die Autoren selbst. Und hinter ihnen weitere Ringe von Mitspielenden, bis hin zu den Verbrauchern, die nicht mehr mitprogrammieren, sondern ganz ›programmiert‹ sind.

In jedem der immer neu sich mischenden Zirkel wiederum pendelt sich Urteil ein, aus der Innensteuerung (denn es handelt sich ja um Menschen, die sich der Begegnung mit der Literatur leidenschaftlich und berufsmäßig widmen, nicht um ›Briefträger‹-Naturen) und dem Druck der Rückinformation über die Wirkung des eigenen Urteils, plus dem Druck der Vorinformation, der vorfixierten Urteile – Vor-Urteile –, der ›Konventionen‹. Auch hier wieder ergibt sich ein Parallelogramm der Kräfte: zwischen der effektiven Unabhängigkeit der jeweiligen Position des Einzelnen und der Leidenschaft, die ihm eine relative Unabhängigkeit beim Lesen trotz allen Drucks ermöglicht. Und eben der Außensteuerung durch die unsichtbaren Mitleser, d. i. die Vorher- und Nachherleser.

Es ist diese Leidenschaft für die Sache, für das métier, die jeweils wieder den Atemraum für Innensteuerung frei macht, also für die – punktuelle – Reaktion des lebendigen Augenblicks, diesen Faktor menschlichen Widerstands gegen die Bevormundung durch die Mechanik der gesellschaftlichen Apparatur. Daher wäre denn Sachlichkeit, obwohl von

›Sache‹ kommend – im Gegensatz zur ›Verdinglichung‹, der Herabpotenzierung des Lebendigen zum Apparat –, mit Unabhängigkeit gleichzusetzen und recht eigentlich eine Bekundung von Freiheit.

Die lebende Pyramide. Die Selbstverwaltung der Literatur nach außerkommerziellen Grundsätzen. Die ›schwebende Universität‹

Das Gewebe der Meinungen, der Konventionen, deren keine punktuell im Leeren steht, sondern die wie Weberschiffchen sich kreuzen, ist es ja gerade, was das Ganze zu einem Ganzen macht: zu einer oszillierenden Arbeitsgemeinschaft eigener Art, die jeden Mitmachenden sich anverwandelt. Diese lebende Pyramide, ein Balanceakt, wie ihn labiler keine Akrobatenfamilie auf einem Stuhlbein aufführt, diese ganze Hierarchie von ›Spielenden‹ besteht aus sich dauernd verschiebenden Gleichgewichts- oder auch Ungleichgewichtszuständen, aus Kräftefeldern: Die Spannungen, die eigengesetzliche Erregung des Spiels bringen eine Schwebe zustande, es entsteht ein großer Wirbel (der tourbillon, von dem schon Mallarmé[61] spricht, auf dem ein Name aufsteigt oder nicht aufsteigt, ›ganz von selbst‹ oder besser, scheinbar von selbst). Und gleich einem Schwarm kreisender Vögel erheben sich die ›Spielenden‹, in diesem Fall die Schreibenden und ihre intimsten Leser, ihrerseits meist selbst Schreibende, über dem Geschriebenen, und bilden etwas, was vergleichbar wäre einer schwebenden Universität, einer Universität in der Luft: den Literaturbetrieb, diese funktionierende labile Hierarchie, dies Kreisen der litterati über der Literatur. Eine Art Konkretion dessen, was Karl Mannheim unter dem »freischwebenden Intellektuellen« verstand, ganz angetrie-

61   »Le personnage, de qui l'on a souci… se fait deviner… Son nom tourbillonne ou s'élève par une force propre jamais en rapport avec les combinaisons mercantiles« (QUANT AU LIVRE).

ben von einem – in diesem Falle zünftigen – Erkenntnis-
drang, der Leidenschaft für das métier.

Das ist das, was Gehlen auf dem Gebiete der bildenden
Kunst die »sekundäre Institutionalisierung«[62] nennt, und
was, ganz von selbst und nach eigenen Gesetzen wie jede Institution, innerhalb der Gesellschaft zu ›funktionieren‹ beginnt, in dem Vakuum, das nach dem Abtreten der tragenden
und geschmackbestimmenden bürgerlichen Schicht in unserem funktionsbestimmten Managerkapitalismus sich geöff-
net hatte. Also ein Selbstschutz, wo man sich auf keine homo-
gene Klasse von Interessenten mehr stützen kann, Münchhausen zieht sich am eigenen Schopf aus dem Sumpf. Die
Literatur nimmt sich in Treuhänderschaft und Selbstverwaltung, sie stellt ihre eigene Bürokratie, in der sich verbüro-
kratisierenden, verwalteten und pluralistischen Gesellschaft,
in der jeder Berufszweig eine ähnliche Art Selbstverwaltung,
ein luftiges Gebäude von Interdependenzen der Interessier-
ten, über dem Gegenstand seines Interesses aufbaut und ihn
damit als für die Gesellschaft wichtig ausweist. Mangels einer
festen Gesellschaftsstruktur, an die sie sich anlehnen könnten, halten diese Art ›Gebäude‹ durch den Sog der Bewegung
zusammen (sind also an sich bewegt durch etwas ›Lebendiges‹, das Interesse der Menschen an der Sache, das aber dann
in eine Bewegung um der Bewegung willen entartet, wobei die
Sache nur noch Anlaß, kaum mehr der Zweck ist). Und durch
diesen Wirbel schneiden sie sich sozusagen aus dem Ganzen
ihren Platz, hochreale Spukgebilde in der gesellschaftlichen
Landschaft, ›Wind‹, von ›Windmachern‹ gemacht, wie die
Gewirbelten ihre Antreiber in Momenten des Ärgers nennen.
Ihr Funktionieren wird Selbstzweck, Automatismus unter

---

62 *Zeit-Bilder*, S. 215. Mit dem Unterschied, daß die Dinge hier handfester
und kommerzieller liegen, die leidenschaftlichen Interessenten zugleich
finanziell interessiert sind (Kunstgaleriebesitzer, Kunsthandel etc.), so daß das
Zünftige und der merkantile Nutzen untrennbar verquickt sind, während in
der Hierarchie des Literaturbetriebs es um Statussymbole und indirekte
Besoldung verschiedener Herkunft geht.

Automatismen, so daß die Interessenten selber zu Partikeln einer automatischen Bewegung werden, der sich zu versagen ein beruflicher und gesellschaftlicher Selbstmord, der sich zu gewähren aber der Mord ihrer selbst ist[63]. Eine echte Zauberwirtschaft, alles ist nur so lange da, solange es da ist und sich bewegt, also in gesellschaftlichem Sinne wirkt und sich täglich seinen Platz neu abzirkelt. Der Stillstand wäre sein Ende.

Auf diese Weise wird Literatur ihr eigener Richter, ihr eigener Promotor und auch, zum Teil, ihr eigener Verbraucher (es öffnet sich der vielbeklagte, praktisch aber übertriebene ›Abgrund‹ zwischen dem p o e t ' s p o e t, dem Zünftigen, der für die Zunft schreibt, und der breiteren Leserschaft): ein Bewegungsspiel zwischen ›Eingeweihten‹ höchsten, hohen oder niedereren Grades, zwischen i n s, Zugelassenen[64]. Die o u t s als Anwärter oder Zuschauer, als die Gesellschaft, innerhalb derer die Institution sich ihren Platz geschaffen hat und die ihr Funktionieren als gemeinnützig anerkennt und unterstützt, mit der Mischung von Stolz, Bewunderung und Widerwillen, mit der die Gesellschaft – diese Henne, die Enten und Geier ausbrütet – autonome technische und kulturelle Institutionen zu unterstützen pflegt.

Es bilden sich ganz von selbst Verantwortliche heraus, die die Leitung eines solch bewegten Betriebs, eben des »Literaturbetriebs«[65], übernehmen können und wollen: extrovertiertere Naturen, innerhalb eines im Prinzip introvertierten Berufs, die die Interessen der Zunft vertreten und verteidigen

---

63   Es ist dies die ›Drehscheibe‹ (die den Geist zerstörende »Zentrifuge« Max Webers), auf der, wie wir gesehen haben, die Künstler und die Kunstbeflissenen gewirbelt werden (oben S. 98).
64   Siehe oben S. 65 f.
65   Die Nomenklatur, L i t e r a t u r b e t r i e b, L i t e r a t u r m a n a g e r ist hier neutral, d. i. wertfrei, benutzt. Auch andere, z. B. Hans Mayer, benutzen sie so, während Nossack z. B. sie anprangernd verwendet, wie sie auch das breite Publikum benutzt. – »To manage«, laut *Oxford Dictionary*, »ein Werkzeug, eine Institution in der Hand haben, führen, kontrollieren, übernehmen.« Über die Manager vgl. Packard, *Die Pyramidenkletterer*. Die dort aufgezeigten gesellschaftlichen Gesetze und Zwangsläufigkeiten gelten – im Prinzip, wenn auch nicht im Detail – ebenso für die Literaturmanager.

gegen die Gesellschaft, und die als Spielleiter die Spielregeln nach innen und außen aufrechthalten und sie mit den Eingeweihten neu diskutieren, je nach den Gleichgewichts- und Kräfteverhältnissen jedes Augenblicks. Es sind funktionierende Autoritäten, die Autorität ist nicht abgeleitet noch verankert, sie besteht eben im Verwalten, im Managen der Funktionen, und darin, daß sie in der Lage sind, Weisungen zu geben, die echten Weisungscharakter haben, und in freiwilliger Unfreiwilligkeit und sogar mit Eifer angenommen und ausgeführt werden. Im Falle der Literatur bestehen diese ›Weisungen‹ naturgemäß in der Ausgabe von Urteilskriterien und Arbeitsstandards für den ›Betrieb‹. Es handelt sich ja gerade bei diesen Spielleitern, den Managern, der Funktion nach um ein Phänomen der ›Steuerung‹, und Steuerung von andern ist für diese Außensteuerung, Manipulierung. Sie funktionieren als Selbstregulatoren autonomer Wirtschaftsprozesse, die ohne sie eben nicht selbsttätig und pluralistisch funktionieren könnten, sondern staatlich geleitet werden müßten, wozu der Staat allerdings seinerseits der Manager wieder bedürfte. Der Literaturmanager ist daher eine Zeiterscheinung ganz wie die Überproduktion von Büchern und wie die Herstellung von Konsumliteratur[66], die trotz ihrer erdrückenden Quantität und geschniegelten Genormtheit ›Literatur‹, also Kunst, durchaus nicht erstickt, wenn Kunst es in mancher Hinsicht auch schwerer haben mag. Es werden ihr ja auch, wie gesagt, neue Opportunitäten (und neue Gefahren) vieler Art geboten. Eine dieser Opportunitäten – und Gefahren – ist die Organisation der Literatur als gesellschaftlicher ›Betrieb‹ durch die Manager.

66   Mittels der Zusammenarbeit von geschäftstüchtigen Buchproduzenten und »kaltherzigen Konsumliteraten« (Hans Mayer, *Zur deutschen Literatur der Zeit*, Hamburg, 1967, S. 501, der den Begriff unter dem Zusatz »westdeutsche« so generell gebraucht, daß sicher ein gut Teil derer, die sich als ›Literatur‹ betrachten, hier mit gekennzeichnet sein soll).

Das zünftige Arbeitsprogramm (métier) als Richtlinie.
Der Manager als Verteidiger der Literatur gegen die
Konsumgesellschaft. Die Auswahl der fachlichen Elite

Das Literaturmanagertum also tritt an zur Rettung, d. i. zur
Selbstverwaltung der Literatur nach außerkommerziellen
Gesetzen[67], denen des métiers. Während bei früheren Zena-
keln die künstlerischen Direktiven von einer Leitfigur ausgin-
gen (Extremfall Stefan George), mischen sich in der Brust des
Managers, seinem Menschlichsten, die eigenen Arbeitser-
kenntnisse, also die Leidenschaft für das métier – die untrennbar eines ist mit der Leidenschaft für das Organisieren
dieses métiers –, mit denen seiner obersten Mitarbeiter, es
destilliert sich ein immer wechselndes Gleichgewicht von
Eigensteuerung und Mitsteuerung bereits an der Spitze der
Pyramide heraus: eine Art Querschnitt durch die Arbeitser-
fahrungen eines Teams, auf jeden Fall aber Arbeits prinzipien, als leidenschaftlich an der Sache ausgerichtet. Zumindest zunächst.

Der Manager ist angewiesen auf dies Hinhören auf die andern, ihm Anvertrauten, wie auf die eigene Stimme. Rückin-
formiertwerden und Auspeilen der ›Konventionen‹ mit seinen
besten Mitspielern ist für sein Funktionieren lebenswichtig.
Er ›funktioniert‹ ja. Deswegen ist er darüber hinaus angewiesen auf das Hinhören auch auf die Außenwelt: ein weiterer
rückgekoppelter Schaltkreis, der auf seine und seines Teams
Arbeitsprinzipien eine Dusche métierfremder – zweckgerich-
teter – Informationen losläßt, die der Manager in seinem
Sinne zu verändern sucht. Es entsteht ein neues Kräftefeld.
Leicht sieht man hier die von Grund auf verschiedene Struktur der zeitgenössischen literarischen Selbstverwaltung im
Vergleich zu einem Konventikel des ersten Vierteljahrhun-
derts.

---

67 Z. B. Kampf dem Kitsch, Kampf dem ›Blubo‹, Kampf einem sentimentalen
Nationalismus, die Arbeitsprinzipien, unter denen die Gruppe 47 antrat.

Das Managertum legitimiert also Literatur innerhalb der Gesellschaft, und zugleich gefährdet es sie durch die Vergesellschaftung, vor der es sie doch wiederum abschirmt, durch den durch die Selbstorganisation geschaffenen autonomen Spielraum: Das ist seine innere Dialektik. Und ganz wie die Hersteller der Bücher und alle diesen Prozeß Kontrollierenden und eher noch mehr sind die Manager mit Leidenschaft der Literatur um ihrer selbst willen ergeben, leidenschaftlich ›Spielende‹ oder auch arbiter des Spiels. Im Unterschied zu den Buchproduzenten aber, deren wirtschaftliche Aufgabe die Herstellung von Büchern und nicht nur von Büchern, an die sie ›glauben‹ können[68], ist (häufig produzieren sie ›Ware‹, so sagen sie zumindest, um ›Literatur‹ eine Chance geben zu können), ist die ausschließliche Aufgabe dieser Manager eben die ›Literatur‹. Mit dem Konsumgut Buch haben sie, zumindest der Absicht nach, nichts zu schaffen. Im Gegenteil ist es recht eigentlich ihre Funktion, Literatur von Konsumliteratur zu sondern, ihr ein Wirkungsfeld zu gewährleisten, die Unter- und Entscheidung zu steuern: Sie und ein kleines Heer mit ihnen zusammenarbeitender Redakteure und Kritiker – unter Mitwirkung der ›Feinstleser‹, dieser Introvertiten, die auf das Managen weitgehend verzichten um des puren Lesens willen – prüfen, signalisieren und retten in einem vielfältigen Ausleseprozeß die Bücher, die ›Lektüre‹ sind, aus der großen Sintflut des Produzierten und halten sie der Leserschaft sichtbar hin. Sie sind das in die Maschinerie des modernen Herstellungsprozesses eingebaute menschliche Korrektiv, und als Selbststeuernde oder Mitsteuernde, und nicht nur Zweckgesteuerte, sind sie eine letzte Instanz der Freiheit, also das Gegenteil von Maschinen, wenn auch durch die Rückwirkung

---

68 Es ist bekannt, daß hierin die Gepflogenheiten der einzelnen Verlage sehr voneinander abweichen. Im Optimalfall, der ohne hervorragende Qualifikation, insbesondere der Lektoren, und ohne eine enge Zusammenarbeit, ja Personalunion, von Verleger und ›Manager‹ kaum denkbar ist, wird Literatur ebenso rentabel wie Konsumliteratur, d. h. es wird dann, zumindest dem Programm nach, nur oder doch vorwiegend für den Konsum höherer Ordnung produziert.

der Maschinerie, in die sie eingespannt sind, in ihrer Bewegungsfreiheit bedroht: eine Art Daphnegestalten, während ihrer Metamorphose, der Verwandlung ins Ding, aus der starren neuen Schale noch die lebendigen Arme streckend. Sie haben eben eine Aufgabe übernommen, die früher anders erfüllt wurde und die den Einzelnen einzwängt in ihre Gesetze. Deswegen ist es sinnlos, sich über den ›Literaturbetrieb‹ zu beklagen, er ist gerechtfertigt wie das Telephon und die Flugverbindung, ist einfach einer der Lebensumstände unserer Gesellschaft[69].

Überdies ist es eine Tatsache, daß dieser Ausleseprozeß, ganz wie die andern eigengesetzlichen Ausleseprozesse, durch das Prinzip des immer sich verschiebenden Parallelogramms der Kräfte zumindest in seinen ersten Stadien und solange die Elastizität gewahrt bleibt, erstaunlich gut funktioniert, und daß die stärksten Begabungen in einem ganz auf literarische Kriterien ausgerichteten Ambiente gute Chancen haben, zu Worte zu kommen[70]. Die Leidenschaft für das Handwerk, also für die Sache, schafft einen Atemspielraum, innerhalb dessen das Urteilsvermögen, diese disziplinierte Sensibilität, die leise Stimme des Kunstwerks hören und das Besondere und Authentische erkennen und aus der Massenproduktion herausheben kann. Daß innerhalb eines solch eigengesetzlichen Ambientes auch hie und da kunstfremde Entscheidungen fallen, infolge persönlicher Begün-

---

69   Diejenigen, die den heutigen Literaturbetrieb verdammen, würden zweifellos, wenn sie die Macht dazu hätten, einen anderen ebensolchen ›Betrieb‹, dessen Betriebsamkeit keineswegs geringer wäre und der nur nach andern Selektionsprinzipien funktionierte, an die Stelle setzen.

70   Die Preise der Gruppe 47, des führenden deutschen literarischen ›Betriebs‹, weisen in den zwanzig Jahren ihres Bestehens nicht eine Niete auf: ein vielleicht einzigartiger Rekord in der Geschichte der Kunstpreise. Und dies bei großer Diversität der ausgezeichneten Autoren, was Offenheit für das Auftauchen neuer Begabungen, also Spontaneität der Entscheidung, im Gegensatz zur Festlegung einer einlinigen Literaturpolitik, bezeugt. – Eine entsprechende Feststellung für den ›Kunstbetrieb‹ macht Gehlen (*Zeit-Bilder*, S. 217): »Unter diesen [gesellschaftlichen] Voraussetzungen ist es heute bemerkenswert, daß im großen und ganzen Minderwertiges nicht hochgetrieben wird...«

stigung oder Mißgunst, und daß ›Betriebsunfälle‹ in dem möglichen Mißbrauch dieser wie jeder (noch so gut geplanten) Apparatur gegeben sind, spricht nicht gegen die Institution als solche, die in der Aufrechterhaltung hoher geistiger Anforderungen und der Striktheit der Zuwahl einer ideellen Universität am vergleichbarsten ist.

Die fatale Dialektik des Widerstands gegen die Gesellschaft:
Vergesellschaftung und Selbstwiderlegung
des Literaturbetriebs

Für die ausgewählten Werke und ihre Autoren (welche ihrerseits wiederum als Zuwähler tätig sind) wird recht eigentlich der Betrieb ›gemacht‹: Es wird das Interesse einer breiteren, aber doch privilegierten oder vielmehr durch dies potentielle Interesse zu privilegierenden Öffentlichkeit für Literatur geweckt, also Bedürfnis auf vielen Skalen geschaffen und zugleich geadelt, ganz oder mehr noch als für jedes andere Produkt. Literatur wird aus der Abseitigkeit der Dachstubenexistenz befreit, in der sie unter den jetzigen Produktionsbedingungen ja auch verhungern und verschimmeln müßte, und in den modernen Wirtschaftsprozeß eingegliedert: und zwar sowohl, was die Unterhaltsmöglichkeiten des Schreibenden wie auch, was den Kontakt mit der Umwelt (und der Welt, die heute zur ›Umwelt‹ dazugehört) angeht[71]. Das heißt, er wird der Gesellschaft vorgesetzt und schmackhaft gemacht, an sie verkauft und von ihr vereinnahmt, auch der sich Wehrende wird Teil von ihr. Jedes Sichwehren im sozialen Bereich, es habe denn revolutionierende Kraft, gerät automatisch – und heutzutage weithin kenntlich – in die totale Umarmung mit dem Bekämpften, wird von ihm umflossen und verschlungen. Das eben ist die Zwickmühle der vielzitierten, von jedem täg-

71 Beides ließ in Deutschland, besonders im letzten Jahrhundert, bekanntlich sehr zu wünschen übrig.

lich erlebbaren Antinomien. Ob man sich wehrt oder ob man sich nicht wehrt, auf die eine oder andere Weise wird man vereinnahmt und ›angestellt‹.

Ohne die Betriebsamkeit der Manager würde Literatur von den von der Industriegesellschaft angebotenen Freizeitgenüssen weitgehend übertrumpft werden. Mit der Freizeitindustrie in Wettbewerb tretend, nach den konsumbestimmten Gesetzen des Wettbewerbs, gerät sie durch die Eigengesetzlichkeit der Abwehr gegen Konsumbestimmtheit (die doch mit Konsum zu ihren eigenen Pakten kommen will) in Gefahr, Literatur ihrer Einmaligkeit zu entleeren und sie in die Nähe von »Freizeitliteratur« (Nossack) zu rücken, und so selbst zur Aufhebung der ohnehin schwankenden Grenze zwischen Literatur und Konsumliteratur und zu ihrer Unkenntlichmachung beizutragen[72], während auf dem anderen Extrem der ›Abgrund‹ zwischen der Leserschaft und den nach den Gesetzen der Zunft für die Zunft Schreibenden weiter aufreißt (bis der äußerste Flügelmann auf der Seite des l'art pour l'art, der Formexperimenter, abgehängt zu werden droht). So entwickelt der einmal in Gang gesetzte Literaturbetrieb eine gewisse literatur-feindliche Eigengesetzlichkeit. Indem er Konsum orientiert und umlenkt, wird er zugleich vom Konsum orientiert, muß rotationsfreudig sein wie der Be- und Vertrieb jeder andern Produktion. Das einmal geweckte Interesse der Öffentlichkeit bedarf der Anstachelung durch immer neue Parolen, immer neue Reizkombinationen, gesteigerte Effekte, wodurch eine jeweils stärkere Außensteuerung von der Wirkung her, ein Forcieren der artistischen Entwicklung um des Forcierens willen, also durch Oktroi von artistischen Slogans, und damit ein offenkundiger Leerlauf fast unvermeidlich werden. In diesem Stadium weicht die hektische, an verzweifelte Maßnahmen gefährdeter Regierungen erinnernde Ausgabe immer kurzfristigerer Arbeitsslogans von der ausgeübten Praxis der Besten immer weiter ab, und ihr Ideo-

---

72 Siehe S. 107, Anm. 66.

logiecharakter demaskiert sich schließlich von selbst, wenn die gleichen und nach ihren eigenen Prinzipien arbeitenden Autoren auf eine ihrer Praxis konträre Nomenklatur umgetauft werden müssen (angesichts der Parole »Auf zur Wirklichkeit!« die Formexperimenter z. B. unverhofft als ›Realisten‹ vorgestellt werden). Die selbstmörderische Drehungsgeschwindigkeit, die dem ›Betrieb‹ aufgezwungen wird, liegt in der Dialektik der Sache: Wie jede gesellschaftliche Mechanik, zumindest in dieser historischen Phase, trägt der Literaturbetrieb seine eigene Widerlegung in sich, und unbeschadet seiner – keineswegs geringen – Verdienste, ja seiner Unentbehrlichkeit unter den gegebenen Umständen, muß er sich zwangsläufig selbst ad absurdum führen, wonach ein neuer Zyklus beginnen könnte[73]. Diese Selbstabschaffung der Institutionen, die zunächst in ein Vakuum einrücken, dort gedeihen, ja wuchern und sich einen immer wachsenden Platz sichern, der wiederum zum Vakuum für das Nachrücken anderer wird, ist ein Teil der inneren Dynamik der gesellschaftlichen Entwicklung.

Es wird, wenn die Dinge so weit herabgekommen sind, und der literarische ›Betrieb‹, ursprünglich ein Schutz des Lebendigen und Einmaligen, ganz vergesellschaftet und steril geworden ist und die Beweglichkeit verliert, wenn er also ganz zum Gegenteil seiner selbst degeneriert ist, schon eine neue Generation von Widerständlern und Rettern erscheinen, sie wächst ja auch heran. (Oder ein Teil der vorigen – die Homogenität ist in dieser Phase ohnehin am Schwinden, es zeichnen sich Satrapien ab – macht eine Schwenkung und zieht in erneuter Münchhausiade sich heraus aus der eigenen fatalen Maschinerie.) Und dies aus dem ganz einfachen Grunde, weil die Retter immer erschienen sind, noch in jeder Krise und Kalamität. Denn es geht hier um den Kampf des Menschen um sich selbst, von dem Kunst ein – und einer der entscheiden-

---

73 Ob im konkreten Fall die Gruppe 47 dieses Stadium bereits erreicht hat, wird viel diskutiert.

den – Vorposten ist. Jede neue Runde aber, zumindest in unserer Entwicklungsphase, dürfte noch kürzere Lauffristen haben und noch enger geschlossene ›Schaltkreise‹ vorfinden.

Das literarische establishment. Die Herrschaft über die Kommunikationsmittel als Arbeitsmedien. Außensteuerung, Erziehung, Gleichschaltung. Die Aura des Vor-Urteils und die ›unsichtbaren Mitleser‹

Wiederum hat die Sache doch eine gewisse gesellschaftliche Stabilität, ein solcher ›Betrieb‹ räumt nicht leicht die Szene. Das literarische establishment, wie jedes establishment (unbeschadet dessen, daß es ursprünglich ja ein anti-establishment und der Manager ein Gegen-Manager war) hat eo ipso Beharrungsvermögen und verteidigt seine wohlerworbenen Interessen, mittels der ihm von der Gesellschaft zur Verfügung gestellten oder ihr abgewonnenen Machtmittel. Die Ausübung der anvertrauten Autorität pflanzt die Autorität fort, hier wie in allen Sektoren der sich durchbürokratisierenden Industriegesellschaft, in der das freie ›Spiel‹ der Kräfte zunehmend an Elastizität verliert und an Zwangscharakter gewinnt. Die Gesellschaft hat den Manager ja auch mit allem ausgerüstet, was zum Aufbau einer funktionierenden Hierarchie gehört. Er ist im Besitz von Zuckerbrot und Peitsche, er und seine Mitarbeiter bestimmen – weitgehend –, ob und wieviel öffentliche Aufmerksamkeit ein Autor bekommt, ob und wieviel er verdienen darf, ob und inwieweit er geehrt wird, also eine Rangordnung des Geschriebenen wie der Schreibenden (der nächste Vergleich wäre hier, wie gesagt, mutatis mutandis, die Universität, die zu ihrem Lehrkörper wie zum Studium nur unter genauen Bedingungen und unter Vergebung dosiertester, ›chinesischer‹, Grade zuläßt). Denn die Gesellschaft hat an sie sowohl das Mäzenatentum (das ja heute eines der Industrieverbände und der öffentlichen Hand

und kein privates ist) wie den Zugang zu den Kommunikationsmitteln [74] delegiert. Die Kommunikationsmittel, wichtig,
erdrückend wichtig, wie sie für die Lenkung aller wirtschaft-
lichen und kulturellen Sektoren der modernen Gesellschaft
sind – sie sind unter dem Anschein der Diversifizierung das
eigentliche Gleichschaltungs- und Überwachungsmittel –,
sind in der Literatur fast ›die Sache selbst‹: denn es geht ja um
das Herstellen und Veröffentlichen des Veröffentlichenswer-
ten, eben der Literatur. Um nichts anderes. Daher hat die
Selbstverwaltung der Literatur die öffentlichen Kommunikationsmittel in intensive Benutzung genommen, funktions-
gerecht für sich umgebildet und mit ihren Chargen besetzt,
ähnlich wie z. B. die Universitäten die Schulen und die For-
schungsinstitute mit ihrem Nachwuchs ›besetzen‹.
Wer mittelbar oder unmittelbar an den Hebeln der Kommunikationsmittel sitzt, kann seine Weisungen mit jeder Art
Nachdruck versehen, er kann die jeweils gerade gültigen Arbeitsmaximen des Teams (oder auch die eigenen) und die personellen Urteile und Vor-Urteile nahezu reibungslos durchsetzen und die Leserschaft weitgehend vorprogrammieren,
und das auf internationaler Basis. Positiv heißt dies, daß eine
didaktische Erziehung des Publikumsgeschmacks zum Verständnis des Zeitgenössischen und auch eine Entprovinziali-
sierung möglich wird. Literatur hat ja, in Ermanglung einer
festen kulturtragenden Schicht, selbst die Geschmacksbil-
dung in die Hand genommen. Negativ, daß die Erstbegegnung mit einem Buch in zunehmendem Maße unmöglich gemacht wird, durch die insistente Mitlieferung von Urteilsketten über das Buch und den Autor und über die Wirkung des

74 Hierunter sind zu verstehen: Rundfunk, Presse mit besonderem Ein-
schluß der Zeitschriften, Fernsehen und vor allem die unter immer neuen
Subsumtionen stattfindenden nationalen und internationalen Tagungen und
Diskussionsgruppen mit der dazugehörigen Rückinformation, sowie letzten
Endes die Buchproduktion selbst. In diesem engen, aber differenzierten Zu-
sammenspiel auf verschiedenen Ebenen und innerhalb verschieden gelagerter
›Schaltkreise‹ besteht die Weiterleitung des Geschriebenen an die Öffentlich-
keit und an den Letztverbraucher, die Leserschaft.

Buchs auf andere. Der Klappentext, der dies bereits auszu-
münzen versucht, ist nichts im Vergleich zu den unsichtbaren
Imperativen, in die ein Buch programmgemäß verpackt wird
und die jeder Bediener am unsichtbaren Fließband der Mit-
teilungsgeräte durch einen Handgriff der Bestätigung, wie
von ihm erwartet, verstärkt, was eine Steuerung der Meinung
bis in die Provinzpresse und in die Schulen ergibt. Das Buch
wird zugedeckt von seiner Lebensgeschichte, also der Geschichte seines Wirkens, es kommt, bedeckt mit unsichtbaren
Lagen von Zustimmung oder Ablehnung, die ihrerseits wieder Bestätigung verlangen: Es wird sozusagen Auslöser der
gesellschaftlich ›richtigen‹ Reaktion, der Übereinstimmung
mit den – einflußreicheren – Vor- und Mit-Lesern. Die
schwebende Gruppe der »Spielenden« assimiliert sich den
Leser, ohne daß er es wahrnimmt[75].

Sollte er wirklich zu ›extraterritorial‹ gewesen sein, um
diese ›Aura‹[76] des Buchs ›mitbekommen‹ zu haben, so verrät
er sich durch ein unvorschriftsmäßiges Interesse, als ginge ein
elektrischer Strom von ihm aus, die Radargeräte der Information peilen ihn sofort an und liefern ihm ganz ungefragt die
Korrektur seines Leseergebnisses, machen ihm das eigene
Urteil suspekt und leiten ihn hin zum Richtigen und Program-
mierten, eine sanfte und unermüdliche Gleichschaltung, gegen die die Geschmacksdiktatur früherer Jahrhunderte sich
verhält wie die Postkutsche der Thurn und Taxis zur Über-
schallgeschwindigkeit. Es handelt sich ja auch um eine stets
wachsende, fast unübersehbare Zahl von Kulturteilnehmern.
Denn ein gewisser Druck hin zum Akzeptierten, zur jeweiligen Norm, wurde immer ausgeübt. »Wenn etwas in Ge-
schmacksdingen negativ ist, so vermag er [der Geschmack]
nicht zu sagen, warum. Aber er erfährt es mit der größten Si-

---

75 Packard, *Die geheimen Verführer.*
76 Diese Art ›Aura‹, die Hülle der offiziellen Zustimmung, ist der Ersatz für
jene »geschichtliche Zeugenschaft, die Autorität der Sache‹, von der die Benjamin, a. a. O., S. 16, feststellt, daß sie »im Zeitalter der technischen Reproduzierbarkeit verkümmert« oder doch zu verkümmern die Tendenz hat.

cherheit.«[77] Das ›Warum‹ wird jedoch heute mehr als früher, und nicht nur hierbei, in unnachprüfbaren ebenso unbeweisbaren wie unwiderlegbaren, dafür aber genau fixierten und insistent wiederholten Codeworten mitgeliefert, konsumfertigen Slogans der Abschreckung und der Zustimmung, die sich automatisch zur Wiederholung und Selbstrechtfertigung jedes Gleichgeschalteten anbieten, Schritt nach Schritt scheinbar rationalisierend, je unübersehbarer das Ganze für den Einzelnen wird. Die richtigen Leitworte hängen nicht ›gleichsam‹, sondern buchstäblich in der Luft, Seile, an die man sich halten kann, wo man früher die Tradition und die Großfamilie und das gesellschaftliche Gefüge hatte, die die Menschen ihrerseits zu einer automatischen, nicht weiter auf ihre Gründe nachgeprüften Reaktion veranlaßten. »Der Mensch ist selten in der Lage, für diesen Konformismus eine Ursache anzugeben: Alles was er sagen kann, ist, daß die Dinge immer so gewesen sind und daß er so handelt, wie man vor ihm auch gehandelt hat.«[78] In diesem Handeln, wie ›vor einem‹ gehandelt wurde, war die Möglichkeit der Verantwortlichkeit inbegriffen. Gewisse heute in Krise geratene Imperative gehörten de facto zu diesem Erbe: die jeweils ein wenig anders gelebte, aber durch Jahrhunderte unabdingbare Konstellation von ›Freiheit und Gesetz‹. Bei dem rapiden Schwund der überkommenen Institutionen und der Revolutionierung der Lebensformen durch die Technik (nicht nur, aber vor allem durch die Erfindung der menschenähnlichen Maschinen) kann der Mensch sich heute in seinem Verhalten ganz offenkundig nur selten rückorientieren, er ist angewiesen, anstelle des mütterlichen Prinzips der Diachronie, hierin wie in allem, auf Synchronie und Simultaneität, also auf die Ausrichtung auf den Nebenmann und auf den frisch adoptierten Vordermann. Als Alibi dient, auf allen Gebieten des Lebens, im Politischen wie im Geistigen, der gleichfalls nicht nachgeprüfte,

77 Gadamer, *Wahrheit und Methode*, S. 33.
78 Claude Lévi-Strauss, *Das Ende des Totemismus*, Edition Suhrkamp, S. 93.

noch auch nur ganz verstandene, unmerklich kommandie-
rende Slogan, plakat- und reklameartig. So wird, wer ein
Werk auf eigene Faust zu lieben beginnt oder sich unbotmä-
ßig gegen ein geliebtes ausspricht, damit, ganz von selbst,
möglicher Gegenstand von Druck. Durch die Eigengesetzlichkeit der Selbstverwaltung der Literatur, die die Massen-
medien dirigiert, wird so jene Kafka-eske Situation der Hilflosigkeit bei den Lesern erzeugt, in der, wie wir eingangs gesehen haben, eine Kette von Überzeugungsopfern sich auslösen
läßt, wie bei einer Gehirnwäsche. Praktisch findet dies erst in
den späteren Stadien statt, eben wenn die Elastizität abgenommen, die Zone werkgerechter Entscheidung sich verengt
hat und modische Forderungen die Schwächeren unter den
Mitspielenden wie die Leser vor Kraftproben stellen. Das
heißt, wenn eine schwindende Überzeugungskraft durch eine
Erhöhung von Druck ausgeglichen werden soll.

Die Verselbständigung der Meinungsmaschine.
Aufbau und Zerstörung des image als automatischer
Prozeß

Das Kommunikationssystem, das hier als Gleichschalter
wirkt, erweist sich zunehmend und in erschreckender Weise
als stärker als der Wille seiner Benutzer. Jede einmal in es
›hineingefütterte‹ Information (Urteil, Fehlurteil, Arbeitsma-
xime, auf die Kurzformel konsumgerechter Slogans gebracht)
multipliziert sich wie bei einem Computer in geometrischer
Reihe, unaufhaltsam und unwiderruflich: auf immer breite-
rer Skala ›Konvention‹ etablierend, Entscheidung erdrük-
kend. Der Manager selbst, oder der Spitzenkritiker, ist nahezu
unfähig, die in Gang gesetzte Maschine zum Stehen zu bringen oder ›umzuinformieren‹ oder auch sich selber gegen sie
zu behaupten, falls er die Information als Fehlinformation erkannt hat: Die Meinung zu ändern, zu der geänderten Meinung zu stehen, wenn der Strom der differenzierten Rückinformation seiner eigenen Fehlinformation auf ihn zu-

kommt, erfordert selbst vom ersten ›Programmierer‹ die Anstrengung einer disziplinierten Selbstkontrolle und Rationalisierung und ist, ohne die Mithilfe eines Teams, kaum durchzuhalten. Es ist dies nur einer der Aspekte der ›Verdinglichung‹, die für uns Schicksal spielt: den Menschen wie der Kunst in gleicher Weise feind.

Die Namen, die in die großen Computer hineingefüttert werden, sind danach die Namen, die ›da‹ sind. Es genügt, Namen nicht in dies System hineinzufüttern, um sie auszurangieren. Die öffentliche Verwunderung z. B. über die immer gleichen Preisträger ist eine müßige. Wie auf dem Lochbandsystem des Computers erscheinen die ›richtigen Namen‹ bei den richtigen Gelegenheiten programmgemäß, bei Druck auf die entsprechende Auslösertaste. Sie erscheinen durch diese Art der ›natürlichen‹ und offenbar zunftgerechten Selbstpräsentation als die jeweils für ein Geschick vorgemerkten, und es würde einer ungewöhnlichen geistigen Muskelkraft bedürfen, einen solchen ›ordnungsgemäß angelieferten‹, ordnungsgemäß mit allen Signalen versehenen Namen zugunsten eines plötzlich auf den Tisch geschmuggelten, als Außenseiter sofort kenntlichen, zu übergehen. Jeder ›auf den Tisch gelegte‹ ist suspekt. Nicht aus dem Computer des ordentlichen Verfahrens ausgespuckt, hat er eo ipso das Risiko einer exzentrischen oder sogar mißliebigen Wahl in sich. Das heißt, einer Wahl. Während das Wählen des richtigen, also vormarkierten Namens nur das Simulakrum eines Wahlaktes, ein ›Funktionieren‹ (z. B. der Jury oder des Anthologisten oder der Organisatoren von Tagungen etc.) im erwarteten Sinne ist. Der Name wählt sich gleichsam von selbst. Die nicht eingelochten Namen gibt es nicht, sie sind nicht da. – Abgesehen von den ›richtigen‹ Namen gibt es die Konvention der gerade noch annehmbaren, mit minderen Ehren in längeren Zeitabständen gerade noch gegenwärtig gehaltenen: den noch nicht ausgezeichneten Nachwuchs oder die von der Hauptgruppe tolerierten Honoratioren kleinerer ›Literaturbetriebe‹.

Falls der Träger eines ordnungsgemäß für eine ehrenvolle Laufbahn eingelochten Namens sich mißliebig macht, aus welchem Grunde auch immer, wird sein Name aus den Schaltkreisen gelöscht. Es dauert einige Zeit, bis die Rückinformationsmechanismen die Kenntnis von der Löschung über alle Schaltkreise verbreitet haben und der neue Auftrag genug Nachdruck bekommt, um alle Residuen der Vorinformation auf nationaler und internationaler Basis zu tilgen. Die Erinnerung, daß er gelöscht worden ist, zieht eine Kettenreaktion von Verleugnungsriten nach sich. Man könnte von feierlichen Überzeugungs-›Opferungen‹ mehr als von einfachen Überzeugungsopfern reden. Denn beim gelöschten Namen liegt nicht der Verdacht, sondern die Gewißheit vor, daß ihm im allerhöchsten Programm künftig nichts Gutes zugedacht ist. Die ›Aura der Zustimmungen‹, die ihm programmgemäß mitgegeben und auf seinem Wege bestätigt worden war, muß nun dem neuen Programm gemäß durch die Ablehnung der bisher Zustimmenden getilgt werden. Das heißt, jeder Einzelne ist aufgerufen, den Namen auf dem Fließband der Informationsweitergabe löschen zu helfen: ein Ärgernis, besonders in den höheren Sphären der Hierarchie, wo Außen- und Innensteuerung sich die Waage halten, also der Anspruch auf freie Entscheidung überwiegt, und eine solche Umorientierung nicht nur die Demütigung des Andern, sondern in starkem Maße die eigene einschließt, da man ihn doch spontan als seinesgleichen aufgenommen und sich mit ihm identifiziert hatte. Derartige literarische Ausstoßungsprozeduren gleichen denen des Verstoßes aus einem Parteiapparat, geradezu aus dem einer Einheitspartei, oder auch aus einem Clan[79]. Es wird sich praktisch jedoch um Einzelfälle handeln,

79 Hier ist Raum für das, was, vom idellen Zweck der Institution her, als ›Betriebsunfall‹ zu kennzeichnen wäre: dunkle Fehden unliterarischer Herkunft können, allerdings nur von den Potentaten des Systems, mit den Mitteln der Maschinerie ausgetragen und als zünftige Strafaktionen verkleidet werden. Die Rechtfertigung der Aktion in zünftigen termini wächst ihr auf ihrem Wege automatisch und unaufhaltsam zu, das semper aliquid haeret (immer bleibt etwas kleben) erreicht dabei nie geahnte Ausmaße. Politische

denn eine solche Uminformierung der Informierungsmaschine ist nur in den allerersten Stadien des Informationsprozesses realisierbar, d. h. durch den Mißbrauch des Informationsapparats zu persönlichen Intrigen kann nur der berufliche Aufstieg wirksam hintertrieben werden. In späteren Stadien bietet die Apparatur jeder Gegeninformierung, selbst der aus sachlichen Gründen, einen zähen Widerstand, bis zu dem Grade, daß das einmal aufgebaute Prestige sich unabhängig sogar vom weiteren Schaffen des Autors macht.

Sich hartnäckig zu einem geächteten Namen zu bekennen, kommt einem Akt der Selbstexkommunikation, dem freiwilligen Ausscheiden aus der Hierarchie gleich, und ist eine Zerreißprobe, die wenige bestehen, selbst wo unterschwellige Neigungen fortdauern. Daher wird den Verleugnungsakten eine immer neue Rationalisierung beigegeben, die von der Maschinerie der Löschungsorder laufend hinzugefügt und zu immer violenteren Abschwörungen verarbeitet wird, so daß die Erinnerung an den gelöschten Namen als Ärgernis lange fortleben kann.

Umgekehrt ist ein solcher offiziös tabuierter und ausgetilgter Name, mehr als jedes Bekenntnis zu ordnungsgemäß durch den Lochstreifen angelieferten, für die unteren Ränge und die Aspiranten eine Gelegenheit, sich als ›eingeweiht‹ auszuweisen. Während also die wirklich ›Eingeweihten‹

Fehden, welche ihrerseits wieder verkleidete persönliche sein können, werden gleichfalls auf diese Weise tödlich gemacht. Hierin gleicht die Apparatur der Kafkaschen Strafkolonie. Doch spricht das Risiko, daß jemand in eine laufende Maschine fällt oder gestoßen werden kann, nicht gegen die Verwendbarkeit der Maschine.

Wie sich totales Abgeschnitten- und Abgedrosseltwerden von den Kommunikationsmitteln seitens des plötzlich Verfemten lebt, insbesondere auch über die heiklen Reaktionen früher eng verbundener Kollegen, darüber geben die Tagebücher von Barlach einen nicht nur für die politische Verfemung aufschlußreichen Bericht. Denn die Mechanik des Verhaltens ist in der Totaleklipse innerhalb der politischen Diktatur und der Fast-Totaleklipse innerhalb eines gesteuerten Ambientes die gleiche, der Unterschied nur ein gradueller. In beiden Fällen werden die Menschen auf Zerreißproben gestellt, vorausgesetzt, man geht davon aus, daß Veröffentlichen und also ungehindert Produzierenkönnen für einen Autor das Leben selbst ist.

öffentlich schweigen, wo sie früher applaudiert haben, stürzen sich die niederen Ränge auf den Gezeichneten. Man reagiert auf etwas nicht sichtbar Markiertes, als sei es markiert. Die Tatsache, daß man deutlich zu erkennen gibt, man sei im Bilde über die negative Aura der Verstoßung, erscheint als ein Zugehörigkeitsritus von besonderen Graden und verführt auch peripherische Teilnehmer am literarischen Spiel (oder Teilnehmer der sekundären Spielkreise), bringt zumindest eine risikofreie Lustprämie ein.

Pseudo-Pluralität. Die Verflechtung der Literatur-›Betriebe‹. Gruppenexistenz als Freiheit von Außensteuerung

Dies ist im ganzen gesehen das Schema: wie es innerhalb seiner Gesetzmäßigkeit funktionieren würde. Nichts Gesellschaftliches, nichts Menschliches funktioniert aber, wie es funktionieren sollte oder könnte. Die Reibungen, die entstehen, sind zwar einigermaßen glättbar, aber doch nicht abschaffbar, obwohl gerade hierauf, auf die komplette Ablösung von Innensteuerung und Widerstand zugunsten reibungsloser Außensteuerung, ein besonderes Studium verwandt wird, eben die Humantechniken. Daher hat dies Beziehungsnetz, engmaschig wie es bereits ist, und es wird ja zusehends engmaschiger, doch immer wieder Lücken, welche den Zufall einlassen. Und also Raum für die nicht-programmierte Initiative. Überdies leben wir auch in einer nicht (oder noch nicht) zentralisierten, sondern in einer vorläufig noch pluralistischen Ordnung, in der die selbstverwalteten Körperschaften Seite an Seite funktionieren.

Dementsprechend bestehen auch verschiedene ›Literaturbetriebe‹, von verschiedenen Manager-Hierarchien gelenkt, wobei natürlich die Größenordnung und Ausstrahlungskraft ihrer Machtbezirke, auch die inneren Machtverhältnisse, ihr Rotationsradius sehr unterschiedlich sind. Alle haben ja, abgesehen von den betriebseigenen Publikationsorganen, naturgemäß auch teil an den gleichen öffentlichen Kommunikationsmitteln und versuchen sie mit ihren Vertrauensleuten zu besetzen oder die Chargen zu umwerben, was ohne weiteres eine gewisse Interdependenz und Überschneidung von Funktionen und Einflußsphären ergibt und eine Suszeptibilität (auch negative Ausrichtung ist Suszeptibilität) im Hinblick auf die Vorgänge in der Hauptmanege. In den personellen Überschneidungen und Überlagerungen verschiedener Schaltkreise und ihrer Sektionen liegt, selbst bei ganz ungleicher Größenordnung und dezidierter Führerrolle eines bestimmten Spielerkreises, auf jeden Fall die Chance gewisser Verunklärungen, die dem reibungslosen Funktionieren der Informationsrückkoppelung entgegenwirken und trotz allem noch ein Minimum an Diversität einlassen, also den echten Spielcharakter durch die partielle Nichtvertilgung von Alternativen wieder beleben, im Gegensatz zur lückenlos und strikt durchgeführten Hierarchie innerhalb einer autoritären Gesellschaftsordnung.

Das daraus praktisch trotz allem ermöglichte Fluktuieren zwischen verschiedenen Richtungen unterliegt wiederum den – ebenfalls fluktuierenden, von einem Schaltkreis auf die andern überspringenden – Pressionen, welche also auch nicht rein betriebsintern verlaufen, sondern plötzlich Konflagrationscharakter gewinnen können[80]. Die These von Sartre, daß eine gewisse Freiheit in der modernen Gesellschaft nur innerhalb der ›Gruppe‹ gegeben sei, gilt daher im wesentlichen nur für die Mitglieder der Hauptgruppe, die an den längsten Hebeln sitzen und also, zumindest für die Zeit, in der sie diese Position behaupten, ›Terror‹ ausüben, aber selber nicht oder nur in einem erträglichen Maße terrorisiert werden[81], solange sie sich an die innerhalb des Konventikels geltenden Spielregeln relativer gegenseitiger Toleranz halten. Vielmehr sind

---

80   »Alles doch immer Spaghetti« ist der slang terminus technicus hierfür.
81   Laut Packard, *Die Pyramidenkletterer*, leiden nur die unteren und mittleren Hierarchien an der ›Managerkrankheit‹, welche durch falsche Einstufung und die damit verbundenen Aufregungen, Pressionen, frustrations ausgelöst wird, während es sich auf den Höhen eines Betriebs sehr gesund lebt.

sie in der Lage, sich in wortwörtlichem Sinne den nötigen Atemraum, die Bewegungsfreiheit zu schaffen, als säßen sie in der Ruhezone im Innern des Wirbelsturms. Die Schaffenden, der innerste Kreis, befinden sich also, wie nur natürlich ist, in einer ähnlichen ›Stillzone‹ unisolierter Isolierung wie der um des leidenschaftlichen Lesens willen sich vom ›Mitmachen‹ isolierende ideale Leser. Vor ihnen macht, wie an einer Baumgrenze, auch der Zwang der Apparatur, der Strom der für die unteren Ränge, für den Nachwuchs und das Publikum ausgegebenen didaktischen Slogans halt. Die von dem Team und seinen Managern vereinbarten Arbeitsmaximen, Direktiven und ›Tabus‹ dienen der Lenkung anderer, der Herstellung eines gewünschten Mindestklimas, und sind nicht auf sie rückanwendbar, da jeder von ihnen naturgemäß seine eigene, sich selbständig aus der Sache entwickelnde Arbeitspraxis hat. Das zunehmende Alter, der zunehmende Ruhm entfernt die Spitzenautoren immer weiter von den niederen und mittleren Hierarchien, und ihr Interesse an der Mitformulierung der Direktiven und an dem ›Betrieb‹, der sie hochgebracht hat, nimmt entsprechend ab. Der Zirkel als solcher und insbesondere die ›Verwaltung‹ gibt aber jeweils neue Direktiven heraus. Gerade daraus ergibt sich die zunehmende Diskrepanz zwischen den den offiziellen Tagesmaximen folgenden Adepten (Nachwuchs und schwächere Autoren) und der Praxis der Spitzenautoren, also der zunehmende Ideologiecharakter der ausgegebenen Arbeitsparolen, die im Anfang einmal wirkliche Team-Maximen und der Praxis der Besten abgewonnen waren. Dies, das Entwachsen der zentralen Figuren des Betriebs, ist Merkmal und Ursache der Selbstüberlebung jeder derartigen Institution. Mantelfarbe der Madonna, Heiligenschein etc., was von der Kirche vorgeschrieben und von den Meistern modifiziert, abgewandelt, umgangen und abgeschafft wurde, von der Menge aber getreu befolgt, oder auch Zunftregeln wie die der Meistersinger, das entspricht in etwa, mutatis mutandissimis, in unserer den handwerklichen Charakter der Kunst erneut betonenden Zeit dem, was die ›Selbstverwaltung‹ der Kunst als Arbeitskanon für den Nachwuchs ausgibt[82].

Die offiziell verpönten Worte sind ein Kriterium, ob die Linie zur Spitzengruppe passiert ist und das Bereich der Slogans unter einem Autor liegt. Der Lyriker, der den consensus hat, kann auch heute noch ungestraft z. B. ›Herz‹ oder sogar ›Seele‹ oder ›Träne‹ sagen ganz wie die Lyriker aller Zeiten[83]. Weder er noch seine Leser bedürfen der Entschuldigung, wenn sie ganz natürlich tun (quod licet Jovi), was dem Adepten, wie einem Schuljungen, bitter angekreidet wird. So bleibt manches schwächere Talent vor lauter Konformismus und Selbstverstümmelung im Stadium des ›Anwendens‹, also in einem didaktischen circulus vitiosus stecken. Während Lyrik wie alle Kunst gerade vom Nichtkonformismus, vom Widerspruch und der Freiheit der Abweichung lebt.

Wie sehr sich aber die Leser von didaktischen, aber eben doch nur als handwerkliche Leitlinien ausgegebenen Regeln beeindrucken lassen, wie sehr sie diese im Guten und mehr noch im Bösen für das Ganze mißkennen, das nimmt immer wieder wunder und zeigt, daß die als Diener und auch Zau-

---

82 »Die Literaten haben die Rolle des Klerus übernommen«, schreibt Saul Bellow (AUFRÜHRER AM SICHEREN HERD, *Die Zeit*, 5. 5. 1967) und zitiert hierzu Walt Whitman: »The Priests depart, the divine literatus arrives.«

83 Ein Problem, das keineswegs erst jetzt aufgekommen ist. Vor vier Jahrzehnten, 1927, mokierte sich Ivan Goll bereits über dies Tabu (*Die Eurokokke*, letzter Absatz): »...einige Polizisten... Sofort... schrie ich die drei verbotenen Worte dieser Zeit: ›Mein Herz! Mein Gott! Ich liebe!‹... und freute mich, daß man mir den Mut und die Willenskraft eines Mörders zutraute...« Auch damals war das Verbot mehr prinzipiell als praktisch. Vgl. Lasker-Schüler und die andern Menschheitsdämmerer, ganz zu schweigen etwa von den zeitgenössischen Spaniern und Franzosen. – Es ist interessant festzustellen, daß z. B. Nelly Sachs, Celan, Bachmann aus verpönten Vokabeln geradezu bestehen, die bereits Piontek, Mitglied eines kleineren »Betriebs«, nur mit Zögern und mit spitzester Feder hinzuschreiben wagt (vgl. *Doppelinterpretationen. Das zeitgenössische deutsche Gedicht zwischen Autor und Leser.* Herausgegeben und eingeleitet von Hilde Domin, Frankfurt, 1966, S. 129 ff.), während sie in *Aussichten (Junge Lyriker des deutschen Sprachraums*, herausgegeben von Peter Hamm, München, 1966) vorschriftsgemäß vermieden oder allenfalls parodiert sind. Nicht umsonst überwiegen hier auch, entsprechend dem letztausgegebenen Slogan, die ›langen Gedichte‹.

berdiener der Kunst in Bewegung gesetzte Apparatur die
Oberhand bekommt, und zwar sowohl der Kommunikationsapparat wie der davon nicht trennbare bürokratische ›Apparat‹ des Betriebs, und wie sehr er die durch die politische und
gesellschaftliche Entwicklung ohnehin schon in ihrem Selbst-
vertrauen erschütterte Leserschaft nicht nur erzieht, sondern
gleichzeitig und mehr noch verstört.

Machtzuwachs durch Machtverzicht: die offene Gruppe.
Die ›Stillzone‹ des innersten Zirkels
als Schaffensklima der Elite

Über die sehr heiklen Atmosphäreschwankungen zwischen
Innen und Außen zu wachen, ist Aufgabe der Spielleiter, die
auch dauernd neue Mitspieler hinzuziehen, das Spiel also
einerseits nicht erstarren lassen dürfen und sich andererseits
durch die Möglichkeit der Zuwahl oder auch Zulassung ge-
nehmer Neuankömmlinge eine Machtstellung außerhalb ihres Spielerkreises (und auch in den kleineren Spielerkreisen)
schaffen, wie sie durch die reine Pression nie entstehen
könnte, die unweigerlich ebenso starken Gegendruck auslösen würde. Also gerade darin, daß der Zirkel, die Gruppe
nicht ›geschlossen‹ ist, daß der ausgeübte Druck immer auch
ins Positive, in die Aufnahme, umschlagen kann, also in der
Elastizität und Porösität der Machtverhältnisse, darin, daß die
›Gruppe‹ eben gleichzeitig auch keine Gruppe ist, besteht die
weitgespannte und auch tolerierte Aszendenz, ja die Umwor-
benheit der Manager des Literaturbetriebs und die Korrum-
pierbarkeit des Ambientes. Dies ist in einer gewissen Weise
eine gesunde Umkehrung der Dialektik der Selbstaufhebung
der sich realisierenden gesellschaftlichen Institutionen: Die
sich selbst kontinuierlich aufhebende Institution wird eben
durch diese freiwillige Selbstaufhebung, durch den scheinbaren Machtverzicht gestärkt, solange sie Exklusivität zugleich
mit potentieller Nichtexklusivität praktiziert. Das heißt, sie
übernimmt ›Verwaltungspflichten‹ nicht nur für sich selbst,

sondern, potentiell, für alle, die sich ihrer Verwaltung beugen. Voraussetzung für eine solche relativ ungestörte Entwicklung der Eigengesetzlichkeiten auf einem Sektor der Gesellschaft ist ohne Zweifel die Nichteinmischung seitens der Zentralgewalt: also eine praktisch funktionierende Demokratie und, auf dem Gebiete der Literatur und Publizistik, die Freiheit von Information und Presse, wie sie im Artikel 5 des Grundgesetzes bei uns festgelegt ist.

Wiederum läßt sich feststellen, daß in der Praxis die ›Pluralität‹ bei der Interdependenz der Schaltkreise und der De-facto-Hierarchie einer gerade durch Machtverzicht Macht ausübenden Hauptgruppe keine echte, sondern eine sehr relative, fast nominelle ist, und die Gesellschaft des Managerkapitalismus der funktionsstärksten Autorität die zentrale, alle Pluralität mehr und mehr ausschaltende Steuerung fürs erste überläßt[84].

84 Es ist kein Zweifel, daß in der Bundesrepublik die Gruppe 47 in zunehmendem Maße in diese Lage gekommen ist, und in andern Ländern ihr Beispiel mit wechselndem Erfolg nachgeahmt wird. Der Primat liegt wohl nicht so sehr an einer typisch deutschen Organisationsfreude und ›Weisungsunfälligkeit‹ als vielmehr an dem Vakuum, das sich nach der Diskreditierung der kulturtragenden Schicht bei uns mehr als anderwärts ergab. Es war recht eigentlich eine nationale Bresche da, in die die damals junge Autorengeneration mit großer Tapferkeit sprang.

Andere Gruppen, die ihrem Beispiel folgend sich nach dem Gründungsjahr benennen, können keine historische Zäsur, wie das Jahr 1947 sie unzweifelhaft darstellt, für sich in Anspruch nehmen (z. B. die Gruppe 62 der Bochumer Arbeiterdichter). In Italien der dem Beispiel der Gruppe 47 nachgegründete und mit ihr eng zusammenarbeitende Gruppe 63. – In den Vereinigten Staaten ist die mit Höllerer zusammenarbeitende *Evergreen Press* zu nennen, die, neben den *New Directions*-Autoren, zweifellos literarpolitisch aktivste Gruppe. Die zeitgenössische Literatur bedarf dort keiner eigenen ›Institutionalisierung‹, da die Universitäten sie sich angegliedert haben. Eine gänzlich negativ orientierte Ansicht nicht nur über die ›Gleichschaltung‹, sondern auch über das Niveau der uniformierten Arbeitsstandards (die Zunahme der »geschulten Unfähigkeit«) gibt Saul Bellow (a. a. O., vgl. auch meine Antwort, *Die Zeit*, 25. 5. 1967). – Die Arbeitsstandards der Gruppe 47 und die Auswahlresultate sind in diesem Buch im wesentlichen bejaht. – In England übt die Gruppe 47 durch eine Anzahl führender Rezensenten, die ihre direkten Mitglieder sind, einen nicht zu unterschätzenden Einfluß aus, weniger was die englische, weiterhin in der alten Form des Zenakels sich abspielende, als was die Aufnahme der zeitgenössischen deutschen Literatur angeht.

Im innersten Zirkel der Managergruppe also existiert die meiste Freiheit, wenn wir Freiheit hier als – relative – Freiheit von Manipuliert- und Gesteuertwerden und als die Möglichkeit der Eigensteuerung nach inneren Gesetzen betrachten. Mit dieser sich immer mehr einengenden Freizone – nenne man sie nun ein Innen oder ein ›Außen‹, wie Sartre es tut, gemeint ist das gleiche, die Freiheit vom Gewirbeltwerden – ist zunächst überhaupt einmal die Voraussetzung der Begegnung mit der Kunst, wie auch des Schaffens von Kunst, gegeben. Denn Kunst ist angewiesen auf die frei sich ausschwingende Innensteuerung, deren einziges Gegenüber eben das Kunstwerk selbst ist.

In jedem weiteren Zirkel vermehrt sich der Druck der Außensteuerung, nimmt die Autonomie naturgemäß ab. Und verschlechtert sich damit die Bedingung, Kunst genuin aufnehmen oder genuin schaffen zu können. Jeder innerste Zirkel, der frei oder auch nur relativ frei sein will von Außensteuerung, hat gar keine Wahl, als einen Teil seiner Freiheit abzugeben und Funktionen zu übernehmen, denn sonst wird er gesteuert, statt selbst zu steuern. Da es sich aber nicht um ein festgefügtes Sozialsystem handelt, sondern um eine sich selbst verwaltende und automatisch Gleichgewichte schaffende Gesellschaft, ist jedes Zentrum unablässig der Rückwirkung der eigenen Wirkung ausgesetzt, wie wir bereits gesehen haben, und befindet sich in einem Kreislauf von ausgehenden Kommandoslogans und rückkehrenden Berichten der Apparatur über die Wirkung der Kommandos, worauf diese wiederum sich automatisch einpeilen.

In einer sich täglich einengenden Zone existiert also das Kunstwerk, in unserem Fall die Literatur, »mit ihrem Zwilling«, dem Leser, mit dem sie lebt und mit dem sie stirbt (Virginia Woolf), und bedarf zu ihrer Behauptung einer täglich größeren Selbstkontrolle, einer Bewußtheit, die nur bei starken Begabungen nicht die Unbewußtheit und die innere Automatik schädigt, ohne die Authentizität sich nicht zeigt. (Es kommt ganz von selbst, wenn es überhaupt noch zu etwas kommt, zu immer stärkeren Spannungen von Rationalität und Erregung, von Ausgeliefertsein und Widerspruch an Ausgeliefertsein, also zu einer Steigerung von Intensität bei prekärsten Gleichgewichten.) In dem innersten Zirkel wiederum leben sich auseinander die Schaffenden, die leidenschaftlich der Kunst Ergebenen, und die extrovertierteren Naturen, die dankenswerterweise die Autorität und den Verkehr mit der Gesellschaft an sich nehmen.

Der Leser als Massenerscheinung. Der vorprogrammierte Buchkonsument. Lektüre als Zugehörigkeitsritus

Daß also Kunst sich an immer weitere Kreise zu wenden scheint, daß sie kein Klassenprivileg mehr ist, sondern heute praktisch jeder den Zugang zu ihr zu haben scheint, sowohl auf der Verbraucher- wie auf der Herstellerseite, ist ein Faktum und eine Täuschung wahr und unwahr zugleich. Kunst reduziert sich heute auf einen allerkleinsten Kreis, der ein großes Liefer- und Verteilersystem hat: Gleichsam auf einem Fließband der Mitteilungsapparatur wird das Kunstwerk immer dichter eingewickelt in Vor-Urteile, also entlebendigt und ent-unmittelbart, transformiert sich ›laufend‹ in Konsumgut, und wird der einzelne Leser (oder auch der potentielle Autor) immer mehr vorprogrammiert, so daß die ›Begegnung‹ mit der Kunst selbst, außerhalb des strikten Zirkels der Addikten, schon besonderer Glücksfälle bedarf, wie sie trotz allem aber stattfinden.

Der Durchschnittsleser wird fast schon herabgespielt zum gehorsamen dummy der lebensgroßen Gummipuppe mit dem phototechnisch aufgetragenen Wunschgesicht, mit der der Einsame tanzen gehen kann und die sich sehr leicht im Arm halten soll, aber nur ›antwortet‹, was vorher in sie hineingesagt worden ist. Immerhin, die Gummipuppe kauft das Buch, viele Bücher, sie hilft dem Autor leben. Der hört auch gerne, was sie sagt, und vergißt, daß alles ›vorgesagt‹ ist. Er braucht ein Gegenüber. Deswegen geht er mit dieser Art Leser aus, wie der Einsame mit der schönen Gummipuppe. Er gewöhnt sich an Zustimmung. Nur von seinen engsten Kollegen, nur vom innern Zirkel kann er auf Kritik hoffen, wenn er wirklich zum innern Zirkel gehört und er es ist, für den auf die Knöpfe der Apparatur gedrückt wird. Nur dann bekommt er ja auch die Gummipuppe.

Ganz ähnlich aber geht es mit einem Teil der Kunstwerke. Sie simulieren es nur, sind kein Gegenüber mehr, aber sie sind tadellos frisiert, sogar ›musterhaft‹, weil das dazugehört und verlangt wird. Sie haben die stereotype Musterhaftigkeit von aufgezogenen Automaten. Denn die Authentizität und die Einmaligkeit büßen sie ein. Der Schein der Musterhaftigkeit ist vortäuschbar. Im Extremfall der Fälle ist es dann so, bei der Multiplizität der Kulturteilnehmer und des Gebotenen, daß zwei perfekte Gummipuppen einander in die Arme fallen. Und der Trend geht dahin, dies häufiger und häufiger zu machen. Der Unterschied ist ja auch ein geringer, wo Kunst wie eine Ware getreu der Gebrauchsanweisung konsumiert wird, ob es sich noch um Kunst oder ob es sich um Kunstersatz handelt. Denn wo der Reflex vorbedingt ist wie beim Tierversuch, hat der ›Auslöser‹ keine als eben die vorprogrammierte Auslöserfunktion, und die übernimmt bereits die Verpackung, so daß es relativ gleichgültig wird, was darin ist. Der Unterschied ist hauptsächlich der, daß hiervon die Kunstindustrie in Gang gehalten wird, was immerhin ein prinzipielles Interesse für Kunst in einem größeren Sektor der Gesellschaft wachhält, welches dann von dem klug geleiteten Meinungsapparat auch zum Abnehmen des Kunstwerks erzogen oder doch dressiert werden kann.

Dabei gibt es trotz allem doch den einzelnen Leser – jetzt sind es voraussichtlich mehr, als es in zwanzig Jahren sein werden, wenn man den Prognosen einer weiteren Automatisierung glauben darf –, der das ›Paket‹ in aller Stille aufmacht und sich betrogen fühlt. Und es gibt, immer wieder, und heute bestimmt und trotz allem noch, den Glücksfall der einmaligen

Begegnung des einmaligen Lesers mit der einmaligen Lektüre. Wie es den jungen Autor gibt, der auf der eigenen Stimme besteht. Es ist eine Frage von Optimismus oder Skepsis, wie hoch man den Prozentsatz annimmt und wie man den Trend einschätzt.

Daß dieser gesellschaftliche Automatismus, in den wir hineingefüttert worden sind ohne unsern Willen, nur im Prinzip noch mit der Historie als »Kutsche« zu tun hat, aus der wir nach Max Weber nicht aussteigen können, und daß er schlechterdings ein Ärgernis ist, darüber kann niemand hinwegsehen. Er funktioniert zur Beschämung aller, und seine Nutznießer verleugnen ihn ganz wie die Geschädigten, niemand mag zugeben, daß seine Entscheidungsfreiheit unter Druck gestellt ist. Zumindest solange die alten Imperative, diese innere Stimme, entmachtet und bedrängt wie sie ist, nicht durch irgendwelche Mechanismen gänzlich ausgelöscht werden. Bis dahin wird man die Zwänge sich als eigene Entscheidungen maskieren oder allenfalls als Zufälle zu erleben bereit sein: als etwas Punktuelles, das jeweils jungfräulich zur Debatte steht, auch wo man weiß, daß es mehr oder weniger vorentschieden ist.

Das allergrößte Ärgernis aber ist nicht einmal das mitgelieferte Vor-Urteil, der unsichtbare und insistente Mit-Leser, das allergrößte Ärgernis, die schlimmste Einengung der Freiheit ist die Herabwürdigung des Kunstwerks zum Katalysator eines Zugehörigkeitsritus. In der sich automatisierenden Gesellschaft erscheint die Zugehörigkeit zu einem ›Betrieb‹, einem kreisenden Kreis, dem aus allen Nestern gefallenen Einzelwesen, diesem hilflosen, dahingetriebenen Partikel, als der Trost der Troste. Es ist eine feste Einordnung, ein Ersatz der Großfamilie und der festen Gesellschaftsschicht und bald noch der schon zerbröselnden Kleinstfamilie. Für diese Art belonging wird alles geopfert (man denkt an Tierversuche, an die Verzweiflung, mit der sich ein isoliertes Affenbaby an die behaarte Brust eines Eisengestells klammert). Das Buch ist dann nicht mehr das Buch und auch nicht das Buch plus der Aura der Vor-Urteile. Es ist überhaupt kein Buch. Es ist nicht einmal ein Konsumgut, selbst die Reizverpackung ist gleichgültig. Es ist nur noch Mittel zu einem Zweck, wird gesucht nur noch als Auslöser für den Zugehörigkeitsritus. Dies ist etwas grundsätzlich Verschiedenes vom ›Dabeiseinwollen‹, dessentwegen man früher in eine Premiere ging, obwohl es doch etwas Verwandtes hat. Es geht, an sich, auch hinaus über die Frage der Spieler und Mitspieler, der ›Eingeweihten‹ oder Nichteingeweihten. Es kommt gar nicht erst bis zum Dilemma eines Überzeugungsopfers, denn es entsteht auch nicht der Ansatz eines Urteils oder einer Emotion, die bestätigt oder unterdrückt werden könnte. Die Zugehörigkeit, die Riten sind das Primäre. Jedes Innehalten, in dem Entscheidung im Prinzip noch stattfinden könnte, fehlt.

In andern Worten, wir haben es hier mit etwas wie mit der archaischen Clangesellschaft zu tun, in der ja jeder hilflos vor den magischen Kräften und ›außengesteuert‹ ist. Die Emotionen sind dann nur Folgeerscheinungen, obwohl doch irgendwann die Angst und Ausgesetztheit den Ritus erzeugt haben. »Die rituelle Tätigkeit löst die Emotionen aus.«[85] Das heißt, die Ersterregung ist das jeweilige Zugehörigkeitssymbol, es erregt, insofern es Zugehörigkeit bestätigt oder in Frage zu stellen geeignet ist. Also, soweit es um Literatur geht, ist das Werk das Symbol der Zugehörigkeit zu einem literarischen Clan oder nicht. Vor dem Gebrauch des Kunstwerks liegen jetzt eine ganze Anzahl ›Schwellen‹: zunächst die Frage, ob es als Zugehörigkeitssymbol überhaupt in Betracht kommt (negative Zugehörigkeitssymbole haben einen besonderen Initiationswert, wie wir bereits gesehen haben). Danach erst kommt die ›Konvention‹, das mitgelieferte Urteil als Herztaktmacher, das wie eine Atemmaschine den Aufnahmerhythmus diktiert. Und danach kommt dann die Aufnahme des Werks, in dem reduzierten Raum, der für diese Begegnung sich dann noch öffnen kann, falls er sich noch öffnet.

85 Lévi-Strauss, a. a. O., S. 93.

Dies reflexartige Orientierungsschema in seiner primitiven Emotionalität dürfte jedoch relativ begrenzt sein und keine erschreckenden Perspektiven ergeben, da der Literatur- und überhaupt der Kunstbetrieb, was den blinden Anschluß von primären Nichtlesern und Kulturaddikten angeht, der Konkurrenz jedes andern Freizeitsektors auf die Dauer unterlegen sein müßte. Das Aufzeigen des Mechanismus aber hat insofern ein grundsätzliches Interesse, als es sich hier nur um die Extremform einer auch dem ›Spiel‹ der Eingeweihten innewohnenden Tendenz handelt, die Bekundung von Adhäsion zum Ziel oder doch zu einem Hauptkriterium der Lektüre zu machen. Die Frage der gesellschaftlichen Zugehörigkeit, die sich nicht an die ratio, sondern an die Angst vor der Isolierung (auch Autoritätsverlust ist eine der Formen der Isolierung) wendet, ist eine wesentliche Komponente von Außensteuerung überhaupt und gibt ihr erst den richtigen Nachdruck, ist sozusagen ihre Exekutive. Wobei es nur ein gradueller Unterschied ist, ob diese Komponente der Hauptauslöser ist oder ob sie mitauslöst oder erst in einem späteren Stadium ins Spiel kommt, was praktisch oft kaum zu trennen ist. Leser und Text werden auf jeden Fall entwürdigt, was um so mehr als Demütigung erlebt wird, je später der Druck als Korrektiv ins Bewußtsein tritt.

Aufklärung über den eigenen Standort, militante
Selbstkontrolle. Sachlichkeit als Innensteuerung
und Freiheit

Die Rettung aus all diesen unleugbaren Ärgernissen, die weit ärgerlicher sind als das beschämendste Schlafzimmergeheimnis, kann nicht das Vertuschen sein, das Zudecken der fatalen Zusammenhänge mit dem Mantel gekränkten Selbstgefühls: das Leben in der ›falschen Wirklichkeit‹, mit zugekniffenen Augen. Jede Wirklichkeit, die aus dem besteht, was übrigbleibt, wenn man die kränkenden und ›unannehmbaren‹ Zwangsläufigkeiten ausklammert, ist eine ›falsche‹, und wird von der ›richtigen‹, die sich verleugnen, aber leider nicht abschaffen läßt, früher oder später überführt. Kunst vor allem läßt sich nicht aus der falschen Wirklichkeit heraus machen. Kunst ist eine Sache des Muts: auch und gerade des Muts zum Bestehen gefährdeter Existenz.

Ebenso ist es mit der Freiheit. Unfreiheit läßt sich nicht zur Freiheit umlügen, der Zwang zum Selbstbetrug führt nur tiefer in Unfreiheit. Und also weg von Kunst und weg von Leben. »...was heute noch für Leben gilt und nur darüber täuscht, wie wenig Leben schon ist«, sagt Adorno[86] in einem seiner schönsten und ›gelebtesten‹ Sätze.

Offenlassend, in tiefer Skepsis, ob eine andere Gesellschaftsordnung nicht unsere Unfreiheiten durch andere Unfreiheit ersetzen würde, wie es die gesamte bisherige Geschichte der Menschheit befürchten läßt, und ob die Utopie eines von Zwang und Zwangsläufigkeit befreiten Daseins nicht immer der Outopos, der Nicht- und Nirgendsort sein wird, bleibt nichts als die täglich neue Definition des eigenen Standorts. Der Scheinwerfer der Aufklärung, nicht nur auf die andern und die andern Zeiten gerichtet, sondern mit vollem und kaltem Licht auf uns selbst: um das zu wissen, deutlich zu wissen, was niemand von sich wissen mag. Um uns selber, das was uns zustößt wie die Auswirkungen und Folgen unseres Tuns, in der Bedingtheit durch einen funktionierenden Mechanismus verstehen zu können. Nicht um uns dann in romantische Proteste über alles Verlorene zu stürzen, nicht um das Unabschaffbare abzuschaffen. Sondern um uns bewußter mit ihm einzurichten, um genau Kurs halten zu können, wo alles in Fahrt ist. In andern Worten, die Rettung, soweit etwas zu retten ist, bestünde in der Flucht nach vorne: in einer Programmierung der Apparatur, die die Gesellschaft uns in die Hände drückt, nach dem Kriterium der Sachlichkeit. Sachlichkeit ist eine Vokabel der Freiheit. In einem dau-

86 *Negative Dialektik*, S. 258.

ernden Aktivieren von Innensteuerung, das Außensteuerung von Hebel zu Hebel kontrolliert. In der Enthaltung von den Verführungen der Macht, die die Rückinformation über Vor-der-, Hinter-, Nebenmänner vermittelt. Diese Enthaltung nannte ich ›Askese in offener Klausur‹: Verzicht auf die angebotenen Prämien. Rückinformation korrumpiert die Sachlichkeit, und also die Freiheit der Erstinformation und der Information überhaupt. Rückinformation macht den Menschen zum Teil der Maschinerie, paßt ihn ein und macht ihn funktionieren wie ein Ding. Sie verengt den Raum, in dem Sachlichkeit die Sache ansieht und ihr nach ihrem eigenen Gesetz, dem der Sache, gerecht wird. Es geht um die ›Freiheit im Gesetz‹, für die jede Zeit neue Formeln finden muß und für die wir die unsere ganz offenbar noch nicht gefunden haben.

Diese Zone müssen wir verteidigen, jeder von uns, und unablässig. Nur durch die militante Selbstkontrolle, durch die immer erneute Analyse der Konditionen unserer Unfreiheit, nicht um uns ›einzupeilen‹, sondern um immer neu zu relativieren, wo wir stehen, in welchem Kräftefeld, und Distanz zu halten. Und um, in diesem erhöhten Wachzustand, innerhalb einer Gesamtentwicklung, auf die wir keinen Einfluß haben, den Raum zu schaffen, darin uns die Freiheit einer Antwort, der Bejahung und der Verneinung, bleibt. Eine genau umschriebene Freiheit, die nicht nur die Freiheit von Bestechung und Entmündigung, vom Gegängeltwerden ist. Sondern die Freiheit zur Begegnung und zur musterhaften Begegnung, davon eine die Begegnung mit Kunst ist. In der Ausübung dieser Freiheit, und solange wir sie ausüben, besteht die Möglichkeit zu ihr. Wir schaffen sie, durch die tägliche und militante Entscheidung. Denn wir retten unsere Urteilsfähigkeit und die Schaffensmöglichkeit und die Möglichkeit der Kunst überhaupt, nur insoweit wir uns selber ›retten‹.

Die ›Entdämonisierung‹ des Informationsapparats.
Kritik und Vielfalt versus Gleichschaltung und
Einverständnis. Die ›Stillzone‹ der Wahrhaftigkeit

Die Freiheit, die in der Ausübung besteht, wirkt ihrerseits
Freiheit fördernd, solange die Ausübung nicht innehält, und
ändert das gesellschaftliche Kräfteverhältnis, in das sie eintritt.

Vielleicht war es immer so und ist heute nur durchsichtig
geworden, vielleicht war es nicht ganz so, denn andere Epo-
chen verfügten über feste soziale Gerüste. Heute aber ist es so
in der funktionierenden und automatisch funktionierenden
Gesellschaft, daß nur, was wirkt und sich bewegt, sich seinen
Platz schafft, automatisch, während es sich bewegt. Es zirkelt
sich seinen Sektor aus, geradezu magisch, durch Tun. Keine
Nischen sind da wie Schneckenhäuser, die stehen bleiben,
feste Strukturen, wo Tätigkeit aussetzt. Die ganze Landschaft
besteht aus den Wirbeln der Tuenden, den kreisenden Luft-
gebäuden, wie die Materie aus Atomen. Es ist keine Wahl da,
wer nicht mitlenkt, wird gelenkt, von den andern. Das Tun,
das Freiheit ist, wenn es sich einmal seinen Platz schafft, hat
diesen Platz und macht sich fühlbar wie jede andere Kraft.
Und kann seinerseits die ›Programme‹ bestimmen oder doch
verändern. Denn die Maschinen wiederholen nur und sagen
durch ungezählte Münder weiter, was wir hineinsagen, nichts
anderes. Und informieren zurück über das, was die andern
über das Gesagte sagen. Daher ist die Maschine so aufrichtig
oder so verlogen wie die Menschen, die die Knöpfe drücken.
Die naturwissenschaftlichen Fakten werden ja auch um der
Sache willen in die Maschinen gefüttert, nicht um irgendwel-
cher Lustprämien willen noch zwecks Besorgung von Status-
symbolen durch Ja-Sager. Und heraus kommt demgemäß
dann auch die Sachinformation. Die Vielfalt der Daten führt
keineswegs zur Gleichschaltung, sondern die Vielfalt bleibt
Vielfalt.

Es liegt also an den Menschen, die die Knöpfe bedienen,

wenn die Maschine im Gesellschaftlichen, und z. B. im Literarischen, so anders funktioniert. Die Geisteswissenschaften,
die Kunst haben es schwerer. Die ›Sache‹ der Naturwissenschaften ist nachprüfbar. Kunst ist nicht wißbar, sondern erkennbar. Daher fordert Sachlichkeit in Fragen der Kunst den
Einsatz des Menschen, für das, was ihm nach bestem Wissen
und Gewissen von Fall zu Fall erkennbar – nicht beweisbar –
wird. Was aber wiederum nichts Subjektives und Imaginäres,
sondern eine objektive Qualität ist, die sich jedoch nur unter
ganz bestimmten Bedingungen zu ›erkennen‹ gibt. Der
Mensch selbst ist hier das Instrument, das reagiert und Qualität anzeigt, es gibt keine andere Waage. Dieses sein Reak-
tionsvermögen kann er bewußt auf Kunst von Qualität trainieren und in einem zünftigen Sinne erziehen, so daß er ›Kriterium‹ sich sozusagen einverleibt als Teil seiner selbst. Dies
Vermögen, dies einverleibte ›Kriterium‹, darf nicht von außen
gestört werden. Die sich nicht verkapselnde – sozusagen unisolierte – Isolierung des Künstlers mit seinem Werk, des Kri-
tikers und Gelehrten mit den Werken aller Zeiten, darin inbegriffen die gegenwärtigen und letzten, also die Leidenschaft
für die Sache, die nicht schielen würde nach den Belohnungen für Anpassung, noch nach den ›Strafen‹ für Abweichung,
ergibt, heute wie immer, die Voraussetzung für ein sachge-
rechtes Urteil.

Wo es die Leidenschaft für die Sache ist, die die Knöpfe
drückt und die Apparatur programmiert, wo Selbstkontrolle
an den nächsten Hebeln sitzt und Kritik statt Einverständnis
zum Begriff des ›Funktionierens‹ würde: das heißt, wo die
Meldung, die durch die großen Münder kommt, nicht am Ne-
ben- und am Vordermann, sondern in einem Dialog mit der
Sache geprüft würde, da würde die Maschinerie zum Kom-
munikator eines vielverzweigten Gesprächs statt zum Gleichschalter und zum Überwacher jeder eigenen und besonderen
Stimme. Dann würde Urteil zustande kommen, auch was das
Werk von heute, das in sich keine größeren Schwierigkeiten
bietet für die Zeitgenossen als die Werke anderer Zeiten für

die Mitlebenden, angeht. Und würde Urteil nicht dauernd auf die Probe gestellt und an oder auch über die Grenze des Selbstverrats getrieben. Dann wäre Kunst, was Kunst ist: ein Vorrat an Leben für alle.

Dies ist eine Utopie, obwohl vielleicht nicht ganz so utopisch wie andere Utopien. Widerstand ist eine Angelegenheit von Wenigen. Aber letztlich ist ja auch Kunst als Urteil eine Angelegenheit von Gezählten, von den Treuhändern.

Die Rückzugslinie auf das Bollwerk der Freiheit, die Sachlichkeit, ist deutlich vorgezeichnet. Es ist der Rückzug in die Stillzone möglicher Verantwortlichkeit: also der Freiheit, nicht nur ›von‹, sondern ›zu‹. Und also der Wahrhaftigkeit der Schreibenden wie der Lesenden, der unverlogenen Orientierung in der Wirklichkeit. Und der unverlogenen Orientierung in der Kunst.

»Das genaue Wort zu finden für den stimmlosen Ton des Herzens heißt sich selbst nicht belügen«, definiert es Konfuzius.

Unser ›Herz‹ ist ein Organ, das sich vielerlei Rationalisierungen gefallen lassen muß. Wir haben heute auch herausgefunden, daß es der Gehirntod, also der Denktod, der Tod unseres ›Reizspeichers‹, dieses Modells aller ›Reizspeicher‹, und nicht der Herztod ist, der Leben beendet. Trotzdem ist wohl in dem Satz von Konfuzius grundsätzlich jenes Mikroklima einer Stillzone gemeint, in der allein auf das Leise und auf das Stimmlose geantwortet werden kann. Und von der aus Wahrheit Gesetz wird.

Zum Arbeitsprozeß

Das genaue Wort zu finden für den stimmlosen
Ton des Herzens heißt sich selbst nicht belügen.
Konfuzius

I. Die Prinzipien der Wort- und Bildwahl.
Das Spannungsverhältnis

Vorschlag einer Neuformulierung der
technischen Diskussion

Ein Teil der Fragen, die sich die Schreibenden und die über
sie Schreibenden hier in den beiden letzten Jahrzehnten gestellt haben, scheint nunmehr geklärt oder zumindest weniger
dringlich.

So hat zum Beispiel der Begriff der ›Verfremdung‹ das Ge-
heimnisvolle der Losung verloren, ist in aller Mund, ein Flick-
wort, kein Kennwort mehr für Eingeweihte. Was war es?
Nichts als eine Technik, uns das ›Staunen‹ zurückzugeben,
das am Anfang aller Kunst ist. Das θαυμάζειν. In einer
mechanisierten und routinierten, dem Staunen an sich feindlichen Zeit – eine Mechanik, eine Routine des θαυμάζειν. Ein
know how des aus dem Zusammenhang Lösens, des Weg-
schiebens oder des Naherückens. Die Erfahrungen und die
Dinge in eine andere, unerwartete Reihe bringen. Das, was in
einer klassischen Zeit z. B. Horaz in seiner ars poetica
ausdrücklich abempfiehlt, »den Tiger mit dem Lamm zu paa-
ren«, »das Sanfte mit dem Wüsten«, das tun wir gründlich
und fast ohne uns Rechenschaft zu geben, der innere Widerspruch, das Paradox, ist uns zur zweiten Natur geworden, entspricht unserer Lebenserfahrung. Aber ›den Delphin in den

Wald zu malen‹ und ›den Eber ins Meer‹, das haben wir uns gerade wieder abgewöhnt[1]: Wir wissen, wie man das macht, den Handgriff haben wir nun gelernt, fast bis zur Ärgerlichkeit gelernt. Jedoch wir können seiner entraten: Das Leben hat die Rezepte überholt, das Vertraute fragwürdig gemacht. Und, was schlimmer ist, vieles Fragwürdige vertraut. Unsere Paradoxe werden auf ganz andern Ebenen ausgetragen, sind subtiler und leiser geworden, unsere Widersprüche kommen auf Taubenfüßen, gefährlich haustierhaft daher. Wir sind sehr fremd in unserm Alltag, so auf Abruf, wie vielleicht selten Menschen vor uns. Und wer daran nicht teilhätte, dem nützte alles ›Verfremden‹ nichts.

Auch die Diskussion über die Zulässigkeit dieser oder jener Metapher, Genitiv oder nicht, die Frage des steilen, des komplizierten oder des einfachen Worts, der Substantivierung der Verben, der Reihung und Nichtreihung, des Durcheinanderschiebens und Montierens scheint vorläufig an ein totes Ende gekommen.

Vielleicht sollten wir versuchen, den Blickpunkt zu verschieben, und die Fragen anders stellen. Essentieller, obwohl es technische Fragen sind. Damit wir neue und brauchbare Antworten bekommen.

Die Kriterien des ›Notwendigen‹
(als sich dauernd umprägender Begriff) und des ›Wahren‹
(als punktueller Entsprechung)

Ich gehe aus von einer These des spanischen Dichters Vicente Aleixandre. Es gibt – sagt er – nur zwei Kategorien von Worten, die notwendigen und die nicht notwendigen. Wenn wir dies zum Ausgangspunkt nehmen, dann kann es auch nur zwei Kategorien von Bildern geben: ebenfalls die notwendigen und die nicht notwendigen. »So wenig!« rief jemand empört. »Mit nur zwei Arten von Worten, zwei

---

1 Allenfalls überlassen wir dergleichen dem Happening.

Arten von Bildern sollen wir uns behelfen!«, völlig überse-
hend, daß solche Unterscheidungen, wie jede Nomenklatur,
nur Fallen sind, die wir der Materie stellen, um zu sehen, ob
sie sich fangen läßt.

Heute stellen wir diese Fallen auf, morgen andere. (Wir fragen also hier gar nicht: ›schön‹ oder ›nicht schön‹, obwohl
diese Frage in gewisser Weise mitbeantwortet ist, insofern wir
das Notwendige nach seinem eigenen Kanon ästhetisch zu be-
jahen geneigt sind, worunter auch die ›Schönheit des Häß-
lichen‹ fiele.) Die Materie, in unserem Falle die heikelste, das
Wort, wird davon nicht reicher noch ärmer, daß wir es mit
dieser oder jener Kategorie einzufangen versuchen. Neben
›notwendig‹ und ›nicht notwendig‹, wenn wir einmal so fragen, gibt es so wenig ein Drittes wie etwa neben ›Sein‹ und
›Nichtsein‹, neben tot und lebendig. Es gibt allenfalls Gradu-
ierungen, letztlich auch das kaum, und höchstens in einer
Richtung. Es kann jemand ›lebendiger‹ sein als ein anderer,
ein Wort ›notwendiger‹ als das nächste. ›Toter‹? Weniger als
›nicht notwendig‹? (Wir haben natürlich noch den ›lebendig
Toten‹ und das ›notwendige Nicht-Notwendige‹, beides nur
Spielarten des Lebens und des Notwendigseins. Stufen, soweit es sie gibt, zwischen dem Ja und dem Nein.)

Allerdings benutzen wir hier einen historischen und somit
dem Wandel unterliegenden Begriff[2]. Als absolutum hat
das Notwendige ausgedient, genau wie die anderen absoluten
›Maßstäbe‹ (Schönheit, Wahrheit), würde sofort Ideologiecharakter annehmen[3]. Als Relation, das heißt als einen fließenden, im Geschichtlichen sich mit jeweils verändertem Inhalt füllenden Begriff, möchte ich das Notwendige ausdrücklich wieder brauchbar machen, und scheint es mir eines der
auch dem zeitgenössischen Lyriker unentbehrlichen Arbeits-

2 Abweichend von Aleixandre, der sich diese Frage nicht stellt. – Über ›Notwendigkeit‹ als letztes Kriterium auch des Lesers, vgl. Friedrich, *Struktur der
modernen Lyrik*, S. 153.
3 Über den Ideologiecharakter der ›Maßstäbe‹, vgl. WERTEN UND ›GEBRAU-
CHEN‹ VON KUNST in LITERARISCHE MEINUNGSBILDUNG, S. 88 ff.

prinzipien. Dem zeitgenössischen Lyriker wie dem aller Zeiten.

Fast ist es unbescheiden, erneut ins Bewußtsein heben zu wollen, was auf der Arbeitsebene eines der Grundkriterien der Kunst selbst zu sein scheint, ihr Unabdingbares, eng wie es verbunden ist mit dem Muster-haften – innerhalb der Einmaligkeit der Wirklichkeitserfahrung –, das zur Definition ihres Wesens gehört[4]. Obwohl Bewußtmachen wiederum nur Akzentuieren einer bestehenden Praxis ist. Noch jede Abweichung von dem so verstandenen Kriterium des ›Notwendigen‹ ist zumindest polemisch an ihm orientiert, und das unterscheidet jeden surrealistischen »Delphin im Wald«, der als ›notwendiger Schock‹ daherkam, als Traumwesen, das an den Tag gestiegen war und den Tag widerlegte, von dem von Horaz als Pfuscherei getadelten. Der unbeabsichtigte, der leeren Originalitätssucht entsprungene Verstoß, an den Horaz denkt, wäre nichts als eine Entgleisung.

Das Verhältnis zwischen dem, was jeweils ›notwendig‹ und was ›nicht notwendig‹ ist, wird von dem Lebensgefühl der Zeit – und also der Zeitgenossen – bestimmt und verschiebt sich dauernd, fast täglich. Wie wir soeben das Paradox in den Alltag genommen haben, mit ihm wie einem Haustier umgehen, im Vergleich zu den Surrealisten, ohne die wir das nie hätten tun können, das ist ein gutes Beispiel sich verschiebender Sensibilität. Danach läßt sich datieren. Ebenso die Schnörkel und Umständlichkeiten, die für uns nichts als Zierat sind und die um die Jahrhundertwende noch selbstverständlich in den Bereich des ›Notwendigen‹ gehörten, wie wir heute rückblickend sagen könnten[5]. Denn ob wir heute sa-

4 Der Letzte (meines Wissens), der es gleicherweise tat, obwohl es gleicherweise sich von selbst verstand, war Ezra Pound, der hierzu Konfuzius als älteste Quelle zitierte. – Über das Musterhafte als Wirklichkeitsbezug, vgl. WERTEN UND ›GEBRAUCHEN‹ VON KUNST, S. 83 f.
5 Obwohl wir in der Architektur z. B. letzthin einem neuen Jugendstil entgegenzugehen scheinen: Eine gewisse dekorative Verschnörkelung, fast bis zum Punkt der Verkitschung, greift in der Architektur der Vereinigten Staaten um sich, den restaurativen Tendenzen zur Unaufrichtigkeit und zum Verschönen und Verdecken entsprechend.

gen: »Zierat gehörte damals zum Notwendigen in der Kunst«, oder ob man damals sagte: »Zierat ist schön«, ist nur eine Frage der Einordnung ein und desselben Tatbestandes. Die ganze Alternative ist als Kategorie schon die unsere: Die Umformulierung der alten sokratischen Frage nach der ›Tauglichkeit‹ in die nach der ›Notwendigkeit‹ enthält als solche schon die Absicht, mit wenig hauszuhalten.

In gewisser Weise ist also dem Lyriker die Sorge um das ›Modernsein‹ abgenommen: Insoweit er selber Zeitgenosse ist – das heißt, nicht sich zu drücken versucht vor den Kalamitäten, in eine ›falsche Wirklichkeit‹ –, sagt er ohne weiteres Gegenwärtiges aus. Er kann gar nicht anders, so wenig wie der Bourgeois Gentilhomme es vermeiden kann, de la prose zu reden.

Innerhalb dieser jeweils vorgegebenen, aber jeweils im Wandel befindlichen Gewichtsverteilung zwischen ›Notwendigem‹ und ›Nicht-Notwendigem‹ besteht für den Lyriker, subjektiv, nur ein Kriterium, um die beiden zur Verfügung stehenden Wort- und Bildkategorien zu sichten und das jeweils Notwendige auszuwählen. Ich sage ›auswählen‹, weil Stil eine Wahl voraussetzt.

Das Kriterium dieser Wahl ist nicht das des Effekts, des Verblüffenden oder Originellen. All dies wären äußere, ›schielende‹, also kunstfremde Kriterien. Es ist platterdings das Kriterium der Wahrheit. Es ist damit nichts Absolutes, Wägbares, Meßbares, und daher in einem objektiven Sinne Richtiges oder auch nur Nachprüfbares gemeint. Auf keinen Fall etwas, das eindeutig zu sein hätte. Sondern auch hier eine Relation.

Die Wahrheit, die hier gemeint ist, ist ganz wie die ›Notwendigkeit‹ etwas, das sich immerfort umprägt. Neben der sich wandelnden Realität zieht das Fließband der sich wandelnden Kategorien einher: der Werkzeuge, mit denen der Geist die Wirklichkeit in den Griff zu bekommen wieder und wieder unternimmt. Daß wir selber auf einer Art Fließband stehen, daß die ›Wirklichkeit‹ ihrerseits an uns vorbeizieht –

unter uns, über uns, neben uns daherzieht –, wobei die verschiedenen Schichten der Wirklichkeit sich keineswegs im gleichen Rhythmus bewegen, das ist nicht so sehr eine Frage der Veränderung der Wirklichkeit, die sich immer verändert hat, wenn auch nicht in diesem Tempo, das ist eine Frage unseres veränderten und aufgescheuchten Bewußtseins: Nach dem Verlust unserer Naivität (der ›ersten‹, zumindest), das heißt nach dem Verlust der idealistischen absoluta, leben wir, Gleitende, innerhalb gleitender und sich untereinander verschiebender, dauernd neue Verbindungen eingehender Bezugssysteme, und dies wird uns täglich und in fast allen Lebensbereichen deutlich gemacht.

›Wahrheit‹ in der Wahl der dem Lyriker hier und jetzt ›notwendigen‹ und ›nicht notwendigen Worte‹ und Bilder – ›hier und jetzt‹, das ist in diesem historischen Augenblick wie auch in dem einmaligen seiner unverwechselbaren Existenz, in dem er das Wort fixiert[6] – definiere ich daher als die Überein-

6 Die Frage, wer ›ideologiefrei‹ ist und wer nicht, wer also das ›richtige‹ Bewußtsein hat und daher eine bessere Erkenntnischance, was die historische Erscheinungsform einer gesellschaftlichen ›Wahrheit‹ angeht, liegt außerhalb dieser Betrachtung, die sich mit der Voraussetzung von Wahrheit als ›punktueller Entsprechung‹ befaßt, also die gleitende Skala im radikalen Sinne ernst nimmt. Daß von einer verschiedenen Ideologie her die gleichen realen Tatbestände sich anders darstellen, also, obgleich objektiv verzerrt, subjektiv dennoch ›wahr‹ und also Gegenstand eines Kunstwerks sein können, liegt auf der Hand. Und zwar handelt es sich nicht so sehr darum, daß andere Tatbestände registriert würden, als daß die ›Muster‹, auf die diese Tatbestände geprüft werden, andere sind. Je ideologiefreier der Schreibende ist, um so näher bei einer objektiven ›Richtigkeit‹, also um so weniger re- und deflektiert wird der formulierte Erfahrungsinhalt sein.
Zur Frage der ›Erkenntnischance‹, vgl. Karl Mannheim, *Ideologie und Utopie* (1929), wo den »freischwebenden Intellektuellen« wegen ihrer Interessefreiheit eine größere Erkenntnischance zugesprochen wird, im Gegensatz zur orthodoxmarxistischen Ansicht, daß die jeweils aufsteigende Klasse, und daher die ihre Sache vertretenden Intellektuellen, über das ›richtige Bewußtsein‹ verfügen. Vgl. hierzu die neuerliche Relativierung der Erkenntnischance der Arbeiterklasse durch Herbert Marcuse (*Der eindimensionale Mensch*, Neuwied, 1966), im Hinblick auf die das Bewußtsein aller Klassen nivellierende Konsumindustrie, und den Rückgriff auf die Unterprivilegierten der unterentwickelten Länder als mögliche Bundesgenossen im Kampf um ein nicht kontaminiertes, nicht ›verdinglichtes‹, also ›richtiges‹ Bewußtsein.
Ein konkretes Beispiel der Relativität der ›Wahrheitserkenntnis‹ bietet die

stimmung des zu formulierenden Erfahrungsgehalts mit der
dafür zu wählenden Formulierung, in dem genauen Atemzug
des Formulierens, ohne eine, wie auch immer motivierte, her-
angetragene Zutat. Also punktuelle Entsprechung bei gleitenden Skalen. Zu Formulierendes und Formulierung, Inhalt
und Form sind, so gesehen, ein und dasselbe: zwei Dimensio-
nen des gleichen Spannungsfelds[7].

Rückführung der wesentlichen Eigenschaften des Gedichts
(Musterhaftigkeit, Authentizität, Einmaligkeit)
auf die drei Prinzipien der Wort- und Bildwahl –
Das Prinzip des ›Einmaligen‹
als Träger der Spannungen im Gedicht

Und ganz wie das im genauen Augenblick Notwendige als
Kriterium beim Wählen der Worte und Bilder zusammenhängt mit der Musterhaftigkeit des Gedichts – denn daß
die willkürlichen Worte oder aus äußeren Gründen gewähl-

Kontroverse Härtling/Fried und die Kritik an Frieds Vietnam-Gedichten im
Namen der ›Wahrheit‹ (*Monat*, Mai 1967), die dem marxistisch-orthodoxen
Dichter eine Verfälschung der Tatbestände zugunsten einer Partei vorhält,
aber damit schließt, daß wir nur »Bruchstücke von Wirklichkeit an uns reißen
können« und daß Wahrheit »eine geschmälerte« (in Mannheimschen termini,
ein ›Teilaspekt‹) ist. – Was jeweils ›Ideologie‹ und was ›richtig‹ ist, ist eine
Streitfrage. So nennt z. B. Adorno Lukács' Begriff vom »besonderen Menschen«, obwohl dieser ganz eingebunden ist in die beiden gemeinsame histo-
risch-materialistische Theorie, eine »Ideologie des Besonderen« (FAZ,
10.6.1967). – Daß es aber jenseits der Frage des ›richtigen‹ und falschen
Bewußtseins eine feststellbare Verfälschung und Entstellung der Wirklichkeit, also eine gezielte ›Unwahrheit‹ gibt, ist offenkundig. Psychoanalyse wie
Soziologie haben viel dazu beigetragen, diese Probleme zunächst einmal
kenntlich zu machen und die Erlangung eines ›richtigen‹ Bewußtseins (Relativierung und Selbstrelativierung) jedem trainierten Geist als eine ›Lehrauf-
gabe‹ und ein sine qua non zu stellen, ohne die die Erkenntnis von Wahrheit
keine Chance hat.
7 Zur Ersetzung der lange schon obsoleten, aber beharrlich fortlebenden Alternativbegriffe durch einen neuen, These und Antithese nicht in der Synthese
auflösenden, sondern in der Spannung belassenden Begriff, vgl. ÜBER DAS IN-
TERPRETIEREN, VORSCHLAG EINER NEUEN BEGRIFFSBILDUNG, S. 202 ff.

ten Worte wegführen von der Musterhaftigkeit, versteht sich
von selbst –, so ist die Wahrheit, die die Worte und Bilder
auf ihr Notwendig-sein prüft, die also eine im jeweiligen Augenblick nach bestem Wissen und Gewissen genaue Entsprechung von Formulierung und zu Formulierendem zur Arbeitsdisziplin macht, untrennbar von der Authentizität
und der Einmaligkeit, innerhalb derer Muster-haftigkeit
sich kundtut. Und ohne die Kunst – dies ist wohl unbestritten
– nicht Kunst wäre.

Der muster-trächtigen Einmaligkeit[8] wiederum, die
von der Authentizität, also von der Lebendigkeit ihrer inneren
Wahrheit, gar nicht zu trennen ist, entspräche auf der Arbeitsebene als drittes Prinzip die Forderung nach der neuen
und ›einmaligen Formulierung‹, welche zugleich nach bestem Wissen und Gewissen (also entsprechend der im Augenblick der Formulierung erkennbaren ›Wahrheit‹) ›notwendig‹ und nicht arbiträr zu sein hätte. Daß diese Forderung der
einmaligen Formulierung in Spannung zu den Kriterien des
›Notwendigen‹ und der genauen Erfahrungsentsprechung,
also des ›Wahren‹ steht, ist auf den ersten Blick kenntlich.
Und ebenso, daß auch die unverzichtbar ist. Wir haben es
hier, einmal mehr, mit den Grundparadoxien des Gedichts
und des Schöpferischen zu tun.

Das Kräftespiel zwischen den widersprechenden Prinzipien
der Wort- und Bildwahl. Evidenz als Wirkungstempo.
Die Beschleunigung des Worts

Es ist, auch hierin, die Wahl der neuen und gelungenen Formulierung verbunden mit der striktesten zünftigen Disziplin,
mit dem Verzicht. Also mit dem Verzicht auf das Gewollte,
den Effekt. Auf das, was ich ›Schielen‹ nach kunst-fremden
Auswahlprinzipien nannte, die zweifellos eine Verführung

---

8 Einmaligkeit und ›Besonderheit‹ sind hier als Synonyme verstanden und
unterschiedslos benutzt (ebenso in WERTEN UND ›GEBRAUCHEN‹ VON KUNST,
S. 82 ff.). Vgl. auch Lukács, *Über die Besonderheit als Kategorie der Ästhetik.*

enthalten und sich auch während des Schreibens anbieten. Immer bietet sich mehr an, es kommen während des Schreibens gleichsam mehr Worte und mehr Metaphern auf den Schreibenden zu, als ›notwendig‹ sind. Und auch als ›wahr‹ sind. Die einmal erregte Sprache bringt sie mit und schlägt sie vor. Das Wort wirkt zurück auf andere Worte, im Augenblick seiner Niederschrift. (Sprachinspiration ist eine von der Wirkung des Wortes her rückwirkende, neuschaffende Kreisbewegung[9], die eben durch diese Kreisbewegung innerhalb der Sprache selbst ganz in der Sphäre der Sprache aufgehängt ist. Hier dürften wir einem der Mechanismen des Zustandekommens des ›geschenkten‹ Worts auf der Spur sein.) – Die sich anbietenden Worte und Bilder können verführerisch ›einmalig‹ sein, sozusagen Aufsehen garantieren, können dabei aber durchaus unwahr und unnotwendig sein, und würden die Erfahrung, die sich die exemplarische und zugleich doch unwiederbringlich einmalige Gestalt sucht, verzerren. Der Schreibende macht aus sich eine Reuse, eine Kontrollinstanz, und verzichtet unablässig auf die falschen Angebote, nimmt nur die ›zwingenden‹ an[10]. (Diese konsequent ausgeübte Wahl ist wesentlich mitbestimmend für den persönlichen ›Stil‹ eines Autors.)

Das genaue und zugleich neue, das lebendige Wort ist von jener trügerischen »Leichtigkeit«, die das »Schwerste« ist und die sich nur einstellt, »wenn man sich's sehr schwer macht«[11],

---

9 Vergleichbare Vorgänge in der Etymologie, Schaffung des Worts durch das Wort, weist Kurt Baldinger nach, L'ETYMOLOGIE HIER ET AUJOURD'HUI, aus *Cahiers de l'Association Internationale des Etudes Françaises*, 1959, Nr. 11.

10 Über den Herstellungsprozeß und die schizophrene Spaltung des Schreibenden, vgl. ÜBER DAS INTERPRETIEREN, DER AUTOR ALS INTERPRET, S. 218 ff. – Der Verzicht, den jede Wahrheit fordert, schließt den dazugehörigen Mut ein, auch die sterilen Worte abzuweisen, die sich anbieten können, ganz wie die effektvollen Worthülsen, die zwar kein Aufsehen versprechen, aber Freiheit von Risiko, hinter denen man in Deckung gehen kann, und die, weil sie in einen Jargon passen, des Lobes oder auch der Belohnung sicher, aber von vornherein nicht ›einmalig‹ sind, und gerade deswegen ja auch bevorzugt werden.

11 Definition von Ilse Aichinger, Brief vom 21. 7. 1960.

und kann deswegen vom Nichtgeübten, der auf die Erwartung von Sensationen um der Sensationen willen, auf Schock, der als solcher registriert wird, ohne doch wirklich zu schockieren, also auf den Nervenkitzel von der Literaturindustrie gedrillt ist[12], leicht verkannt werden. Im Gegenteil, es erregt fast Mißtrauen, heutzutage, wenn etwas wirkt, wie es wirken muß: nämlich unmerklich und automatisch, leise und insidiös. Man ist nicht nur nicht sicher, ob das mit rechten Dingen zugeht, man ist noch weniger sicher, ob es richtig ist, sich berühren zu lassen, während wiederum erlaubt ist, sich darüber zu beklagen, daß so wenig ernstlich Berührendes geschrieben werde. Während nun der im Wettbewerb des Schockierenden sich überbietende Schock wahrgenommen und auch beglaubigt wird, aber nicht ›einschlägt‹, hat die neue und lebendige Formulierung es in sich, daß sie ›verschwindet‹. Nicht zufällig wird das Gelungene nicht bemerkt: sondern weil es neu und lebendig ist, wirkt es unmittelbar. Und weil es wirkt, ist es nicht lange genug unterwegs, um sich auszustellen, es verbrennt die Etappen und geht sofort ein, in den Leser oder den Hörer. Es ›überrascht‹ im buchstäblichen Sinne, indem es sich als etwas Gegebenes, Direktes, »Natürliches« (Nietzsche) präsentiert, eben – und sei es noch so absonderlich und paradox – als »zwingend«[13]. Das heißt, es trägt den Wahrheitsan-

12 Über den ganzen Komplex, vgl. LITERARISCHE MEINUGNSBILDUNG, S. 112 f. Im Speziellen auch Gehlen, *Zeit-Bilder*, S. 216, über die Erziehung des Publikums, »daß es auf Unerhörtes und noch nicht Dagewesenes geradezu wartet«, als – ambivalent bewertete – Komponente der Vermarktungstendenzen des Kunstbetriebs. Hierin liegt auch die Stärke der Verführung des Künstlers zu äußern, d. i. kunst-fremden Arbeitskriterien, also zum Schielen nach der Marktlage, die in der Kunst wie in jeder andern Produktion einen sich überbietenden Wettbewerb auf den Plan ruft. – Nicht weniger außengesteuert und kunst-fremd, oder auch noch kunst-fremder, war jeweils die Ausrichtung an den Bedürfnissen eines Hurrapatriotismus, des »Trommelwirbels mit Trompetenschall«, der nach Benedetto Croce in Deutschland zu leicht die »zarte Stimme der echten Poesie« erstickte.

13 Kleist (*Brief eines Dichters an einen andern*) weist das Lob der Form und der Sprachführung eines Gedichts als »beschämend« zurück, »Vorzüge, die ihren größesten Wert dadurch bewiesen haben würden, daß Du sie gar nicht bemerkt hättest«. – Ebenso zur Musik, in diesem Fall zur Ausführung, H. H. Stuckenschmidt, zu dem russischen Pianisten Swatjoslaw Richter,

spruch des Gedichts vor, als müsse es so sein, als werde nur kenntlich, worauf ohnehin gewartet wurde. Die Überraschung und auch die ›Verwunderung‹ besteht recht eigentlich in der Evidenz, darin, daß das Erwartete so über alle Erwartung genau und richtig und fehlerlos eintrifft, daß es es ›gibt‹. (Ganz wie in der Liebe die Überraschung und die Erlösung darin bestehen, daß es den Andern ›gibt‹.) Diese Überraschung selbst wird jeweils und in verschiedenem Grade auch noch mit wahrgenommen, also erlebend beobachtet, von dem über alle Beobachtung hinaus Überraschten, und das gilt sowohl für den Lesenden während des Lesens wie für die Formulierung des Schreibenden während des Schreibens[14]. Später, bei der genauen Analyse, gibt die so überraschend wirksame Sprachverbindung dann ihre ›Un-Natürlichkeit‹ heraus, ihre Bipolarität, die vermutlich gerade die Gespanntheit hervorgerufen hat, deren Wirkungstempo sich der Beobachtung entzog. Denn das Bekannte und schon Gesagte, das nicht verlebendigte Wort, sehen wir langsam an uns vorbeiziehen, ganz wie das nur verblüffende, es nimmt nicht Kurs auf uns, es berührt nicht. Daß es berührt, daß es die Kraft hat, einzudringen, gibt ›Evidenz‹ von eben dieser Kraft[15].

FAZ, 9.6.1967, unter dem Titel *Jenseits der Virtuosität*: »Man vergißt sofort alles Mechanische, alle Virtuosität … Richter macht ernst mit jedem anweisenden Wort in der Partitur.«

Über die Selbstaufhebung des Texts, vgl. ÜBER DAS INTERPRETIEREN, S. 210 ff. und passim. – Über das ›Zwingende‹ als unabdingbares Kriterium für Qualität, vom Leser her, vgl. Friedrich, *Struktur*, S. 153. »Auch wenn sie [die Sprach- und Spannungskurven] am dunklen, beliebig deutbaren Material erscheinen, können sie zwingend wirken. Tun sie das, ist das Gedicht gut.« Über den ganzen Komplex vgl. LITERARISCHE MEINUNGSBILDUNG, URTEIL ALS RISIKO, S. 67 ff.

14 Über Lesen und Schreiben als korrelative und bipolare, Emotion und Intellekt zugleich engagierende Prozesse, vgl. ÜBER DAS INTERPRETIEREN, S. 205 f. und passim.

15 Es hängt von vielerlei Voraussetzungen ab, ob Evidenz sich praktisch manifestiert. Hierüber und über die Reglementierung des Urteils, vgl. LITERARISCHE MEINUNGSBILDUNG, S. 67 ff. und S. 114 ff. Keineswegs ist diese Evidenz dem genauen oder auch nur ›richtigen‹ Verstehen des Sinns gleichzusetzen. So wenig wie einem Nichtverstehenden ihre Leugnung zuzubilligen wäre. Evidenz verändert sich mit sich verändernder Gesamtkonstellation, ist Eklipsen ausgesetzt, hat come-backs.

Wort und Kontext – Die Metapher als ein ›Kontext‹ –
Die Erneuerung des Kontexts

Was also wären im Arbeitsprozeß die Merkmale dieser neuen, einmaligen, aber doch jeweils notwendigen und wahren Formulierung, die ihre Einmaligkeit, kaum ist sie erreicht, gerade durch ihre Wirkung zu überschatten tendiert?

Ihr Gegenpol, das läßt sich eindeutig sagen, ist das Cliché, der weithin kenntliche Extremfall des ›toten Worts‹. Kein Wort als solches ist jedoch tot. Das Wort ist tot in einem Zusammenhang. In einem andern prägt es sich ein wenig um, schon steht es auf. Wie es keine toten Worte gibt, so gibt es auch keine ›verbotenen Worte‹. So wenig wie es ›erlaubte‹ oder gar empfehlenswerte (›lyrische‹) Wörter geben kann. Die ganze Kategorie als solche ist bereits illegitim und werkfremd. Jedes Wort ist als Sinnpartikel in gleicher Weise zur Verfügung. Allein der Gebrauch innerhalb des Kontexts entscheidet: ob es im Kontext ›notwendig‹ und ob es im Kontext lebendig ist. »Daß man alles Einzelne an die Stelle des Ganzen setzt, wohin es gehört«, wie es Hölderlin formuliert, der den Arbeitsvorgang ausdrücklich als einen bipolaren, den Verstand und ein »durch und durch organisiertes Gefühl« in gleicher Weise angehenden bezeichnet und vor falschen Rücksichtnahmen warnt: »Wie kannst du die Sache am rechten Orte brauchen, wenn du noch scheu darüber verweilst.« Ebenso sagt schon Horaz, in seiner ars poetica, daß es auf den Zusammenhang ankommt. Und auch er warnt wie Hölderlin vor der Bedenklichkeit, der Angst vor dem »Fehler«, die den Fehler bringt[16].

Wenn es demnach also keine verbotenen Worte und nicht einmal tote Worte gibt, so gibt es zweifellos ›tote Zusammenhänge‹, ›Fügungen‹, um technisch zu sein. Diese eben sind, weil sie ›tot‹ sind, die verbotenen, das heißt, sie verbieten sich

---

16 Die beiden Zitate sind keineswegs repräsentativ, könnten beliebig ergänzt werden. Über diese Bedenklichkeit und die ›verbotenen‹ Worte, vgl. LITERARISCHE MEINUNGSBILDUNG, S. 96 ff.

von selbst, sie sind nicht ›wählbar‹. Das ist der Extremfall. Es gibt Zwischenstadien. Alle vorgeformten Zusammenhänge sind weniger lebendig, weniger überraschend. Es hängt vom Grade des Vorgeformtseins und des Abgenutztseins dieser Formeln ab. (Um einen banalen Vergleich zu bringen: Man nimmt nie das sozusagen fertig servierte Tablett, man sucht, was man vorsetzen will, einzeln aus, Stückchen für Stückchen. Daß ein solches Prinzip, beispielsweise beim Möbeleinkauf, etwas Persönliches ergibt, um so persönlicher und einmaliger, je eigenwilliger und phantasievoller der Aussuchende ist, und daß es leicht auch zu Fürchterlichem führen kann, wenn nicht der Zusammenhang die Auswahl leitet, das weiß jeder. Ebenso ist es aber mit der Sprache.) Wer die Sprache ›neu‹ macht, nimmt daher die Worte wörtlich, Wort für Wort. Nie in einem angebotenen Kontext. Sondern auf einen herzustellenden Kontext hin. Denn so wenig wie das tote Wort (und wie das verbotene oder das empfohlene Wort) gibt es das Wort, das als einzelnes Wort in sich bereits die Qualität der Lebendigkeit verbürgte. Wie das Wort nur tot ist innerhalb eines Kontexts, so ist es auch nur lebendig innerhalb eines Kontexts. Wer vom toten oder vom lebendigen ›Wort‹ redet, tut es pars pro toto: Er meint immer den Zusammenhang, innerhalb dessen das Wort fungiert.

Hier allerdings ergibt sich die Frage, wie weit K o n t e x t zu fassen ist. Wo hört das W o r t auf, wo fängt der Z u s a m - m e n h a n g an?

Daß die Metapher ein solcher Zusammenhang, eine der möglichen Fügungen ist, und sich daher schneller abnutzt als das einfache Wort, welches sich, im Prinzip, nicht abnutzen kann, sondern nur in seiner Anwendung, leuchtet ein. Auch daß eine Metapher, die in einer Sprache abgenutzt ist, in einer andern sensationell sein kann [17]. Aber auch Metaphern lassen

---

17 Das ist eines der Abenteuer beim Übersetzen, sogar ein Abenteuer, das man bestehen kann, ohne es zu wissen. Die Sprache tut es von selbst, man ahnt es nicht, erfährt es mit Staunen. Es ist zugleich einer der Lotteriegewinne,

sich beleben, durch eine um eine Nuance abweichende Formulierung. Man braucht und soll sich nicht vor ihnen fürchten.

Weit sterblicher noch als die Metapher ist das Wort der falschen Sprachebene, besonders der überhöhten. Es ist kein
einzelnes Wort, es kommt auf Stelzen, die Feierlichkeit, die
Erwartung der gehobenen Brust sind sein Kontext. »Azu-
ren!?« sagte Else Lasker-Schüler zum jungen Zuckmayer bei
der ersten Begegnung: »Ein Dichter sagt blau!« Ein vergesse-
ner Theoretiker, Arno Holz, sagte hierzu: »Worte weder auf-
zupusten noch zu bronzieren noch mit Watte zu umwickeln,
das ist das ganze Geheimnis.« [18] Man könnte dies weiterführen und sagen: Die Worte ›auszuwickeln‹ sei das Geheimnis.
Nämlich, sie zu entkleiden von der hergebrachten Bedeutung,
die sich dem Wort angerollt hat, gleichsam wie einem rollen-
den Schneeball. Das Wort anzusprechen auf sein nicht mehr
oder nur beiläufig noch mitgehörtes ›Wörtliches‹, das erneuert zum Beispiel ein Wort. Schon die übertragene Bedeutung
ist ein Zusammenhang. Wenn man so weit geht, so wäre jede
der dem Wort auf seinem Wege zugewachsenen Bedeutungs-
sphären, jede neue Assoziation, die sich ihm einverleibt, eine
›Fügung‹, wovon die ›übertragene Bedeutung‹ nur die peri-
pherischste und ablösbarste wäre. Dies ist in einem gewissen
Sinne auch der Fall. Kein Wort ist daher allein, es gibt die

derentwegen Dichter immer übersetzt haben. ›Weiß wie ein Bettuch‹, ›bleich
wie ein Bettuch‹, ein abgebrauchter Zusammenhang, ein Cliché z. B. Keineswegs im Englischen oder auch im Spanischen, da ist es verblüffend lebendig,
da würde der englische oder spanische Übersetzer des deutschen Texts
beschenkt.
    Die Belebung im Deutschen ginge versuchsweise so: ›blaß wie das Kissen‹.
Das wäre z. B. ein Ausweg. Die Untertreibung, die in ›blaß‹ läge, im Vergleich
zu ›weiß‹, die niedere Sprachebene, im Vergleich zu ›bleich‹, würden helfen.
Auch ›Kissen‹ statt ›Bettuch‹.
18 Arno Holz, *Evolution der Lyrik*, 1898, a. a. O., *Kunsttheoretische Schriften*,
S. 71. – Carl Zuckmayer, *Als wär's ein Stück von mir*, Frankfurt a. M., 1966,
S. 322.

Worte nicht ›einzeln‹, außer in der Abstraktion. (In der Praxis
gibt es viele Nuancierungen, natürlich[19].)

Variante und Experiment. Das Verhältnis zur Tradition

Dies nun gerade macht den Reiz der Sache aus. Es handelt
sich nicht um simple Bausteine, die so oder so zu kombinieren
wären. Jeder dieser Bausteine hat eine Geschichte, ist eine
Geschichte von Bedeutungen. Das Wort wörtlich nehmen,
das Wort entkleiden, kann daher praktisch nichts anderes heißen, als die Worte einzeln auf ihr Wörtliches oder auch Wört-
lichstes, auf den Wortkern, in einer Weise anzusprechen,
daß ihr Nichtwörtliches sich von Wort zu Wort neu und anders
zu ordnen gezwungen wird. Es handelt sich jeweils um Kom-
plexes, wenn man ein Wort vom andern trennt. Da jedes Wort
so komplex ist, und sich seine immer fluktuierenden Bedeu-
tungshöfe durch jede neue Benutzung notwendig ein wenig
verändern, da es vertikale wie horizontale Bedeutungsringe[20]

19 Der Reim, den wir besonders im Deutschen als abgenutzt empfinden, ist
ebenfalls eine ›Fügung‹, die Reimpaare sind sehr abgenutzt und werden zu
leicht mitgehört. Und die Tatsache, daß es ›aufgeht‹, daß es ›sich reimt‹, ist,
ganz wie die feste Form, zwar ein Anreiz zur ›Abweichung‹, aber letztlich eben
für uns kein Ziel, da das glatt Aufgehende der Widersprüchlichkeit der Realität nicht gerecht würde, es sei denn als Parodie. – Im Sinne einer Abstraktion,
eines Zurückgehens auf das ungefügte Wort, ist dagegen Franz Mons Lie-
beserklärung an die ›einsilbigen Wörter‹ zu verstehen (»sie sind überhaupt
nicht mit den Sätzen zu vergleichen«, *Lesebuch*, Neuwied/Berlin, 1967,
Motto). Von hier führt der Weg weiter zum Lettrismus, dem Zerlegen der
Sprache in Buchstaben. (Ich zitiere dies, weil es deutlich macht, wie es sich hier
nur um Gradunterschiede des gleichen Prozesses handelt: darum, wo man
also haltmacht beim Auswickeln der Wörter, ihrer Befreiung aus abgenutz-
ten Zusammenhängen.)
20 Vgl. ÜBER DAS INTERPRETIEREN, S. 215 ff. – Wer sich an die konkrete Wirklichkeit eines Wortes hält, kalkuliert daher immer die Verlagerung seiner
Irrealität mit ein. Ebenso Helmut Heißenbüttel (GRUNDBEGRIFFE EINER POE-
TIK DES 20. JAHRHUNDERTS, in *Über Literatur*, Olten/Freiburg, 1966), der die
neue Fügung einschränkend, in einem seiner eigenen Praxis entsprechenden
Sinne, auf eine »antigrammatikalische« und »irritierende« festgelegt sehen
möchte. Was man als ›antigrammatikalisch‹ versteht, ist nun wiederum eine

gibt, die durch eine etwas andere Benutzung der Wörtlichkeit des Worts in Bewegung geraten und sich um Nuancen umgruppieren, ist die Zahl der möglichen Fügungen eine unendliche und Sprache nicht abnutzbar und nicht sterblich, sondern immer erneut ›einmalig‹, für jeden, der sie zu verwandeln versteht. Die leiseste Veränderung, gerade die leiseste, verändert schon alles. Dabei ist es wichtig, genau mitzuhören, was jedes Wort mitbringt, und die subtile Veränderung einzukalkulieren, die das Gesamt des Worts erfährt, wenn man es ein wenig anders einfügt. Und sich nicht zufällig, sondern absichtlich und genau an einer von der Sprache vorgeschlagenen Bedeutung vorbei, an einer Wortgeschichte vorbei für eine andere Akzentuierung des Wortgesamts, der Wortgeschichte zu entscheiden[21]. Diese gezielte ›Abweichung‹, die Variante, ist das, worin Sprach-›erneuerung‹ praktisch besteht. Und was bei aller ›Kunst‹ jeweils über das hinaus wirkt, was der Schreibende im genauen Augenblick des Schreibens

Frage der Nomenklatur. Aragon (*Les Yeux d'Elsa*, 1942, zitiert nach Friedrich, *Struktur*) versteht darunter, was hier als *neue Fügung* bezeichnet ist: »fortgesetzte Neuschaffung der Sprache, was einem Zerbrechen des Sprachgefüges, der grammatischen Regeln und der rednerischen Ordnung gleichkommt«. Schon 1919 spricht Valle Inclán von »Auflösung der Grammatik... nicht euklidischem Ausdrucksbedürfnis« (zitiert nach Gustav Siebenmann, *Die moderne Lyrik in Spanien*, Stuttgart, 1965, S. 72). – Über eine gegenläufige Führung der akustischen und optischen Elemente des Gedichts, die Teil der ›neuen Fügung‹ ist, vgl. ÜBER DAS INTERPRETIEREN, unter STRUKTURPARADOXIEN. Siehe auch Heißenbüttel, Selbstinterpretation, in *Doppelinterpretationen*, S. 321.
21   Dies entspricht Pounds Prinzip der Logopoeia, während er den »Antrieb zur äußersten Präzision des Wortes« mit Phanopoeia bezeichnet (absolute Wahrhaftigkeit, Authentizität, die auch bei ihm die alleinige Existenzberechtigung der Dichtung ausmacht). Von dem dritten Prinzip, das bei ihm die Aufladung der Sprache mit Sinn bis an die Grenze des Möglichen ergänzt, der Aufladung mit Klang (Melopoeia), »einer Kraft, die oft dazu neigt, einzulullen oder den Leser vom genauen Wortsinn abzulenken«, ist hier – und diese Auslassung ist kaum zufällig – nicht die Rede. – Interessant, wenn auch nicht nachprüfbar für den Nicht-Sinologen, ist in diesem Zusammenhang die Interpretation, die Joachim Schickel von den Gedichten Mao Tse-tungs gibt, als Beziehung aktuellster Aussagen auf einen mitgehörten traditionellen Hintergrund. (Mao Tse-tung, *37 Gedichte*, übersetzt und erläutert von J. Schickel, dtv, 1967).

anstrebt, weil jeder Anstoß so viel Unwägbares ins Schwingen bringt und weil er ja auch nicht der einzige ›Anstoßende‹ ist, sondern andere da sind, die sein Spiel mit dem Wort sofort weiterspielen. Als erster der Leser, natürlich. Es werden also andere Spannungsverhältnisse hergestellt zwischen den Worten, das bereits durch den Gebrauch Gelockerte wird neu und härter zusammengebogen. Jede Fügung ist daher, von Wort zu Wort, eine Entscheidung, zugleich für und gegen. Diese Entscheidung ist zugleich eine automatische und eine gewußte. »Der Widerspruch ist der Vater, die Nachahmung die Mutter des Schöpferischen«, definierte es Walter Benjamin[22]. Die Nachahmung hört hin auf alles, was das Wort weiß, und freut sich, je mehr bereits Formuliertes sie mithört – alles kann sie ja nie hören, es gibt immer auch den unbeleuchteten Teil des Worts –, während der Widerspruch gleichzeitig gegen alles schon Gesagte komplottiert[23]. Er ist heute Stimmführer, in diesem Parallelogramm der Kräfte, während es im vorigen Jahrhundert offenbar umgekehrt lag. (Ortega z. B. beschreibt noch 1925 diese Kräfteverlagerung als Augenzeuge, zumindest in Spanien. In Frankreich liegt sie weit früher, natürlich, spätestens bei Mallarmé.) Daher gibt es kein Wort – und auch kein Bild –, das nicht neu gemacht werden kann, je nach-

22 A. a. O., S. 90 (»Das Schöpferische – dem tiefsten Wesen nach Variante«). Ebenso Friedrich, *Struktur*, S. 108. »Die Meinung vom raschen Stilwechsel ist eine optische Täuschung. Die Vielfalt, die sie vorspiegelt, gibt es nicht. Es gibt Nuancen und Varianten.« Friedrich bezeichnet diese verfehlte Meinung als »Reflex der Zeithast«, Gelilen, wohl genauer, als durch die Marktgesetze gezüchtete Erwartung, vgl. Anm. 12.

23 Vgl. z. B. Mallarmé: Der »goût très moderne«, in dieser Periode des Aufbruchs, war das Vergnügen an der »Meuterei«, das noch Mithören des Alexandriners, dieses »überkommenen Instruments«, wodurch der »vers libre« Zunächst den »charme du vers faux« hatte (*Variations sur un sujet*, S. 362). – Zu dem ›schon Gesagten‹ zählt auch die eigene Formulierung, die einmal geprägt, sich autonom macht. Das Selbstzitat, die Wiederbenutzung eigener Formulierungen, führt zur Manier. Wer die Sprache neu machen will, steht daher auch in einem dauernden Widerspruch zu sich selbst, während Konsumbestimmtheit ihn gerade auf sich selbst festzulegen trachtet wie einen Markenartikel, was den bildenden Künstlern wohl am häufigsten passiert. Doch ist jeder Autor daran gewöhnt, daß seine Leser (und sein Verlag) am liebsten ›weiter das gleiche‹ haben möchten.

dem, wie man es nimmt und wie man es einfügt. Der Unterschied in der Erneuerung von Wort und Bild ist allenfalls ein graduelle. Die Erneuerung des Bilds spielt sich nur im Sicht- und Nachweisbareren ab, in einer Sphäre größerer Auffälligkeit, im Prinzip gibt es den Unterschied nicht, wenn die Sprache überhaupt einmal in Bewegung gerät und sich auflösen und neu zusammensetzen läßt.

In dieser Sphäre größerer Auffälligkeit bewegt sich auch der Sprachexperimenter. Sein Experiment ist als solches weithin sichtbar, wegen des größeren Abweichungswinkels. Die Bereitschaft zum äußersten Experiment ist die Bereitschaft, selbst auf der Strecke zu bleiben, und daher, von Hause aus, Sache der Wenigen. Hut ab vor ihnen, ihr Opfer wird erinnert, ihre Stimme vergessen. Alle Neben- und Seitenpfade, die die eigentlichen, die sozusagen ›professionellen Experimenter‹ versuchen, münden immer erneut wieder in den Hauptweg, den camino real, machen diesen breiter, lebendiger, interessanter, lenken seinen Lauf ein wenig um, bis er alles eingeschluckt hat. Denn soweit sie Erregendes oder auch nur Interessantes bringen, ist jedes ihrer Werke sofort Anreiz zu neuen ›Varianten‹, wird ihr Neues ›eingebracht‹ und anverwandelt[24]. Dabei hat keiner, der geht, einen Weg vor sich. Diese Art Weg entsteht durch Gehen. Der Experimenter ergeht sich nur entschiedener einen Seitenpfad oder auch einen Abweg, hinaus und weg vom Stamm der Gesamtentwicklung. Die drei Invarianten, die jeden Schreibenden vor eine Entscheidung stellen, stellen sich auch für ihn, auch für ihn gibt es nur diese. Er entscheidet anders, gewaltsamer, interpretiert das ›Muster‹ und das ›Notwendige‹ extremer, im Sinne eines ins Äußerste getriebenen Widerspruchs. Diese entschiedenere Abweichung des ausgesprochenen Experimenters ist immer nur eine graduelle, wie sich nachträglich jeweils herausstellt, und kann auch nur eine graduelle sein, da eben keiner einen Weg

---

24 Vgl. z. B. die gelegentlichen Versuche der Anverwandlung Heißenbüttels in Celans *Niemandsrose*, und dies, obwohl er sich gleichzeitig Rilke wieder nähert.

vor sich hat und jede neue Formulierung in diesem Sinne eine Sache des Muts und also ein Wagnis ist. (Die einzigen, die einen schon gegangenen Weg vor sich haben, sind die Nachschreiber. Die Nachschreiber der gerade abgetretenen Generation. Aber ebenso die Nachschreiber der Experimenter, die demnach eben nicht experimentieren, und deren ›Wagnisse‹ Pseudowagnisse sind[25].)

Der ›Weg‹ entsteht auf jeden Fall im Widerspruch zum schon Gegangenen, und durch seine Fortführung im doppelten Sinne des Weiterführens und des Weggehens davon, eben durch ›Widerspruch und Nachahmung‹. Unvermeidlich führt dieser Weg, der unsere wie der der Lyriker aller Zeiten, über den schmalen Grat zwischen dem Ausgesprochenen und dem Ungesagten-Unsagbaren, zwischen dem Banalen und dem unverbindlichen Experiment.

Daß die Grundtatsachen der Wirklichkeit, ihre Muster, sich in allen Konstellationen wiederholen und also bekannt und somit banal sind, ist ebenso gewiß, wie daß sie jederzeit in ihrer Einmaligkeit neu erfahrbar und auch in dieser Einmaligkeit neu mitteilbar sind. Das ist für den Lyriker eine Gefahr und ein Trost zugleich: die Gefahr, sich im bereits Gesagten und wieder Gesagten zu annullieren; der Trost, daß eine gemeinsame Basis besteht, dank derer die Nahen und die Entfernten — wobei ich die Anderssprachigen und die nach uns Lebenden gleichsetze — das von uns Mitgeteilte ebenso als gültig annehmen können, wie wir das im Raum und in der Zeit Entfernte. Vorausgesetzt, die spezifische Proportion zwischen ›Notwendigem‹ und ›Nicht-Notwendigem‹, welche die jeweilige Sensibilität bedingt, entspreche sich bis zu einem gewissen Grade. Daß bereits eine relative Entsprechung genügt, um die ferne Stimme vernehmlich zu machen, ist wohl der Reserve an Ungesagtem verdankt, das in jedem Gedicht ist — und das immer, aber immer anders mitgehört wird.

---

25 Das sich wild gebärdende Modische ist, ganz wie das zahme, eine Form des Konformismus.

Dieser ›Trost‹ ist ein authentischer, und auch ein doppelter. Er gilt für das Werk der andern, das zu uns spricht. Und er läßt hoffen, daß auch das unsere vernehmbar sein wird. Die Gefahr dagegen, sich im bereits Gesagten und Wieder-Gesagten zu annullieren, ist eine Scheingefahr: Die früheren Zeiten sind für den Lyriker in dieser Hinsicht nichts anderes als die eigenen, entweder er hat die Kraft der Einmaligkeit, die den unverwechselbaren Ausdruck verlangt, das heißt, er hat die eigene Stimme, oder es gibt ihn nicht.

Es kann daher kein Schrecken, sondern nur eine Freude sein, unvermutet Gemeinsames bei Dichtern früherer Zeiten oder anderer Sprachen zu entdecken. Auf jeden Fall ist das gemeinsame Bild immer um die entscheidende Nuance anders eingefügt. Doch bestätigt es dem Lebenden, daß der Weg, den er sich bahnt, den Hauptweg weiterführt, daß er nah beim Stamm, nah der über sich hinauswachsenden Mitte allen Gehens sich bewegt. So berühmte Verse wie »A rose is a rose is a rose« und »No le toques ya más, / que así es la rosa«[26] nehmen sich nichts weg, sondern vermehren sich gegenseitig, und sagen zugleich Dasselbe und Nicht-Dasselbe.

Die Einmaligkeit als spezifisch künstlerische Komponente. Das Spannungsverhältnis[27] als Basis des Kunstwerks

Es ist also, von den drei unabdingbaren Invarianten des Kunstwerks, die Einmaligkeit die eigentlich künstlerische Komponente. Einmaligkeit der Wirklichkeitserfahrung und

26 »Eine Rose ist eine Rose ist eine Rose« (Gertrude Stein). »Rühre sie nicht an / denn so ist sie, die Rose« (Juan Ramón Jiménez).
27 Der Begriff, dessen Benutzung sehr schwankt (Winckelmann z. B. redet von der »lässigen Spannung« südlichen Bauens im Vergleich zur starken Gespanntheit bei nördlicher Architektur), wurde im New Criticism durch Allen Tate (TENSION IN POETRY, *Southern Review*, 1938) zumindest für die angelsächsische Literaturkritik neu definiert als Überbegriff über *in*tension und *ex*tension (ein Hinweis, den ich Horst Meller verdanke). – Die ›Spannung‹ als Kriterium der Wertung, bei Friedrich, *Struktur*, Schlußsatz. Vgl. auch S. 68 und 148, Anm. 13.

Einmaligkeit der Formulierung, deren beider Träger der einmalige Mensch ist, der über die ›verwandelnde‹, d. i. die schöpferische Begabung verfügt. Die Musterhaftigkeit und Authentizität (also, in der Praxis, die genaue, im Augenblick der Formulierung wahrheitsgemäße Wahl des notwendigen Worts und Bilds), unabdingbar, wie sie sind zur Genese von Kunst, würden nichts als Muster, Schemata der Wirklichkeit oder der Kunst ergeben, zweidimensionale präzise Schemata: Erkenntnismodelle. Oder auch Arbeitsmodelle, rein handwerkliche Anwendungsdarstellungen. Das Spannungsfeld der Kunst öffnet sich erst und spannt sich recht eigentlich in dem Feld des Widerspruches zwischen dem Einmaligen und seiner Musterhaftigkeit. Die Einmaligkeit ist das Blut, das diese Schemen trinken, ihre Dreidimensionalität, ihr Leben. Und also der Mensch selbst, der einmalige und besondere, der zu der Materie sagt: »bewege dich«, wie Michelangelo zu dem Bronzepferd auf dem Kapitol[28].

Ausgetragen wird diese Spannung zwischen dem Einmaligen der Wirklichkeitserfahrung und seiner Nicht-Einmalig-

---

28 Daß gerade die ›Besonderheit‹ – und mit ihr die Möglichkeit der Kunst überhaupt, von der sie nicht trennbar ist – in Krise ist, darin hat Adorno (vgl. seine Polemik gegen Lukács' These vom ›besonderen Menschen‹ als »das Primäre, der Anfangs- und der Endpunkt des Gestaltens«, FAZ, 10.6.1967) sicher recht. (Eine Analyse dieser Krise, unten S. 162 ff., oben S. 34 ff. und S. 96 ff.). Nicht von ungefähr ist die Ironie ein so kennzeichnendes Merkmal der modernen Kunst. Der Künstler stellt sich selbst unablässig in Frage und, soweit er sich selbst ernst nimmt, relativiert er sofort diesen Ernst und zieht sich selber den so fühlbar rutschenden Boden nochmals unter den Füßen weg, d. h. er hebt in der Ironie seine Besonderheit, kaum hat sie sich aktualisiert, wieder auf, vgl. S. 165. Er entschuldigt sich gleichsam für seine Existenz und spielt mit sich, als ›funktioniere‹ er nur, ganz wie jeder, oder als sei er, insofern er doch etwas anderes sei, fast eine komische Figur. Von da aus ist auch das Mißtrauen gegen jegliche Attitüde der Besonderheit, das betonte understatement im Auftreten des zeitgenössischen Lyrikers zu verstehen (vgl. LYRIKER UND TEXT, S. 191 ff.). Ortega widmet bereits 1925 ein eigenes Kapital dem »ironischen Geschick« der Kunst und der »wunderbaren Dialektik ihrer Erhaltung und ihres Triumphs durch Selbstaufgabe«. Praktisch ist jedoch gerade im Deutschen ein weiter Sektor der modernen Kunst totenernst geblieben, statt zu Tode heiter (vgl. URTEIL ALS RISIKO, S. 68, Anm. 25).

keit, das ist dem Muster, in jedem neuen Werk, in dem das Einmalige und das für diese Einmaligkeit zu prägende Wort antritt gegen alle bestehenden Prägungen, kraft der Notwendigkeit, die seiner einmaligen und konkreten Wahrheit entspricht: eine neue Variante der ›wirklicheren Wirklichkeit‹, so unverwechselbar, so unwiderruflich einmalig und besonders, und zugleich so sehr nur Exempel, Beispiel und Funktion der conditio humana (et historica), wie sein Schöpfer selbst.

Dieser ist, ganz wie das ›Besondere‹, das die Kunst ist, zugleich einmalig und durchaus nicht-einmalig, ein Stellvertreter, der stellvertretend der Wirklichkeit begegnet und stellvertretend, also exemplarisch, leidet, erkennt, gestaltet, selber nur ›Muster‹ (menschliches, historisches, gesellschaftliches), »Abbreviatur der Menschheit«[29], und zugleich das Einmalige auf der Spitze der Einmaligkeit. Denn es ist ja auch der Leser das Einmalige, oder er wäre keiner. Nur ist er nicht, wie der Autor, die Aktualität dieser Einmaligkeit, die sich von sich selber Zeugnis abgibt, von ihrer Einmaligkeit und Musterhaftigkeit, ihrer Freiheit und Funktionsgebundenheit zugleich, im Schöpfungsakt. Der Bereich, in dem sich diese Einmaligkeit deklariert, ihr eigentliches Habitat, ist die Sprache selbst: dahin rettet sie sich, in dem ernstesten, selbstvergessendsten, dem befreiendsten aller Spiele.

Voraussetzung hierfür ist die Kraft, die Widersprüche zu verbinden: Intelligenz, die das ›Muster‹ erkennt – Emotion, die die Einmaligkeit der Erfahrung erleidet. Nachahmung, die alles Gesagte mit Neugierde aufspürt – Widerspruch, der nur sein Besonderes erträgt und es durchsetzt gegen alle Besonderheit vor ihm und neben ihm[30]. Die Teilnahme am Gan-

---

29 Lukács, a. a. O., S. 378.
30 Hierin ist bereits die Kontroverse Tradition / Moderne gestellt und in ihren möglichen Varianten enthalten. – Auch die deutsche Nachkriegslyrik ist, wie alle Lyrik eh und je, der Tradition der Sprache eng verbunden, enger als man meinte. Der sogenannte ›Kahlschlag‹, spürbar wie er war und manchem vielleicht noch ist, die 1947 gemachte Zäsur, zieht sich in der Perspektive schon zusammen. Die deutsche Lyrik ist daher naturgemäß, mehr als die Politiker, mit der ›Vergangenheit‹ fertig geworden und hat auch den natürlichen An-

zen und Überzeitlichen und das akute Bewußtsein unaufhaltsamer Sterblichkeit, die Klage jedes Augenblicks um die versagte Dauer. Naivität, das Staunen, das sich nicht eingewöhnt und keine Zusammenhänge sieht, dem alles fremd und neu ist, und äußerste Bewußtheit, die es gleichzeitig subsumiert und einordnet in alle nur möglichen Kontexte. Gewissenhaftigkeit, die doch das Gegengesicht ihrer Wahrheit spürt. Die Kraft, diese – und nicht nur diese – Widersprüche zu vereinen, diese Kraft, die man beschreiben und deren Funktionieren man auch nachverfolgen kann, die aber nicht weiter auflösbar und auch nicht herstellbar ist, es sei denn, einer hätte sie (so wie blaue oder braune Augen nicht machbar sind, oder Lachen, so oder anders, oder Weinen nicht machbar sind), diese Kraft, wenn einer sie hat, schafft das besondere Lebende unter Lebenden: die Kunst.

Je geringer die Spannweite zwischen den Widersprüchen ist, je näher dem bloßen ›Schema‹ sich das Einmalige bewegt, das heißt, je mehr es an Intensität der Einmaligkeit und also an Lebendigkeit einbüßt, an Kraft der Gestaltung, je mehr die Bewußtheit über das ›Staunen‹ siegt, um so unlebendiger, nur noch Probe von Virtuosität, wird das Kunstwerk. Wie umgekehrt seine Kraft mit der Stärke der Zusammenbiegung starker Widersprüche zunimmt.

Die harte Spannung zwischen Unvereinbarkeiten bringt es mit sich, daß die Widersprüche der Struktur [31] auch im Gesagten wiederkehren, daß das Gedicht, vibrierend zwischen seinen Gegensätzen, sozusagen von selbst in die Schwebe gerät, in das labile Gleichgewicht. Und daß es – Korrelat einer Wirklichkeitserfahrung, die uns viele Gesichter zeigt, immer neue Eingänge in die Verstrickungen, aber keinerlei Ausweg, keine

---

schluß an die Weltliteratur wieder hergestellt. – Über ›Entwicklung‹ als Spirale um die Invariante der Grundmuster, vgl. UNSPEZIFISCHE GENAUIGKEIT, S. 172 ff. – Weitere Gegensatzpaare z. B. Nähe/Ferne, Innen/Außen, Identifikation/Betrachtung etc., vgl. in ÜBER DAS INTERPRETIEREN, passim, und UNSPEZIFISCHE GENAUIGKEIT.

31 Über Strukturparadoxien vgl. ÜBER DAS INTERPRETIEREN, S. 202 ff.

Lösung anders als eine provisorische, wiederum die Schwebe
perpetuierende – auf jeder seiner Lagen voller Paradoxe und
Vieldeutigkeiten ist, ja sein muß, wenn es ›wahr‹ sein will. Das
hindert keineswegs, daß das Formulierte nicht eben deswegen, in seiner mitgeborenen Gebrechlichkeit, verbindlich sein
könnte, insofern unsere eigene labile Wahrheit auf ihre zö-
gernde Art dennoch teilhat an dem Ganzen.

Das wachsende Übergewicht des Schemas.
Die ›Vereinbarkeit‹ des Unvereinbaren
in der Zerreißprobe:
die Gefährdung der Kunst

Die hier umschriebenen Prinzipien der Gestaltung, deren
prekäres Miteinander erst die Möglichkeit der Kunst ergibt,
sind neuerlich in einen solchen Widerstreit geraten, daß die
Vereinbarkeit der Unvereinbarkeit und damit die Fortdauer
der Kunst selbst in Frage gestellt ist.
   Die eine der drei Komponenten, die Musterhaftigkeit, hat
ein solches Übergewicht bekommen, daß sie sich kaum mehr
ausbalancieren läßt. Das ›Muster‹ herauszuarbeiten, diese
der Kunst und der Wissenschaft gemeinsame Aufgabe, ist in
unserm Jahrhundert so hervorragend gelöst worden, daß die
Wirklichkeit fast automatisch sich uns in Bewegungssche-
mata darstellt, und dem trainierten Geist nicht nur das Muster
der Wirklichkeit, sondern – hübsch abgespalten – zugleich
das Muster ihrer Spiegelungen im Bewußtsein mit anliefert,
die mitgeborene Ideologie. Die Entwicklung der Wissenschaft geht der Kunst, dem Besonderen, ans Leben, wie schon
Hegel prognostizierte. Und das auf viele Weisen, direkt und
indirekt. Das Modell ist als Cliché fast schon Konsumgut geworden, die erforderte Denkanstrengung schrumpft. Und im
gleichen Maße, in dem dem Intellekt das Leben verbilligt
wird, wird es, naturgemäß, dem Einmaligen und Besonderen

verteuert[32]. Zumindest wenn es bei der Wahrheit seiner Wirklichkeit bleiben will und sich nicht davonmacht in eine umgelogene Wirklichkeit, also in eine nicht zeitgerechte. Womit es dem lästigen Muster und dem Wissen von dem Muster den Rücken kehrte, womit es aber zugleich sich untauglich machen würde zur Verwandlung der Wirklichkeit in die ›wirklichere Wirklichkeit‹, in die musterträchtige Einmaligkeit, die die Kunst ist.

Immer mehr Kraft gehört dazu, die Pole noch auseinanderzuspannen und das Einmalige lebendig und glaubwürdig zu machen, in der Schwebe zu halten, dreidimensional, wo doch das Leben selber die dritte Dimension für uns einzubüßen droht und zum Präparat verdorrt, der Mensch zur Marionette wird. Das ist eine Bewußtseinsfrage, obwohl zugleich doch mehr als eine Bewußtseinsfrage, eine Frage der sich umstrukturierenden Realität.

Wie weit die Umstrukturierung der Lebensformen die Grundtatsachen des Lebens, die großen Grundmuster, im Ernst angreifen, und sie damit nicht nur für die zu schaffende Kunst obsolet machen, sondern auch alle überlieferte Kunst außerhalb der Reichweite der Erfahrung rücken könnte, das hängt vom praktischen Lauf der Entwicklung ab, der Entwicklung der Automatisierung, ihrer gesellschaftlichen Organisation und der historischen Konstellationen, die sich aus beidem ergeben. Darüber Vorhersagen zu wagen, ist zu früh, wäre im Augenblick eher eine Temperamentsfrage, eine Sache von Optimismus oder Pessimismus. Die Erfahrung lehrt, daß jede Vernichtung rückblickend doch eine relative war.

32 »Beobachtung und Schematisierung des Lebens, als Ersatz für den schöpferischen Hauch der Phantasie« (so schon B. Croce, *La Critica*, 20. 3. 1920). Modellhaftigkeit gleich Enthumanisierung, Ortega, a. a. O.

Interessant ist zu beobachten, wie gerade im Augenblick, also etwa seit 1966, bei diesem drohenden Auseinanderfallen ins Zweidimensionale, nachdem die rein zerebrale Gebrauchskunst sich abzunutzen beginnt, wir nun eine rein triebmäßige, fast infantile Kunst, die ebensosehr des Spannungsverhältnisses entbehrt wie die vorige, als neueste Mode aufgetischt bekommen. (›Das rein Anale‹, wie ein Psychiater es formulierte.) Wobei in beiden Fällen die begabteren Exponenten bei aller Einseitigkeit doch eine Mindestspannung herstellen.

Ohnehin aber ist diese Frage wohl letztlich nicht zu trennen von der Lebenschance des Einmaligen, also des Kunst Hervorbringenden und des Kunst Aufnehmenden, und der Kunst als solcher. Es handelt sich um nicht weniger als um die Perspektive einer möglichen Selbstabschaffung der Menschheit, oder doch dessen, was wir seit 2000 Jahren darunter verstehen. Es ist das gleiche Wasser, das dem Leben und der Kunst am Halse steht.

Das Werk, wenn es überhaupt noch ins Leben tritt, biegt heute nicht von ungefähr eine discordia concors zusammen, in der das Widersprüchliche tiefer reicht und explosiver ist als je, das Zusammenhaltende prekärer als je. Daher ist, ex definitione, die Anforderung an die Bipolarität von Bewußtheit und Emotion, an den Spannungskoeffizienten, in jedem heutigen Kunstwerk von Rang eine maximale. Das heißt, es muß die Emotion – um überhaupt noch präsentabel zu sein, um dem hellsichtigen Bewußtsein die Waage zu halten und ein Kräftefeld im Widerstreit mit ihm eröffnen zu können – die Sprödigkeit und die Stoßkraft der Verzweiflung haben. Doch ist wiederum die akute Hilflosigkeit, die sich angesichts einer Landschaft mechanisch und unaufhaltsam ablaufender Zwänge, die jedes Eingreifen des Einzelnen von vornherein zu etwas Sinn- und Aussichtslosem machen, ist diese Bedrohung des Lebens selbst ein zuverlässiger Generator immer intensiverer Verzweiflung, und also eine Kräftequelle für das Überleben der Einmaligkeit gerade durch die Stärke ihrer Negierung, die die Gegenkräfte mobilisiert. Daß dies Trotzdem sich durch Selbstrelativierung in der Ironie unablässig aufhebt und neu erzeugt, gibt ihm die Freiheit von dem übergroßen Druck seiner Unmöglichkeit und macht Kunst zu dem Grenzspiel, das sie heute ist. So halten sich Bewußtheit und Emotion in einer dem Zerreißen immer stärker ausgesetzten Spannung trotz allem gegenseitig im Gleichgewicht, das an beide die äußersten Anforderungen stellt, wenn Kunst überhaupt noch zustande kommen soll. Kunst: das Schema in der Einmaligkeit seiner Verwirklichung und die Überwindung des Zwangs, durch die Objektivierung des Zwangs. Denn der Zwang ist nichts als eine zeitgenössische Erscheinungsform von ›Gesetz‹. Wie ins Extrem getrieben alles ist, wie über-›spannt‹ das Paradox, ermißt man daran, daß Kunst sich heute sozusagen vor der Aufgabe sieht, sich die Zunge zu zerbrechen, an etwas wie: »Denn der Zwang nur kann uns Freiheit geben.«[33]

Das Schaffen von Kunst, erleichtert wie es auf viele Weisen scheint, ist daher im Kern unzweifelhaft erschwert, die Schwelle für das einzelne Kunstwerk liegt höher und steigt noch täglich, könnte außer Sicht geraten. Wir selber haben uns diese Aufgabe gestellt, an der wir nur wachsen oder gänzlich versagen können. Die Kunst wird das ›Trotzdem‹ sein, das mit uns an Kraft der Spannungsintensität wächst – oder gar nicht.

Exkurs über die ›Schweigegrenze‹

1. Ein Teilaspekt: die entgleitende Wirklichkeit

Das Modewort von der Schweigegrenze zeigt nur, daß eine Grundsituation des Gedichts, nämlich, daß es die Spitze des Ungesagten ist, die gerade noch ins Sagbare ragt, sich weiterentwickelt hat und an einen Umschlagspunkt gekommen ist, wo sie nicht nur Kondition, sondern zugleich Selbstaufhebung dieser Kondition zu werden droht. Nur von dieser Gefahrenzone, nicht von dem Schweigen als Hintergrund jeden Sprechens, soll hier gehandelt werden[34].

---

33 Man versteht den Überschuß an Spiel und Ironie, die verzweifelte Abkühlung und auch die Genauigkeit, die hier auf den Plan gerufen werden.
34 Prinzipielles über das Ungesagte im Gedicht, vgl. ÜBER DAS INTERPRETIEREN, S. 195 ff., und UNSPEZIFISCHE GENAUIGKEIT, S. 170 ff. Historisches Material bei Friedrich, *Struktur*, 1967, Sachregister, unter ›Schweigen‹ und unter ›Nichts‹. Vgl. auch Bodo Müller, DER VERLUST DER SPRACHE, ZUR LINGUISTISCHEN KRISE IN DER LITERATUR, in: *Germanisch-Romanische Monatsschrift*, 1966, Nr. 3, S. 225 ff.

Der verzweifelte Charakter der beschriebenen Spannungen ist einer der Gründe, warum wir so am Rande der Schweigegrenze sprechen, warum das Gedicht so nahe beim ›Nicht-Gedicht‹ ist, sich sozusagen immer wieder abstoßen muß vom ›Nicht-Gedicht‹, wie das Einmalige von der Unmöglichkeit seiner Einmaligkeit.

Ein weiterer der Gründe, der aber nur ein anderer Aspekt desselben ist, ist der immer größere Riß zwischen Autor und Leser: die Eliminierung der – potentiellen – Einmaligkeit des Lesenden, ohne die die – akute und aktuelle – Einmaligkeit des Schreibenden im Leeren bliebe. Hierzu kommt die kommerzielle Überflutung mit den erinnerungs- und assoziationsentleerten Kunstwerken aller Länder und Zeiten, die Simultaneität von allem mit allem, und die vordemonstrierte Entleerung der Verbindlichkeiten, die den Schaffenden unaufhörlich zur Selbstrelativierung einlädt[35].

Verstörend darüber hinaus – obwohl alle diese Faktoren sich naturgemäß nicht isolieren lassen, sondern sich zu einer jeweils ein wenig anders akzentuierten Gesamtkalamität verbinden – ist die wahrnehmbar gewordene Verschiebung der Wirklichkeitsebenen, die den Sprechenden darüber unsicher macht, in welcher Form sein Wort verstanden und wieder zurückgespiegelt wird: ganz ähnlich wie in dem Experiment, bei dem einer Versuchsperson durch einen Kopfhörer die eigenen Worte mit einer minimalen Zeitverschiebung wieder zurückgeleitet werden[36]. Diese Differenz zwischen dem, was er sieht, dem, was er darüber zu sagen glaubt, und dem, was er sich sagen hört (was aber in einer, wenn auch noch so leichten, zeitlichen Diskrepanz zu dem steht, was sich ihm als Wirklichkeit anbietet), also die akut gemachte Erfahrung vom

---

35 Über die Gefahren und Chancen dieser Konstellation vgl. LITERARISCHE MEINUNGSBILDUNG, S. 96 ff., UNSPEZIFISCHE GENAUIGKEIT, S. 178 f. und oben S. 143 ff.
36 Vgl. die bei Colin Cherry, *Kommunikationsforschung – eine neue Wissenschaft*, Frankfurt a. M., 1963, beschriebenen Experimente. Nicht von ungefähr ist dies Buch dem Hund des Autors gewidmet.

Wegrutschen der Wirklichkeit unter dem Gesagten noch im Augenblick des Sagens, bringt in dem Experiment den Sprechenden zum Stottern und macht Sprechen fragwürdig und unmöglich. Und zwar schon die einfachste Aussage über sich gerade ereignende Tatbestände. Diese entziehen sich durch die Rückkoppelung, den winzigen Zeitlapsus, also durch das kurze Mehr an ›Dauer‹, das dem gesprochenen Wort verliehen wird, der Beschreibbarkeit. Die prekäre Lage, in die die Versuchsperson gebracht ist, ist für den Lyriker sein – heikler – Normalzustand. Denn das dichterische Wort muß, seiner Natur nach, ja gerade Dauer und Instantaneität verbinden: Es ist gestoppte Zeit. Der Fixpunkt des Lyrikers, sein Zuhause und Aktionsradius, ist die Sprache selbst, in der er lebt[37], als habe er Zuflucht genommen auf einem Satelliten. Die Wirklichkeit, von der der Einzelne unrettbar Teil ist, ist für ihn als Künstler sein Beobachtungsgegenstand. Diese Wirklichkeit ist in eine kaleidoskopartige Bewegung geraten. Dadurch wird die Entscheidung über die jeweilige ›Wahrheit‹ von Grund auf erschüttert, es stellt sich die Frage, ob es selbst punktuelle ›Entsprechungen‹ anders denn als Täuschung geben kann. Das Verhältnis zwischen dem Notwendigen und dem Nicht-Notwendigen gerät in ein aufdringliches, auch nicht für einen Atemzug mehr fixierbares ›Fluktuieren‹, und der Einmaligkeit rutscht ihr Beziehungssystem weg. Deshalb spricht Dichtung, soweit sie noch zu sprechen wagt, über eine Leere hinüber, der nur das Wort an seiner Grenze noch genügen kann, und daher allenfalls die Reduktion, die eine Entscheidung zugunsten des Nicht-Worts im Wort, zugunsten einer Erhöhung der Reserve des Ungesagten ist. Und deshalb ist der Lyriker heute ohne weiteres in einer Situation unablässiger Selbstaufgabe gegenüber der fortgleitenden, ihn

---

37 »Der Dichter ist allein mit seiner Sprache... die Ursituation des modernen Dichtens«, Friedrich, *Struktur*, zu Mallarmé, S. 139. Eine Situation, die sich anläßlich der deutsch-jüdischen Exildichtung in so krasser Deutlichkeit manifestiert, daß sie im Munde jedes Festredners ist, wobei es sich doch nur um den Extremfall einer allgemeinen Kondition handelt.

mit Widerlegung bedrohenden Wirklichkeit. Gerade diese
Selbstaufgabe führt, an der Grenze des Schweigens, zu einer
neuen Intensivierung der Kunst. »Unsere ganze Kunst besteht
darin, unsere Existenz aufzugeben, um zu existieren«, hat
schon Goethe diese Grunderfahrung formuliert, die immer
neu formuliert worden ist, zuletzt noch von Sartre, und die
eine der Erfahrungen der Dichtung überhaupt ist[38]. Nur daß
bei uns hierin, wie in allem, jede Grenze bis an ihr Äußerstes
ausgegangen werden muß.

2. Die ›Ausweglosigkeiten‹ der Sprache und ihre Überwindung im Gedicht

Im obigen – und durchweg in diesem Buch – wird die heutige
Sprachkrise als Teil der Bewußtseinskrise nachgewiesen, also
als Resultat weniger der Unzulänglichkeit der Sprache als der
immer prekärer werdenden Bedingungen ihrer Anwendung.
Und das im doppelten Sinne: als Gefährdung der Existenz
des Lyrikers, und als eine Gefährdung seiner Sprechmög-
lichkeit. Dem Ideologiecharakter der Aussagen, der sich
mindernden Entsprechung zwischen Begriff und Wirklichkeit, läuft, wie wir gesehen haben, im Sprachlichen eine
›Benennungskrise‹ parallel, die wachsende Schwierigkeit,
Benennung und zu Benennendes zur Deckung zu bringen
infolge gesellschaftlich bedingter Veränderungen. Diese
Benennungskrise allerdings betrifft keineswegs nur, oder
auch nur in erhöhtem Maße, den Lyriker, sie betrifft jeden,
der auf die Sprache als sein Medium angewiesen ist. Der Lyriker ist nur mitbetroffen, seine Chance wäre, was das Sprachliche angeht, trotz allem eine vergleichsweise optimale (da
Lyrik nur auf den Erfahrungskern zielt, die ›Bedeutungs-

---

38 Bei Benn heißt die entsprechende Formulierung: »Doch wenn du ganz
versinkst, / kommt dir die Wende…« (*Gedichte*, Wiesbaden, 1960, S. 419); bei
Sartre: »La poésie, c'est qui perd gagne. Et le poète authentique choisit de
perdre jusqu'à mourir pour gagner« (a.a.O., S. 47).

höfe‹ aber freigibt), wäre nicht seine Überlebenschance eine um so heiklere.

Die relative (gesellschaftlich bedingte) Sprachkrise wiederum ist nur ein Teilaspekt – eine Akutmachung – der Schwierigkeiten, die der Verständigung zwischen Menschen schlechthin im Wege sind, also der ›unvollkommenen Natur‹ des Worts. Hier nun steht es um die Lyrik erstaunlich gut: Was die Menschen – grundsätzlich – an der Verständigung verzweifeln läßt, was sie zum ›Verstummen‹ bringt, das bringt Lyrik zum Sprechen. Von dieser Grenze her macht sie sich recht eigentlich vernehmlich, die Grenzzone ist ihr angestammter Bereich, ihr h a b i t a t.

Was ist gemeint mit dieser vielzitierten ›Schweigegrenze‹, mit der unzulänglichen Natur des Worts? Ich zitiere die radikale agnostische These von Fritz Mauthner[39]: »So steht die Menschheit mit ihrer unstillbaren Sehnsucht nach Erkenntnis in der Welt, ausgerüstet allein mit ihrer Sprache. Die Worte dieser Sprache sind wenig geeignet zur Mitteilung, weil Worte Erinnerungen sind und niemals zwei Menschen die gleichen Erinnerungen haben. Die Worte der Sprache sind wenig geeignet zur Erkenntnis, weil jedes einzelne Wort umschwebt ist von den Nebentönen seiner Geschichte. Die Worte sind ungeeignet zum Eindringen in das Wesen der Wirklichkeit, weil die Worte nur Erinnerungszeichen sind, die von der Wirklichkeit wahrlich nicht mehr erfahren als eine Spinne von dem Palaste, in dessen Erkerlaub sie ihr Nest gesponnen hat.«

Es ist eigenartig, wie die hier aufgezählten Ausweglosigkeiten – besonders aber die beiden ersten – der Lyrik fast zugute kommen, ja sie konstituieren. In überspitzter Form ließe sich geradezu behaupten, daß Lyrik – und von je – von dem lebt,

---

39 Nach Müller, a. a. O., S. 242, der nachweist, daß der »radikale sprachliche Agnostizismus Fritz Mauthners«, mehr noch als der »strapazierte Satz Wittgensteins: ›Wovon man nicht sprechen kann, davon muß man schweigen‹« Beckett beeinflußt habe. Beckett habe dem fast erblindeten Joyce aus Mauthners *Beiträgen zu einer Kritik der Sprache* (1901 – 1903) vorgelesen.

was Mauthner erschreckt, daß sie die Möglichkeit dieser ›Unmöglichkeiten‹ ist. Hierzu sagt Jean Paul, unter der – nicht zufälligen – Überschrift: GEBRAUCH DES WUNDERBAREN (VORSCHULE DER ÄSTHETIK, I. PROGRAMM, ÜBER POESIE ÜBERHAUPT, § 5, GEBRAUCH DES WUNDERBAREN): »Wenn der Nihilist das Besondere in das Allgemeine durchsichtig zerlässet – und der Materialist in das Besondere versteinert und verknöchert –: so muß die lebendige Poesie eine solche Vereinigung beider verstehen und erreichen, daß jedes Individuum sich in ihr wiederfindet, und folglich, da Individuen sich einander ausschließen, jedes nur sein Besonderes in einem Allgemeinen, kurz, daß sie dem Monde ähnlich[40] wird, welcher nachts dem einen Wanderer im Walde von Gipfel zu Gipfel nachfolgt, zu gleicher Zeit auch einem andern von Welle zu Welle, und so jedem, indem er bloß seinen großen Bogengang am Himmel zieht, aber doch am Ende wirklich um die Erde und um die Wanderer auch.«

Wenn wir nun die so beschriebene Eigenart des Gedichts, die wir von außen her als seinen ›Modellcharakter‹ definiert hatten, auf die Arbeitsebene verfolgen und am Text untersuchen, was daran der »perfekten Subjekt-Objekt-Beziehung« zum Substrat dienen könnte, dann treffen wir auf das, was im folgenden ›unspezifische Genauigkeit‹ genannt ist.

II. Die ›unspezifische Genauigkeit‹ als Merkmal der Lyrik

Es geht hier um den Versuch einer Bestimmung dessen, was Mallarmé das »magische Wort‹ nannte. Nicht, um es zu entzaubern. Nicht, um es zu synthetisieren. Aber um die Bedingungen, unter denen es lebt, genauer kennenzulernen, um

---

40 In der abstrakteren Sprache von Lukács (*Die Subjekt-Objekt-Beziehung in der Ästhetik*, Logos, VII, 1917/18, S. 33) heißt das: »Diese Einheit ist jedoch nur die einer vollendeten Subjekt-Objekt-Beziehung, nicht die der transzendenten Identität selbst.«

zumindest der Mechanik des Unerklärbaren soweit wie möglich nachzuspüren. Auch, um es ›einladen‹ zu können, wenn man erst weiß, wie es lebt. Das ›magische Wort‹ ist ja nur ein anderer Name für das Undefinierbare. Worin aber besteht diese ›Magie‹, was macht dies Wort atmen? Was hält das atmende Wort lebendig, über Zeit und Raum hinweg? Am Leben hält es, virulent hält es, stellte ich fest, die ›Reserve an Ungesagtem‹, die in jedem Gedicht ist, die immer – aber immer anders – mitgehört wird[41]. Dies macht die eigentliche Lebensfähigkeit des Gedichts aus.

Diese Erkenntnis erlaubt uns also eine erste Aussage über die Lebensbedingung des ›lebendigen Worts‹. Sie verlegt die Frage jedoch nur um ein Weniges zurück, falls nicht geklärt werden kann, worin diese ›Reserve‹ besteht und inwieweit sie im Handwerklichen überprüfbar und sogar herstellbar wäre. Es läßt sich nun nachweisen, daß die ›Reserve an Ungesagtem‹ an Umfang zunimmt, je mehr der Lyriker abzielt auf das, was ich die unspezifische Genauigkeit nennen möchte, im Gegensatz zur spezifischen Genauigkeit des Wissenschaftlers.

Die spezifische Genauigkeit beschreibt, analysiert, subsumiert den Einzelfall, bis in jede Verästelung des Besonderen hinein. Immer feinere Unterscheidungen macht sie im Verlauf der Spezialisierung, damit für jeden Einzelfall das rechte Kästchen da sei, in das er sich wegordnen lasse: der wohlpräparierte Leichnam der Wirklichkeit, dieser Scheintote, der immer wieder aufsteht, immer neu erschlagen und mit einer neuen Aufschrift versehen werden muß. Dies ist das Dilemma des Wissenschaftlers: daß die Wirklichkeit ungehorsam ist und daß jeder Einzelfall sofort eine Sippe von neuen Einzelfällen an sich zieht, als Mitglied dieser Sippe

41 Vgl. hierzu ÜBER DAS INTERPRETIEREN, DAS WACHSTUM DER TEXTE – DIE UNAUSSCHÖPFBARKEIT DES LYRISCHEN TEXTS und passim. – Ebenso über das unbenannte ›Mehr‹, das die Sprache des Gedichts mit sich bringt (insbesondere in HORIZONTE UND VERTIKALE BEDEUTUNGSSTRATA).

vielleicht überhaupt verkehrt bestattet war, im falschen Familiengrab. Die spezifische Genauigkeit ist hinter dem Einzelfall her mit immer neuen Etiketten.

Großartig ist diese Auseinandersetzung des Wissenschaftlers mit der Wirklichkeit und alles andere als ein Vexierspiel: Rebellisch wie sie auch sei, die Wirklichkeit entkommt ihm nicht ganz, sie läßt ein gut Teil Haut und Haar in seinen Händen, bei jeder neuen Begegnung. Diese Trophäen akkumulieren sich, die Erkenntnischancen vermehrend, so daß die Wissenschaftler trotz allem von einem ›Fortschritt‹ reden dürfen. Die immer raschere Abfolge der Begegnungen, die mit ihr wachsende Skepsis über die Unzulänglichkeit unseres Wissens dem Ganzen gegenüber, der Wißbarkeit als solcher, ist begleitet von einem spürbar beschleunigten Rhythmus des Fortschritts in den Einzelwissenschaften dank der immer spezifischer und spezifischer werdenden Genauigkeit.

Der Lyriker geht den umgekehrten Weg. Seine Beziehung zur Wirklichkeit ist eine grundsätzlich andere. Er will sie nicht beherrschen oder ›wegordnen‹. Nichts entsetzt ihn mehr, als daß er die Wirklichkeit, hinter der doch auch er her ist, aufspießen und somit erstechen könne: daß er sie töten könne, mit seinem Wort. Im Gegenteil, er will das Lebendige in seiner ganzen Lebendigkeit, das Vielgestalte in seiner Vielgestalt. Vielleicht ließe sich sagen, daß er im Innern, auf der Innenseite der Wirklichkeit ist, sozusagen als Teil auf das Ganze Jagd macht. Jagd auf das, was sie leben macht. Seine Wirklichkeit – die ›zweite Wirklichkeit‹, die, die er schafft – soll in Erscheinung treten: potenzierte Realität, lebendiger, ›wirklicher‹ als die wirkliche. Sein ›Benennen‹ gibt den Dingen einen Atem, den ihnen das Leben gerade versagt. Mehr Atem, als er selber hat. Mehr Atem, als der Einzelfall haben kann.

Dazu bedient sich der Lyriker der unspezifischen Genauigkeit, die heute zum immer Unspezifischeren hin unterwegs scheint, in einer Art Gegenbewegung, einem Korrelat zum Spezialisierungsprozeß des den Wissenschaften überantworteten Lebensbereichs. Auf keinen Fall darf die ›unspezifische Genauigkeit‹ mit ›Ungenauigkeit‹ verwechselt werden, von Laien manchmal als ›Merkmal der Lyrik‹ bezeichnet, als ob Kunst, die ja beispielhaft zu sein hat, je ungenau sein könne.

Gleichgültig jedoch, wie sehr dem Künstler, dem Lyriker die Epiphanie seiner Wirklichkeit gelinge, er akkumuliert nichts. Die Erscheinung fügt der Erscheinung nichts hinzu, die Gegenwärtigkeit nichts der Gegenwärtigkeit. Lyrik wird nicht besser, sie modifiziert sich nur. Das Bewußtsein, das Können, nicht die Kunst schreitet fort. Die Werkzeuge werden schärfer und schärfer, von Generation zu Generation, die Optik erbarmungsloser, die Aporien verzweifelter. Der Vorgang bleibt der gleiche. Es ist ein Gang, der in jedem Augenblick neu versucht werden muß, als sei es das erste Mal. Also naiv. Und doch in voller Kenntnis aller Wege, die der Geist bereits gegangen ist. Also eingeweiht und durchaus nicht naiv. (Diese Verbindung von Naivität, der Fähigkeit zum δαυμαζειν, zum Staunen, und von Wissen, dies Zusammenspiel einer Rechten und einer Linken, die eigentlich nicht an den gleichen Körper gehören, scheint eine Bedingung des Schöpferischen[42].) Wir gehen in einer Spirale, wir hinterlassen eine Spur unseres Hiergewesenseins. Des Hiergewesenseins unserer Generation, in der ganz persönlichen Brechung unserer Einmaligkeit. Diese Spur, je nach der Drehung des Wegs, wird sichtbar oder scheint fast gelöscht, aber sie ist da. Sie bildet die Erinnerung, das Kontinuum der Menschheit, die sich dank ihrer wiedererkennen kann.

In der Malerei glaubt man, cum grano salis, festzustellen, daß die Farbwerte heller und heller werden. Vielleicht ließe sich von der Lyrik vorsichtig sagen, daß sie transparenter und

---

42   Über die ›Paradoxien des Schöpferischen‹ siehe auch S. 153 ff.; der Gedichtstruktur, vgl. ÜBER DAS INTERPRETIEREN, STRUKTURPARADOXIEN; über das Lebensparadox des Lyrikers, WORT- UND BILDWAHL, S. 160; über das Lebensparadox des Exildichters im besonderen, OFFENER BRIEF AN NELLY SACHS, a. a. O., S. 159.

entmaterialisierter wird, immer mehr Ballast abwirft. Es wäre
dies ein modus, kein Fortschritt im Sinne eines qualitativen
Gewinns wie bei der Wissenschaft: nichts als ein gemäßer,
eben unser Dreh auf der großen Spirale. Unsere Art, die ›unspezifische Genauigkeit‹ anzuwenden, was nur auf das bereits
Gesagte hinausläuft: daß eine Tendenz zum ›Unspezifischeren‹ zu bemerken ist.

Die ›unspezifische Genauigkeit‹ sucht im Sonderfall den
Kern, den exakten, haarscharf zu treffenden Punkt, um den –
in der Art konzentrischer oder fast konzentrischer Kreise –
entsprechende multiforme Einzelfälle anzuschießen geeignet
sind. Die Peripherie, also die spezifische Modalität des Falles,
sein Einmaliges und Zufälliges, ist nur mitgewußt. Gezielt
wird auf das Zentrum. Daher wird diese ›unspezifische Genauigkeit‹ um so genauer, um so treffender sein müssen, je
weiter sie sich entfernt vom Zufälligen, also je unspezifi-
scher sie ist. Lyrik lebt daher vom Vergessen, wie Prosa vom
Erinnern lebt: Sie lebt von der Essenz statt vom Detail.

Dem steht nicht im Wege – obwohl es zunächst als Widerspruch erscheinen könnte –, daß wir häufig nur einen Teil
der Erscheinung ins Blickfeld rücken, pars pro toto, und absolut setzen, und zwar so, daß er die Funktion des Ganzen übernimmt. Ähnlich wie man heute oft den Stil eines Malers an
einem Bildausschnitt demonstriert, ganz einfach, weil der
Ausschnitt ungewohnter, weniger ›abgesehen‹ und daher
frappierender ist. So wird z. B. in der Lyrik die Hand oder der
Fuß absolut gesetzt, für den greifenden oder gehenden Menschen, als existiere dieser Körperteil für sich alleine und halte
die Beziehung des Menschen zur Umwelt von sich aus auf-
recht. Dies könnte, in eine ›falsche Bezugsreihe‹ gesetzt, einen
komischen Effekt auslösen (»Es war ein Knie, sonst nichts«,
Morgenstern). Die Verabsolutierung wird aber gerade nicht
Ausgangspunkt einer neuen unabhängigen Bezugsreihe, vielmehr wird mittels ihrer die natürliche und alltägliche Funktion des Ganzen nur um so drastischer deutlich gemacht, es
wird ins Zentrum eben dieser Funktion, des Gehens oder des

Greifens als solchem gezielt. – Ganz ebenso kann der Zufall in seiner Zufälligkeit der Erfahrungskern sein. Auf jeden Fall rückt die Tiefe, das Zentrum, nach außen, wird selbst Erscheinung.

Technisch gesehen ist Lyrik in gewissem Grade ein quid pro quo: Das Eine wird durch das Andere gesagt oder kann doch durch das Andere gesagt werden. Immer ist mehr gemeint als gesagt ist. Je mehr der Lyriker sein Ohr schärft für das, was im Wort mit angeschlagen, aber nicht ausgesprochen ist, für den Schwingungskreis jedes Worts, seinen Atemspielraum, je mehr er es freiläßt zu vibrieren, indem er nur antippt, das heißt, je weniger er das Wort einengt und festlegt durch Adjektive und Adverbien – außer wo die Modalität als solche ihm unabdingbar wichtig ist, also nicht ins Zufällige gehört –, um so mehr Atem läßt er ihm: um so mehr Möglichkeit, die potentiellen Realitäten, und damit alle anschießenden Zufälle, anzusaugen, die es auf seinem Weg durch Raum und Zeit trifft und die vom Lyriker selbst nicht vorhergesehen und mitgemeint sein konnten. Was als Höhepunkt des Artificiums galt, als Charakteristikum der ›Enthumanisierung‹[43], daß ›statt der Sache das Modell‹ steht, daß der Zufall ›weggeröntgt‹ ist, gerade das erweist sich, wenn man es nur weit genug treibt, nicht als ein Ausschluß, vielmehr als die freieste Einladung an das Menschliche, an das Flüchtige und Wechselnde, an den Zufall in seiner Einmaligkeit, er komme und gehe wie er wolle.

Insofern also ist die vom Lyriker geschaffene ›zweite Wirklichkeit‹ in der Tat ›wirklicher‹ und stärker als die angetroffene: nicht doppelt so stark, sondern vielfach, unbestimmbar stärker. Sie schließt den Sonderfall in sich, ist aber ex natura nicht rückführbar, weil das Weitere auf das Engere nicht rückführbar ist.

Eine Tugend machen aus der Unvollendbarkeit des Worts,

---

43 Ortega, a.a.O., und Friedrich, *Struktur*, passim.

ihm sein mitgeborenes ›Nichtwort‹, seine unbeleuchtete Seite, die ihm doch mit keiner Anstrengung ganz zu nehmen wäre, bewußt zuzugestehen: nicht auspacken, nicht aufzählen, erklären, beschreiben, was das Wort bereits deckt – insofern es nur das dem Erfahrungskern genau entsprechende Wort ist –, gibt dem Gedicht Virulenz. Man könnte sagen, daß wir uns auf diese Weise einem archaischen Zustand anzunähern trachten, wo Ja und Nein, Wort und Gegenwort noch nicht geschieden sind, wo die Erscheinung noch schillert.

Diese Hinwendung zu einer neuen Archaik, die auf dem Gipfel der Individualisierung durch die äußerste Reduktion, diesmal bewußt, zur künstlerischen Praxis gemacht wird, hat die zeitgenössische Lyrik gemein mit der bildenden Kunst (wie auch mit der Akzentverschiebung unseres Kunstgeschmacks vom Klassischen zum Archaischen, und nicht einmal zu den spezifischen Ursprüngen europäischer Kunst, zu den frühen Griechen oder den Etruskern, sondern zu einer Archaik als solcher, gleichgültig welcher Kulturen). Und aller Archaik – mehr als späteren Kunststufen – haftet ja auch etwas global Gemeinsames, im Menschlichen Geschwisterliches an, das sich a posteriori mit der Universalität moderner Kunst, wenn nicht vergleichen, so doch in einem Atem nennen läßt. Wobei der große Kreis doch keineswegs ausgegangen ist, der ja auch nur in der Perspektive ein Kreis, de facto eine offene Spirale und somit ›unausgehbar‹ ist: Denn bei aller scheinbaren Übereinstimmung zwischen unserer ›Archaik‹ und den ursprünglich noch archaischen Stufen scheinen diese keinen Abkürzungsweg zu sich selbst als einem ›Ziel‹ zu haben, sondern schicken sich an, uns nachzusteigen, auf dem Wege der Individualisierung, während wir zu ihnen als ›Angekommenen‹ hinübersehen. Der Bewußtwerdungsprozeß, der zwischen uns liegt, scheint eine conditio sine qua non zu sein, von der nicht dispensiert wird.

Daß wir heute so empfindlich sind für das Gegengesicht hinter jedem Gesicht, läßt uns von der Gegenwärtigkeit, die wir schaffen, eben dies Schillern auf Auf-der-Kippe-Sein erwarten, das ich, der Fragwürdigkeit der Terminologie bewußt, als Hinwendung zu einer neuen Archaik bezeichnete. Mit feinsten Methoden eliminieren wir die Spuren des Eindeutigen, des Festlegbaren, um des Irisierenden und des Schwebenden willen, gelangen auf diesem Umweg zu einer zweiten – höchst komplexen – Einfachheit.

Je mehr wir jedoch die Peripherie der Modalität verlassen, je enger wir uns zum ›Erfahrungskern‹ halten, um so größer wird das Risiko, uns im schon Gesagten zu annullieren: sozusagen uns dem Urmodell zu nähern, wo der Punkt in den Punkt trifft und Kunst sich selbst aufhebt. Diese Gefahr ist letztlich jedoch eine theoretische, denn wir bringen viel zuviel mit, ein Jahrtausende altes Gepäck, unser Bewußtsein. Wir sind, was wir sind: eine einmalige, unwiederholbare Konstellation des Ewigen, des Persönlichen und des Historischen. Daher ist es ganz unnötig, die Flucht zu ergreifen und den eigenen künstlerischen Impuls zu kastrieren, aus der zwiefachen Angst vor dem Rückfall ins Urmodell oder vor der Rückführbarkeit auf den Einzelfall[44].

Daß die Urmodelle, die großen Erfahrungsmuster, letztlich dieselben Grundmuster sind, wie sehr die Menschheit auch herumgewirbelt wird in dem großen Kaleidoskop der Erinnerungen und der Formen – während die Vielfalt, die Einmaligkeit jeder Erscheinung vorhanden ist, gleichnishaft, schon in dem Muster unserer Fingerspitzen, mit denen wir die Welt berühren und ihr, sichtbar oder nicht, das Zeichen unseres Hierseins aufdrücken –, das bekommen wir vorgeführt wie niemand je, heute, wo die Kunst aller Zeiten und aller Länder an uns wie auf einem Fließband vorbeizieht, und wir im Fernsten und Fremdesten, uns pêle-mêle Vorgesetzten[45], die

---

44 Daß diese Ängste nicht so sehr zu einem fruchtbaren Experimentieren, sondern vielmehr in eine Sackgasse geführt haben, ist seit spätestens 1964 offenbar.
45 Siehe LITERARISCHE MEINUNGSBILDUNG, WERTEN UND ›GEBRAUCHEN‹ VON KUNST, S. 94, Anm. 50, und S. 96ff.

Muster wiedererkennen, die, nicht so, aber doch, die Muster auch unseres Lebens sind.

Es ist, als schliffen sich gleichsam die Zufälligkeiten des Spezifischen in diesem nicht ruhenden Mahlstrom gegenseitig ab und als würde unter den Kanten jedes Heute das große Immer deutlich. Gerade der Zweifel oder auch die Verzweiflung, in die uns die vielen Ausweglosigkeiten unserer Wirklichkeit stürzen: die sozialen, die politischen, die des künstlerischen Schaffens, gerade unsere exasperierte Hilflosigkeit angesichts der Automatismen der Entwicklung wirft uns zurück auf diese letzten und invariablen – wenn auch akut gefährdeten[46] – menschlichen Ressourcen, den Vorrat an Grunderfahrungen. Sie leuchten auf am Horizont, eine ultima ratio und eine äußerste Zuflucht. So gelingt es vielleicht einer hypersensibilisierten Minorität, den Schwall der zeit- und raumentbundenen Gestaltungen in eine Art Magnetfeld außerhistorischer Erfahrungsmodelle neu zu ordnen, und also aus dem Aufeinandertreffen so vieler Negativa einen letzten positiven Impuls herauszukristallisieren.

Vielleicht haben wir hier nicht nur eine der Ursachen, sondern gleichzeitig auch das vor uns hin projizierbare Wegziel der neuen (letzthin so spürbaren) Reduktionen, wie auch der neuen und gemeinsamen Besinnung auf das sogenannte, lange verpönte ›Menschliche‹: auf der Spitze der Diversifizierung vielleicht doch noch eine alles in sich bergende – aus Höchstkomplikationen sich destillierende, weltweit assimilierbare – neue Archaik, eine alle Erinnerung im Kern vereinigende Gestaltungsweise aller auf Kunst ansprechbaren Menschen. Am Ende der Historie, noch einmal, das Gemeinsame ihres Anfangs. Dies ›Gemeinsame‹ war ja nie uniform, der Anfang bestand aus vielen Anfängen, vollzog sich schichtenweise. Und die uns ›Nachsteigenden‹, auf der Spirale der

---

46 Über die Gefährdung der Grundmuster und der Basis der Kunst überhaupt, vgl. WOZU LYRIK HEUTE, S. 23 ff., PRINZIPIEN DER WORT- UND BILDWAHL, S. 162 ff. und SCHWEIGEGRENZE, S. 166 f.

Bewußtwerdung, werden diesen Weg ja weit schneller als wir zurücklegen und uns irgendwann einholen.

Doch der Turm zu Babel? Aus all diesem Leid? Wir scheinen unterwegs zu ihm. Über alle Unmöglichkeiten hinweg, die wir uns selber geschaffen haben. Unser Scheitern, falls wir scheitern, wäre totaler als das Verstreutwerden in alle Winde.

Exkurs über die ›dünne Linie‹ zwischen Lyrik und Prosa[47]

Die *Alltagssprache*, in der das Gedicht scheinbar ›prosaisch‹ daherkommt, trügt. Jedes Wort hat Bewegung, wie in einem Kugelgelenk, nach allen Seiten. Und mehr als in einem Kugelgelenk, insofern ja keines da ist. Es ist suspendiert, aber nichts suspendiert es. Der Aggregatzustand ist in prekärer Balance: Solides auf dem Punkt des Evaporierens, sich sofort wieder kondensierend. Es dehnt oder kontrahiert sich nach ihm eigenen Gesetzen.

Das Wort im lebendigen Gedicht ist also keine »Leiche« (Celan, das Valérysche Dilemma kraß entscheidend)[48]. Eben nicht. Allenfalls scheintot, für eine Weile. Etwas Aufgeladenes, Potenziertes (so auch Benn, Pound u. a.). Etwas Verwandeltes und Verwandelndes. Nichts Summiertes oder Deduziertes. Ein Gedicht kann nicht durch einfaches ›Ergänzen‹

---

47 Anknüpfend an die scheinbare Annäherung der genera (sehr früh und nicht zufällig schon von Virginia Woolf festgestellt) ist hier die Definition dessen, was sie trennt, versucht. Auf Fragen des Rhythmus etc. ist hier nicht eingegangen. Ebensowenig auf die Frage, ob der Lyriker ohne weiteres auch ein Meister der Prosa sein müsse, wie z. B. Eliot und Sartre behaupten. Eliot erklärt hierzu, »kein Dichter könne ein Gedicht größeren Umfangs schreiben, falls er nicht ein Meister der Prosa sei«, da das lange Gedicht notwendigerweise Partien geringerer Spannung enthalte, in denen das prosaische Element sich stärker fühlbar mache. Rein historisch scheint kein Lyriker von Rang bekannt, der als Prosaist ein Pfuscher gewesen wäre.

48 Das Dilemma von Valéry lautet: »Das Nichtgesagte existiert nicht. Das Gesagte ist tot.« Fast im gleichen Sinne Goethe: »Spricht die Seele, so spricht, ach! schon die Seele nicht mehr.«

oder ›Erweitern‹ des Texts zur Prosa werden, es sträubt sich im Maße seiner Spannungen gegen jede Einschränkung ins Einlinige, Eindeutige[49]. Das Gedicht ist eben nicht einfach ›Verkürzung‹, ›Stenogramm‹. Weit tauglicher wäre schon die Metapher der Verengung. »Das All in mir verengt« (Wilhelm Lehmann).

Wenn also ein Gedicht, entgegen dem Anschein, keine Affinität zu Prosa hat, auch wenn es hinzustreben scheint, unterwegs ist weg von ihr, so kann umgekehrt Prosa, besonders die des Lyrikers, Affinität zum Gedicht haben, steht oft auf der Grenze. Die Worte haben Luft um sich und können also Sprünge machen. Durch Subtraktion wird aber Prosa, selbst die des Lyrikers, nicht zum Gedicht, sowenig wie Lyrik, durch Addition, zur Prosa. Bei aller Annäherung der genera unterscheidet sie die haarfeine Linie, hinter der beginnt, was Musil den »andern Zustand« nannte. (All dies hat nichts damit zu tun, daß Gedichte einen ›epischen‹ oder dramatischen Fond haben. Wir reden hier auf einer anderen Ebene.) Auf die Definition dieser Demarkationslinie müssen wir wohl grundsätzlich verzichten: Der ›andere Zustand‹ ist eben ex definitione unmeßbar und undefinierbar. Wir nannten dies X: die Unbekannte, die wir in jede rationale Erwägung einbeziehen, und die mit dem Begriff Zufall, der ja seinerseits eine keineswegs verächtliche Rolle spielt, nicht umschrieben ist. Ob das Unerklärbare als ärgerlicher ›Rest‹ empfunden wird oder ob man sich dankbar davor verneigt (es gibt Mittelpositionen zwischen beidem), das liegt beim Einzelnen. Die Lyriker aller Zeiten aber haben wohl das erstere getan, und es spricht viel dafür, daß sie es tun werden, solange es Lyrik gibt.

---

49 Siehe Benses diesbezüglichen Vorschlag, der allerdings nur für seinen Text Geltung beansprucht. In: Domin, *Doppelinterpretationen*, S. 303 und 306.

Lyriktheorie Interpretation Wertung
Eine Abgrenzung handwerklicher Zuständigkeiten

Ich möchte, was ich hier zu tun versuche, abgrenzen gegen das, was ein Literaturwissenschaftler tut. Ich bin ein Lyriker und rede als Lyriker über Lyrik: in andern Worten, ich spreche von meinem Handwerk. Ganz wie ein Chirurg, der ein Handbuch der Chirurgie verfaßt, kein bißchen anders rede ich von einem Handwerk, das ich selber ausübe, in dem ich also Fachmann bin. Das heißt, ich ziehe Folgerungen und Regeln aus der eigenen Praxis.

Das ›Handwerk‹ des Lyrikers natürlich, wie das eines jeden Künstlers, ist ein ›Handwerk‹ besonderer Art, wenn auch ein sehr genaues und heikles: eine Grenzbeschäftigung, an der Grenze zu den ›schwarzen‹, zu den unsoliden Künsten. Aber das sind ja wohl alle ›höheren‹ Handwerke ein wenig – für den Nichteingeweihten. »Dichten ist dasselbe wie Radium gewinnen. / Arbeit ein Jahr, Ausbeute ein Gramm«, definiert ein so vehementer Dichter wie Majakovskij diesen Beruf, das »strahlkräftige Wort« dem »Urelement« gleichsetzend (*Gespräch mit einem Steuerinspektor über die Dichtkunst*), Chemie und Alchimie gehen hier fast ineinander über.

Was der Lyriker über Lyrik sagt, fußt auf einem Rechenschaftsbericht über das Schreiben. Die Strukturierung des Gedichts, die Gesetze seiner Möglichkeiten, das ist für ihn eine Lebensfrage, ein m e a r e s a g i t u r. Für den Gelehrten, und sei er noch so leidenschaftlich an Dichtung interessiert, ist es eine Wissensfrage. ›Amateur‹ ist keiner von beiden. Beide sind Fachleute – in etwas Verschiedenem. Es ist wichtig, hier von vornherein Klarheit zu schaffen. Auch, weil der Dichter nicht recht voll genommen wird, zumindest in Deutschland. In Frankreich und den angelsächsischen Ländern besteht eine andere Tradition. Bei uns geht man mit dem

Dichter um fast wie mit einer Frau. Man ist bereit, ihn zu bewundern, man quittiert mit Staunen und Herablassung, wenn er etwas Gescheites sagt, und dann kehrt man über diese Parenthese hinweg zum ›Fachgespräch‹ zurück: das ist zu dem, was der Fachgelehrte oder Reihen von Fachgelehrten aus dem Werk und sonstigen Nachlaß der zuverlässig toten, also nicht mehr mitredenden Dichter herausanalysiert haben, eben zu den ›Präparaten‹, die den Lehrgegenstand der literarwissenschaftlichen Disziplinen ausmachen und ohne den sie gegenstandslos wären.

Nun unterscheidet sich, was der Lyriker sagt, und was der Wissenschaftler sagt, nicht etwa prinzipiell durch eine größere ›Wissenschaftlichkeit‹, eine genauer gefügte Beweiskette oder größere Schlüssigkeit des Einen oder des Andern. Beide bewegen sich ja in gleicher Weise auf dem Gebiete der Abstraktion, also logischer Denkprozesse, die entweder logisch zwingend und also wissenschaftlich sind oder Denkfehler haben. Sondern einzig und allein durch die Verschiedenartigkeit der Beziehung zu dem Untersuchungsobjekt. Dieses ist auch nur scheinbar dasselbe. In Wahrheit beschäftigen sich beide ja mit etwas Verschiedenem. Und aus verschiedenen Gründen. Beim Lyriker handelt es sich auf jeden Fall um eine Begegnung mit der Wirklichkeit. Also um eine Erfahrung erster Ordnung, sei es, daß er diese Begegnung in ein Gedicht ›umsetzt‹, sei es, daß er die Gesetze, unter denen die Verwandlung der Wirklichkeit in ein Gedicht vor sich geht, eben die Gesetze des Schreibens, untersucht. Werktheorie und Werk gehören daher zusammen, sind nur zwei Aspekte ein und derselben Sache.

Dabei ist das Aufstellen der Werktheorie zweifellos bereits etwas Reflektierteres als das Schreiben des Gedichts. Die Komponente des Spontanen fehlt, die Schöpfung ist eine rein gedankliche. Trotzdem sind es parallele Tätigkeiten, insofern in beiden Fällen eine Erfahrung erster Hand gegeben ist: Der Lyriker sieht seiner eigenen Begegnung mit der Wirklichkeit zu und versucht festzustellen, wie dabei verfahren wird. Er sieht also die Begegnung mit der Wirklichkeit als einen Vorgang, an dem er selber teilhat, er, der Schreibende, auf der einen Seite, die Wirklichkeit auf der andern: diese einmalige Wirklichkeitskonstellation des Schaffensmoments, die eine sehr komplexe und variable ist, jeweils alle Wirklichkeitserfahrungen umfassend, die gerade durch einen Katalysator mobilisiert und miteinander verbunden werden, als habe eine Geisteruhr geschlagen. Dies ist ein vielschichtiger Assoziationsprozeß, durch keinerlei Dritten auf dem Wege einer Analyse herstellbar. Die Gesetze der Verwandlung dieses lebendigen, höchst variablen Wirklichkeitskomplexes (aus Gegenwärtigem und Vergangenem, Eigenem und Fremdem, Angeeignetem, Erfahrenem, Gefürchtetem, Erhofftem, Vergessenem und Geträumtem) in ein ›Erfahrungsmodell‹, eben in das Gedicht, das sind die Gesetze des Schreibens, die der Lyriker als ›Fachmann‹ im sokratischen Sinne untersucht. Das heißt, er gibt sich Rechenschaft über das Machen, um etwas über das Machen, also über sein Handwerk zu lernen. Und zugleich über das, was jenseits des Machens liegt: Davon will er zumindest wissen, wie es tickt und wie er als Handwerker sich dazu verhält.

Der Wissenschaftler hat einen anderen Gegenstand vor sich: das fertige Kunstwerk, vielleicht auch Vorformen, erste Fassungen, aus denen er Rückschlüsse ziehen kann. Die ›Wirklichkeit der Erfahrung‹, die dem Gedicht zugrunde liegt, rekonstruiert er, das heißt, erfährt er mittelbar, soweit ihm der Autor dafür Daten an die Hand gibt, in der Gestalt von bereits formulierten Erfahrungssplittern, Briefen, Tagebüchern, Skizzen. Immer bleibt er, als Gelehrter, in der Sphäre abgeleiteter Erfahrung, also innerhalb der Erkenntnis über bereits Gestaltetes. Anders wird es sofort, wenn er das Kunstwerk ›benützt‹. Und im günstigsten Falle wird er das irgendwann, sei es vor oder nach der Analyse, auch tun. Denn der Wissenschaftler hat sich ja deswegen die Literatur als Arbeitsfeld gewählt, weil er als Mensch eine Affinität zu ihr hat: Weil er, zumindest ursprünglich, ein Leser ist, hat er aus dem

Lesen einen Beruf gemacht, wie der Schreibende aus dem Schreiben einen macht. Soweit der Gelehrte dem Gedicht also nicht als Gelehrter gegenübertritt, der es als Erkenntnisquelle ansieht, sondern soweit er es seiner Bestimmung zuführt, ist es für ihn Durchgang zu einer neuen Wirklichkeit. Aus einem Zusammenstoß mit Wirklichkeit entstanden, ist es potentiell für ihn Anlaß, der Wirklichkeit zu begegnen: seiner eigenen, ebenfalls einmaligen, die sich mit der ursprünglichen, der des Autors, nur insoweit deckt, als das Gedicht ja Modellcharakter hat. Hierin nun, als Benutzer des Gedichts, als Leser, stellt sich der Gelehrte auf eine Stufe mit dem Autor als Dichter. In diesem Falle handelt es sich, sowohl beim Schreiben wie beim Lesen, um einen bipolaren, ratio und Emotion zugleich verpflichteten Vorgang[1]. Soweit daher ersthändige Erfahrung, das ist bipolare Erfahrung, vermittelt wird, ist es letztlich immer die eigene. Als Wissensmaterial, in Hinsicht auf den Autor und auf das Schreiben ist es notwendigerweise eine Erfahrung ü b e r eine (bereits fixierte) Erfahrung.

Diese abstrakte Unterscheidung hat nichts damit zu tun, daß in der Praxis der Personalunion von Gelehrtem und Leser beide Tätigkeiten, die der ›Behandlung‹ des Gedichts und die seiner ›Benutzung‹, sich nur bedingt trennen lassen und immer neue Spielarten ergeben, je nachdem wie das Pendel in dem Spielraum zwischen der Wirklichkeit des Lesenden und dem vorgeformten Text sich auspendelt[2]. Im Gegensatz zu

1 Siehe hierzu ÜBER DAS INTERPRETIEREN, S. 205 ff.
2 Gerade bei Zeitgenössischem mag diese Balance sich von Fall zu Fall heikel gestalten, weil die Leitbilder der tradierten Leseergebnisse nicht bereits mit dem Wissensmaterial mit angeliefert werden und daher vom Gelehrten als ›Leser‹ ein höherer Einsatz verlangt wird. Das dürfte es wohl sein, was vom Fachgelehrten – der durch die Verbindung von Wissenschaftlichkeit, also von tradiertem und geordnetem Material, und einer praktisch prägarantierten Lesefreude verwöhnt ist – subjektiv als ›besondere Schwierigkeit‹ des heutigen Gedichts erlebt wird. – Daß z. B. Rilkes Spätwerk, *Elegien* und *Sonette*, in Fachkreisen ohne weiteres als les- und entschlüsselbar gilt, Celan und Bachmann aber (oder Éluard und Ungaretti) als schwierig oder unenträtselbar, wie man auf Befragen erfährt, das liegt ganz offenbar an einer Gehemmtheit des Lesers und nicht am Text. – Vgl. hierzu ergänzend LITERARISCHE MEINUNGSBILDUNG, passim, insbesondere S. 66 ff., Anm. 21.

184

dem Schwingungsraum zwischen der Wirklichkeit des Schreibenden und dem zu schreibenden Gedicht, in dem der Lyriktheoretiker sich bewegt und der nicht nur in der Abstraktion, sondern auch in der Praxis, als Sphäre der Erfahrung, ein deutlich davon unterschiedener ist.

Um es ganz klarzumachen: Der Lyriker, Fachmann, was die Gesetze des ›Schreibens‹ und dementsprechend auch die der Struktur des Gedichts, des Funktionierens des Gedichts angeht, ist im Verhältnis zu der bereits fixierten Erfahrung, also zu dem einzelnen Gedicht, nur hinsichtlich seines Werkcharakters zuständig. Im ganzen aber ist er durchaus nicht in einer Vorzugsstellung: und zwar weder für das Verständnis noch für die Wertung[3] des Gedichts. Im Gegenteil, die überaus heikle Nähe/Ferne-Beziehung zum eigenen Text kann (muß nicht) ihn in ganz spezifische Schwierigkeiten bringen und ist geeignet, den unbezweifelbaren Vorzug seiner spezifischen Erkenntnischance wettzumachen. Jeder Leser von Rang darf daher hier die gleiche (und wo es sich um das eigene Gedicht des Autors handelt, unter Umständen sogar eine höhere) Autorität in Anspruch nehmen[4].

Was der Lyriker seiner Arbeitserfahrung abgewinnt, ist ganz dem eigenen Schaffen zugewandt. Indem er Auskunft gibt darüber, wie das Gedicht dem ›Rohstoff‹, also der Wirklichkeit und der Sprache, abgewonnen wird und wie das Gedicht strukturiert ist, gibt er nicht nur Auskunft über das Phänomen ›des‹ Gedichts, sondern zugleich auch über sein Gedicht. Die eigene Erfahrung wird ihm zum Beispiel, muß ihm zum Beispiel werden. Nicht jeder Lyriker ist an dieser Art Rechenschaftsbericht interessiert, nicht jeder hat eine Neigung

3 Siehe ÜBER DAS INTERPRETIEREN, S. 218 ff.
4 Die sich im Anschluß an Ezra Pounds gleichfalls ›sokratischen‹ Vergleich des Dichters mit dem Hersteller (und also Kenner) des Autors *(ABC of reading)* ergebende Debatte rührt sowohl von der unglücklichen Wahl der Metapher, die sich nicht auf die Variablen des Vorgangs, also auf Spannungsverhältnisse, sondern auf das Endprodukt bezieht, wie auch von dem kaum vertretbaren Anspruch, daß der Autor in Personalunion alleinzuständiger Richter und Ausleger des Gedichts zu sein habe.

zur Abstraktion. Sogar relativ wenige. Lyriker von hohem
Rang hatten sie nicht. Andererseits haben Lyriker von hohem
Rang sie gehabt. Die Lyriktheorie dieses Jahrhunderts, alle
Neuformulierungen sind den Lyrikern selbst verdankt. Jeder,
der hier spricht und der es unternimmt, die Theorie up to
date zu bringen, auf die Zehenspitzen des ›Heute‹, spricht
nicht nur für sich, das wäre als Erkenntnis gleichgültig, sondern er ist Punkt in einer Entwicklung, Teil eines Ganzen[5].
Jeder ist immer (nur) Stellvertreter, auch hier. Er hat, was ›die
Andern‹, das ist, die Zeitgenossen und die unmittelbaren Vor-
gänger, ›tun‹, also die fremde Praxis, und auch, was sie über
ihr Tun ›gesagt‹ haben, also ihre Arbeitsmaximen, intus: Er
hat dies so intus, wie die Schlange das Kaninchen gefressen
hat und es sich einverleibt. Er macht es sich zu eigen und ver-
wandelt es in etwas anderes. Neues. Ganz wie er es zuvor
schon in seinem Werk getan hat, natürlich[6]. (Ich spreche hier
nur ein wenig vorwitzig aus, was sich von selbst versteht und
was jeder Künstler tut, wenn er kein Provinzler ist. Der Theoretiker, als ein besonders Neugieriger, natürlich mehr noch
als die andern. Denn er ist leidenschaftlich neugierig, zu wissen, wie zustande kommt, was zustande kommt. Diese Leidenschaft ist es ja gerade, die ihn dazu treibt, den Gesetzen des

5 und 6   Deswegen sind auch Zitate, die z. B. in einem Buch wie diesem be-
nutzt werden, und sie werden ja benutzt, eigentlich mehr eine Sache des Ver-
gnügens: Man steckt den Weg ab, den man kommt, sichtbare Vergewisserung.
Man zeigt, daß man in Gesellschaft daherkommt. Im Prinzip könnte Wort für
Wort das Gleiche gesagt werden, ohne oder doch fast ohne Zitate.
   Zumindest vom Autor her. Für den Leser erfüllen die Zitate durchaus eine
Funktion, und zwar die der Kontrollmöglichkeit. Diese Art ›Vergewisserung‹
gibt ihm die Gewähr, daß er sich jederzeit auf dem Hauptweg der Entwicklung
befindet und nicht auf irgendeinem Seiten- oder Abweg, wo die Erkenntnis
nur noch eine partikuläre (private, absonderliche, eigenbrötlerische) und damit also eine gleichgültige wäre. So ist der Aufwand an Zitaten, unbescheiden,
wie er zunächst erscheinen mag, genau besehen ein Akt der Bescheidung,
denn der Autor, der aus der eigenen handwerklichen Praxis Gesetze über das
Schreiben abstrahiert, er, der ja ›nur ein Lebender‹ ist, gibt selber dem Leser
die Kontrolle an die Hand und macht die eigene Erfahrung auf Schritt und
Tritt nachprüfbar an der Autorität derer, die vor ihm gelebt haben. »Denn was
die Meister der Kunst zu beobachten für gut befinden, das sind die Regeln des
Handwerks« (Lessing).

Schaffens nachzuspüren. Man weiß, was die andern getan haben und was sie gerade versuchen, in der eigenen und in möglichst vielen Sprachen.) Was einer tut, enthält dies Wissen von dem, was sonst um ihn herum getan wird, ohne daß es sich daran, in einem vordergründigen oder meßbaren Sinne, orientiert. Die Kräftelinien, die sich dabei bilden, werden sehr viel später erst kenntlich: für den Literarhistoriker. Der Künstler selbst steht hier nicht vor einem fait accompli, er ist vielmehr unterwegs, es herzustellen, für ihn ist die Entscheidung eine zu schaffende, auch wenn sie implicite für ihn schon aussprechbar und benennbar ist. In diesem Sinne also gibt die Theorie des Lyrikers, sofern sie etwas taugt, Auskunft über die Praxis des Augenblicks, und zwar nicht des schon abgelaufenen, sondern des sich noch bildenden Augenblicks, der sich über sich hinaus projiziert, der sich bewegenden Spitze, wie sich ja auch unschwer an der Geschichte der lyrischen Theorien aufzeigen läßt: Sie sind immer Strukturanalyse und Forderung zugleich, wobei, in den meisten Fällen, das zweite Element überwiegt. Wenn es ganz überwiegt, sprechen wir weniger von einer Theorie als von einem ›Manifest‹. (Zumindest ist dies einer der Unterschiede, wenn auch nicht der ganze. Die Theorie, also die Phänomenologie des Gedichts ist erkenntnisträchtiger und daher langlebiger als das ad hoc proklamierte Manifest.)

Auf jeden Fall aber ist die Theorie nach vorwärts gewandt, interessiert an den Gesetzen der Möglichkeiten, sozusagen der Weg, der beim Gehen erst entsteht und über den der Gehende im Gehen berichtet, mit dem er eins ist.

Jeder Literarhistoriker muß mit Widerwillen lesen, was ich hier schreibe. Er verfährt ja genau umgekehrt. Das Kaninchen, dies Gestern, das mit Haut und Haar verspeist zu haben meine Sache ist, wenn ich überhaupt etwas zuwege bringen soll als Künstler, sei es nun ein Werk oder eine Werktheorie, das muß er gerade sauber herauspräparieren. Auch kann er sich nur auf das bereits Gewordene einlassen, auf die Gegenwart nur, wo sie an die Vergangenheit anstößt und schon zum

›Objekt‹ erstarrt. In diesem Sinne ist er ex definitione rückwärts gewandt, selbst wo er Gegenwärtiges prüft, weil er nicht selber unterwegs ist, sich eben nicht in einem Prozeß des Schaffens befindet, sondern das Geschaffene untersucht. Der Lyriker kann Auskunft darüber geben, wie das Werk entsteht und wie so ein Gedicht sich benimmt, bei seinem Entstehen, wie es ›funktioniert‹, oder auch über sich selber in den verschiedenen Stadien des Schaffensprozesses. Darin ist der Wissenschaftler auf Hypothesen angewiesen. Das ist ein Land, in dem er nicht war und zu dem er kein Visum hat. Der Wissenschaftler kann das Werk und Mitteilungen über das Werk analysieren und einordnen, in den Zusammenhang, den er wählt, er kann die Theorie analysieren, schematisieren und ihr ihren Ort in der Abfolge der Theorien anweisen. Das heißt, er entreißt ihr wieder, was sie sich einverleibt hat, isoliert, was sie an Neuem bringt, und stellt die Abfolge her. Er kann darüber hinaus sogar dazu beitragen, eine Theorie zu legitimieren, und sie als Arbeitsprogramm vor andern Programmen deutlich ins Bewußtsein heben, in andern Worten, er kann von außen her in das Kräftespiel der Schreibenden, in die Gestaltung selbst, eingreifen, Richtung akzentuierend, wie Hugo Friedrich es 1956 mit der Theorie von Benn tat, die ohne ihn wohl kaum in diesem Maße Schule gemacht hätte[7].

Der Lyriker wäre also am ehesten dem Philosophen, der Literaturwissenschaftler dem Professor der Philosophie gleichzusetzen[8]. Das tertium comparationis ist der schöpferi-

---

7 Insofern ist die Neubearbeitung von 1967, die sich im Titel schon auf den Stand von 1950 beschränkt, bereits der Absicht nach die genauere Darstellung eines petrifizierten Tatbestandes, während das Buch bei seinem ersten Erscheinen 1956 in den Fußstapfen der soeben (1952) formulierten Theorie ging – noch dazu erschien es im Todesjahre Benns – und daher überraschend virulent werden konnte, überraschend auch für den Verfasser selbst, wie er sagt.
8 Auf die gezählten Fälle der ›Personalunion‹ gehe ich hier nicht ein. Daß der Lyriker gleichzeitig Wissenschaftler sein könnte, ändert nichts daran, daß der Dichter, der über sein Handwerk spricht, eben als Dichter spricht. Doch könnte er, als Wissenschaftler, natürlich eine Geschichte der Theorien geben, falls er es muß oder falls es ihn genug interessiert, also falls er nicht selber auf dem Gebiet der Theorie schöpferisch tätig wird. Sonst wird ihm vermutlich,

sche Akt, die Formulierung einer Erfahrung erster Ordnung. Der Vergleich, obwohl nur bedingt richtig und viel zu grob, weil es sich ja hier nicht um zwei, sondern um drei Spiegelungen der Erfahrung handelt, zeigt doch in etwa, was der Leser sich von dem Lyriker selbst erwarten darf und worin er sich an den Literarhistoriker halten muß. Also worin sich der Unterschied der verschiedenartigen Beziehung zum Untersuchungsobjekt auswirkt, und worin demnach, wie ich zuvor sagte, der eine, und worin der andere ein professional, ein ausgebildeter Fachmann ist, und zu konsultieren.

Diese ganze Unterscheidung würde sich vielleicht erübrigen, das heißt, das Mitspracherecht des Praktikers bedürfte keiner Begründung, wäre nicht die Lyriktheorie dieses Jahrhunderts weit mehr eine Sache der Franzosen und der Angelsachsen als eben eine deutsche gewesen, wie noch 1962 bei der Tagung *Poetik und Hermeneutik*[9] ausdrücklich festgestellt wurde. (Es ist übrigens bezeichnend, daß an dieser Tagung deutscher Fachgelehrter eben kein Praktiker teilgenommen hat, während die angelsächsischen Universitäten durchweg ihren poet in residence haben, der zugleich auch die Lehrtätigkeit ausübt, als Unterrichtender ohne weiteres über ein gewisses abstraktes Training verfügt und von vornherein Partner einer solchen Diskussion ist. Wie es auch kennzeichnend ist, daß ein Romanist und nicht ein Germanist sich der *Struktur der Lyrik* angenommen und Benn als Nachfolger der Franzosen inthronisiert hat.) Die Schlüsselfiguren der modernen Lyriktheorie[10] sind im wesentlichen Mallarmé und

wie bei einem Trichter, alles von den Rändern auf die eigene Theorie zuzulaufen scheinen, die eben sein Beziehungspunkt ist und für die sein Wissen Nahrung wird. Ähnlich wie der Philosoph andere Weltbilder notwendig auf das eigene bezieht. Das Schöpferische hat es in sich, Schwerpunkt zu sein.

9 *Immanente Ästhetik – Ästhetische Reflexion. Lyrik als Paradigma der Moderne*, München, 1966.

10 Es sind erstaunlich wenige. Diese wenigen waren Lyriker von Rang. Es erübrigt sich daher die Frage, ob ein minderer Praktiker ein bahnbrechender Theoretiker sein könne. Insoweit die Theorie dem eigenen Schaffensprozeß abgelernt ist, wäre der Dichter, der nicht über eine – der Abstraktion als Grundlage dienende – ersthändige Erfahrung verfügte, in der Situation des

Valéry, nach ihnen Eliot und Pound geblieben, die Nachfolger in Rußland (Majakovskij u. a.), England (Empson, und
zuletzt die Movement Poets) und vor allem in Amerika
(Olson) gehabt haben. Daneben ist selbst Breton, der theore-
tischste unter den Surrealisten (dem bewunderten Apollinaire
z. B. spricht Breton jedes Abstraktionsvermögen ab), mehr ein
Mann des ›Manifests‹, ganz wie vor ihm die Futuristen, Da-
daisten etc. Doch sind, naturgemäß, die Errungenschaften
des Surrealismus, seine Arbeitsmaximen wie seine Praxis, in
dem, was nach ihm kam, enthalten und benutzt.

   Benn war natürlich aufs genaueste informiert über alles,
was an französischer Theorie und Praxis vorlag, und noch
über die feinsten Verschiebungen, als er 1951 den berühmten
Marburger Vortrag formulierte, der die Praxis der deutschen
Nachkriegslyrik entscheidend mitbestimmt hat. Brecht, sein
Gegenspieler in den letzten zwei Jahrzehnten, hat zur Lyrik
nur Einzelerkenntnisse und Arbeitsmaximen beigetragen
und nicht, wie für das Theater, eine umfassende Theorie aus-
gearbeitet. Es beginnt sich jedoch fühlbar zu machen, daß
Brechts Werk auch weiter eine wirkende Kraft ist, während
Benn unter die Klassiker einrückte, im Augenblick also so wenig virulent ist wie z. B. Rilke, weswegen auch seine Theorie
für uns nur noch etwas Vorletztes darstellen kann. Erregende
Ansätze zu einer neuen Phänomenologie des Gedichts wurden von Franz Mon[11] vorgelegt, blieben aber, im Gegensatz
zu den Erkenntnissen von Heißenbüttel, selbst unter den
Schreibenden nahezu unbeachtet, ähnlich wie es um die Jahrhundertwende den Versuchen des Außenseiters Arno Holz er-
gangen ist, der dennoch, mehr als damals offenbar war, rich-
tunggebend gewirkt hat.

Wissenschaftlers und angewiesen auf die Auswertung der Erfahrungen von
anderen. Also notwendig rückorientiert. – Daß wiederum Gelehrte von künst-
lerischem Temperament, also Gelehrte, die zum Autor ›unterwegs‹ sind, relativ häufig sind, liegt in der Natur der Sache, eben der Affinität zur Literatur, die
sie diesen Beruf wählen ließ. Gundolf dürfte bei uns der Prototyp des nicht
eigenständigen Dichters und bedeutenden Gelehrten gewesen sein.
11 In: *Artikulationen*, Pfullingen, 1959.

›Lyriker‹ und ›Text‹
Zur Terminologie

Der vorige Essay beginnt mit der Feststellung: »Ich bin ein Lyriker und rede als Lyriker über Lyrik.« Warum stelle ich mich nicht als Dichter vor? Ich suche doch sonst die einfachen Worte. Und ich schreibe ja Gedichte. Dichter ist ein einfaches Wort und war uns Jahrhunderte gut.

Worte wechseln, wo nicht die Bedeutung, so doch den Akzent. Das Wort verschiebt sich zwischen seinen Bedeutungen. Das Wort ›Dichter‹ hat sich verschoben, es ist uns verdächtig geworden. Jene Bedeutung, die den Dichter zu etwas Priesterlichem machte, etwas Seherartigem, ist uns fatal[1]. Ebenso fatal ist uns das Preziöse, das ganz und gar Esoterische: der Elfenbeinturm, das ›Ohne-mich‹. (Wobei doch wenige von uns ›engagiert‹ im alten Sinne sind, der Rückzug in eine feste Ideologie wäre nur eine neue Art Elfenbeinturm.) Wir kommen alltäglich daher, inkognito, ganz wie jeder andere. Etwas einfacher als jeder andere, underdressed, wie die Engländer das nennen. Der Lyriker ist das Handwerkliche am Dichter. Schließlich ist dies aber nur eine Frage der Nomenklatur, wenn sich hier auch schwer ›nur‹ sagen läßt· Die Verschiebung der Benennung indiziert immer auch eine Verschiebung des Tatbestands. Wenn ›Namen‹ gleichgültig wären, brauchte man Dichtung nicht. Dabei ist doch deutlich, wie sehr jede derartige ›Benennung‹ eine Frage der ›Konvention‹ ist, ein Zeichen, auf das man sich geeinigt hat. Während ›Lyriker‹ für uns das Nüchterne ist, der Fachausdruck, mit

---

1 Über die Selbstironie als Kondition der erschütterten ›Besonderheit‹ vgl. PRINZIPIEN DER WORT- UND BILDWAHL, S. 159, Anm. 28, und S. 162 ff. Über den gesellschaftlichen Ersatz des ›Aura‹-Verlusts, vgl. LITERARISCHE MEINUNGSBILDUNG, passim.

dem der Träger seine Sonderstellung unterspielt, etwas, wobei eben niemand den Atem anhält, wie vielleicht, wenn er hört, ein ›Dichter‹ kommt ins Haus (die unsichtbaren Kothurne, die mit dem Wort mit hereinkamen, sind durch die Umbenennung einfach weggewischt, keiner denkt mehr daran. Ein Lyriker ist fast so gut und verläßlich wie ein Elektriker, ein Mechaniker und andere ›iker‹, eben ein Techniker in Lyrik, ein Mensch wie du und ich), empfand ein Deutschamerikaner das Wort im Gegenteil als eine Poetisierung, assoziierte mit ›Lyra‹, und wunderte sich zu hören, daß die Lyra aus diesem Wort längst verschwunden ist. »Das Aug in holdem Wahnsinn rollend«, so zeigt sich eben keiner mehr öffentlich, der an sich als »Lyriker« denkt.

Der Lyriker ist praktisch heute eine Art freier Angestellter der Industriegesellschaft, die ihm ihre Publikations- und Werbemittel zur Verfügung stellt und ihn autorisiert, wie das alte Rom den dem Triumphator beigegebenen Sklaven, ihr sein ständiges »Denke daran, wie vergänglich, wie unterminiert du bist« ins Ohr des Mikrophons zu sagen. Das ist eine unromantische Form der Existenz. Falls er einmal in unkonventioneller Kleidung und als Bürgerschreck maskiert auftreten will, hängt er sich ein Warnungsschild um: »Vorsicht, Happening. Hier passiert was.« Wobei dieser contrat social, in dem der Technisierung so konsequent Rechenschaft getragen ist, ihn weniger noch als jeden Clown oder Hofnarren früherer Zeiten vor der immanenten Tragik seines Handwerks bewahrt: vor der Zerreißspanne zwischen Innen und Außen, zwischen Traum und Realität, sozialer Utopie und politischer Wirklichkeit. Und also nicht vor dem Gefängnis in den totalitären Ländern, nicht vor Klinik und Elektroschock in den ›freieren‹ (ich benutze den Komparativ, der weniger ist als der Positiv, natürlich).

Eine ebensolche Verhandwerklichung, Vertechnisierung (wie die Bezeichnung ›Lyriker‹ statt ›Dichter‹) ist das Wort ›Text‹ statt ›Gedicht‹, ganz wie der Arbeitscharakter des Gedichts besonders hervorgehoben wird. Der Lyriker bekommt heute ebenso oft anerkennende Briefe für seine ›Arbeiten‹ wie für seine ›Träume‹. Auch für seine ›Texte‹. Was den Anfänger zunächst überrascht, besonders die ersten beiden. Man tut gut daran, sich zu erinnern, daß im Spanischen und sicher nicht nur dort ›Arbeit‹ zum Beispiel ist, was man beim Hexer bestellt (trabajo) oder wofür der Stierkämpfer gepriesen wird (faëna), beides ja in der Tat, ganz wie das Gedicht, Leistungen, die die Anwendung hohen handwerklichen Könnens voraussetzen. Bei ›Text‹ aber würde ein Nichteingeweihter, mein Deutschamerikaner z. B., vielleicht zuerst an ein Libretto denken, ein Textbuch.

›Text‹ hat sich – polemisch – eine ganz bestimmte Richtung lyrischer Arbeiter angeeignet, deren ›Texte‹ im Extremfall (ich zitiere Adorno, obwohl es ein Gemeinplatz ist) nur noch ›Tapetenmuster‹ sind. Sie nennen sich auch vielfach ›Texter‹. Wiederum versuchen gerade Autoren, die keine ›Texter‹ sind und auch keine Lyriker, sondern die unterhalb dessen liegen, was Lyrik wäre, sich mit dem Wort ›Text‹ den Anschein von Sachlichkeit – als sei das Wort schon eine Gewähr – zu geben, während man unter Texte, Texte, Texte dann vielleicht einen versifizierten Erbauungstraktat bekommt. Als schriebe man auf ein Buch Gedrucktes, Gedrucktes, Gedrucktes. ›Texte‹ sind eigentlich nur ›Gewebtes‹, Geschriebenes.

Alles Geschriebene ist also ›Text‹, das Gedicht wie das Strafgesetz. Für den Philologen ist jedes Gedicht ein Text, auch für den Drucker, auch für den Korrektor. Und auch für den Autor selbst, der einen Text ändert oder entläßt. In diesem präzisen Sinne möchte ich das Wort ›Text‹ wieder ›versachlichen‹ und ihm die überspitzte und auch mißbrauchte Konnotation wieder abnehmen, es ganz ›neutral‹ gebrauchen, während ein Gedicht ja nichts Neutrales ist.

Das ist nicht dahin zu verstehen, daß ich dem Gedicht seinen Arbeitscharakter schmälere, das heißt, den hohen Anteil an sprachhandwerklichem Können, an ›Machen‹, der in jedes Gedicht geht und schon immer gegangen ist, wenn er auch subjektiv offenbar weniger ins Bewußtsein getreten ist oder doch in der Selbstdarstellung wenig oder gar nicht hervorgehoben wurde. Die Bedeutung des Arbeitsprozesses hat unzweifelhaft in der Moderne zugenommen[2], mit der Zunahme der Selbstreflexion und der Vergleichsmöglichkeiten. Die exklusive Akzentuierung des Arbeitscharakters hat ja zu der Bezeichnung ›Text‹ als eine Art pars pro toto-Begriff nicht von ungefähr geführt. Sondern aus dem Wunsch, das Gedicht als ein Spezifikum von den industriell machbaren Artikeln zu unterscheiden. Daher stelle ich also ausdrücklich fest, daß ›Gedicht‹ und ›Text‹ keine echten Synonyme sind, unbeschadet der Tatsache, daß jedes Gedicht als Objekt zum Text wird.

›Dichter‹ und ›Lyriker‹ dagegen sind Synonyme, auch so benutzbar, ohne andere Differenzierung als eben die: daß als Berufsbezeichnung für den, der von sich selbst spricht, in den Fällen, wo es nicht genügt, sich als ›Autor‹ vorzustellen, dem Worte ›Lyriker‹ im allgemeinen der Vorzug gegeben wird, weil es neu und technisch ist und unbelastet von dem feierlichen Anspruch der Jahrhunderte. Bei der Steuer und im Hotelregister ist der Lyriker kein Lyriker, sondern ein Schriftsteller. Für seine Leser ist er wohl weiter ein ›Dichter‹. – Im übrigen ist der Streit ›Dichter versus Schriftsteller‹, der die Gemüter erhitzte (hie Hesse, hie Thomas Mann, der Komparativ von Schriftsteller hieß ›Asphaltschriftsteller‹), ausgelitten[3].

Mit dem ›Poet‹ schließlich, dem allgemeinsten terminus, wortwörtlich dem ›Macher‹, brauchbar wie er von der Etymologie her schiene – gerade die ›Texter‹ hätten ihn aufnehmen können –, ist es wohl vollends aus. Dem ›Macher‹ haftet der allerromantischste Nimbus an. Nur Enzensberger nennt seine Reihe Übertragungen ausländischer Lyrik Poesie. Und das tut er natürlich aus Widerspruch.

2 Mit Ausnahme der modernen Ekstatiker, natürlich.
3 Insbesondere auch seit dem Ende der Stilebenendiktatur (siehe S. 68, Anm. 25) und seit der Annäherung der genera (S. 179 f.).

Über das Interpretieren von Gedichten

Die Struktur des Gedichts. Das Text/Leser-Verhältnis

> Da wo die Nüchternheit dich verläßt, ist die
> Grenze deiner Begeisterung.
> > *Hölderlin*
>
> Ist das lyrische Vorhaben ein glückliches, dann
> arbeiten Gefühl und Verstand völlig im Ein-
> klang.
> > *Brecht*

Bei diesem eingestandenen Versuch, dem kaum mehr Erklär-
baren des Gedichts neuen Boden abzugewinnen, rufe ich
gleich zwei Schutzheilige an, zwei ganz verschiedene, so verschieden wie nur möglich, weil es etwas Beruhigendes hat,
wenn zwei so entgegengesetzte Geister die Hand über ein Unternehmen zu halten vermögen.

»Der Lyriker«, sagt Brecht, »braucht die Vernunft nicht zu
scheuen.« »Wie man aus den Werkstättenberichten großer
Lyriker weiß, handelt es sich bei ihren Stimmungen keineswegs um so oberflächliche, labile, leicht verfliegende Stimmungen, daß umsichtiges Nachdenken stören könnte. Die gewisse Beschwingtheit und Erregtheit ist der Nüchternheit keineswegs entgegengesetzt.« Diese von Brecht gemeinte Nüchternheit ist der »heiligen Nüchternheit« Hölderlins eng verwandt. »Das Gefühl ist die beste Nüchternheit des Dichters«,
sagt Hölderlin, »wenn es richtig und warm u n d k l a r u n d
kräftig ist« (gesperrt gesetzt von mir). »Hölderlins Abstracta
sind beseelt, weil sie eingetaucht waren im Medium des Lebendigen, aus dem sie entführen sollen«, präzisiert Adorno[1]
und trifft sich hier überraschenderweise mit der Forderung

---

[1] Theodor W. Adorno, *Noten zur Literatur* III, S. 179. Bertolt Brecht, im folgenden zitiert nach *Über Lyrik*, Edition Suhrkamp; Gottfried Benn, *Probleme
der Lyrik* (Vortrag an der Universität Marburg, 1951); Wilhelm Lehmann,
Kunst des Gedichts, Insel-Bücherei, und Vorwort zu: *Gedichte*, Reclam.

des ›Antipoeten‹ Bense, daß die Erregung »eine Erregung der
Wörter« sein müsse. Und nur die »Erregung der Wörter«, ihr
Eingetauchtgewesensein, kann in der Tat hier interessie-
ren.

Dabei verschiebt sich, je nach der Epoche, je nach dem
Temperament des Autors, die Anforderung, die an den Begriff
der Nüchternheit gestellt wird, das ist die Relation von Erregung und Gedanke. Forderungen wie die von Benn und nicht
nur von ihm, »das künstlerische Material kalt zu halten«[2],
sind von seiner immanenten Tendenz zur Erhitzung her zu
verstehen. Daß es sich bei Lyrik aber grundsätzlich und immer um diese Bipolarität handelt, darf angesichts der über-
einstimmenden Grundsatzerklärungen zweier solcher Antipoden, wie es Brecht und Hölderlin sind – diese beiden Eck-
pfosten, zwischen denen, was heute in Deutschland geschrieben wird, cum grano salis[3] Platz hat –, wohl als gesichert gelten. So daß das Heranziehen weiterer Nothelfer, die beliebig
zur Verfügung stünden (so, sehr ausdrücklich, z. B. Pound,
Eliot, Olson; Benn brachte ich bereits herbei), sich erübrigt.
Und die in den letzten 15 Jahren geübte Praxis zeigt, daß auch
die zeitgenössische deutsche Lyrik hiervon keine Ausnahme
macht[4], auch wenn Lyrik heute, wie alle Kunst, in hohem

2 »Ein Dichter, der sich noch nicht kalt genug gemacht, um andere warm zu
machen«, spottet Jean Paul (*Vorschule der Ästhetik*, 3 II). »Wärme der Sprache,
also des Mundes wurde mehren Dichtern als ein bedenkliches Zeichen von
Gebrechlichkeit verübelt, so wie an Hunden warme Schnauze Unpäßlichkeit
bedeutet.« – Unter zeitgenössischen Autoren, programmatisch, Hans Peter
Keller: »Den Schatten nicht hinters Licht führen! /.../ er wird hager und
scharf gehalten / Traum für Traum muß er / einen Imbiß nehmen von Wasser«
(*Herbstauge*, Wiesbaden, 1961).
3 Cum grano salis: Eine am Romanischen geschulte Sprachdisziplin, der die
ganze Moderne bestimmende Einfluß der Franzosen und Spanier ist in einem
sich erweiternden Sektor unserer Lyrik unverkennbar.
4 Selbst die Sprachexperimenter sind keineswegs willkürlich, wie das Publikum glaubt, sondern bis zum Exzeß methodisch und verantwortlich, der eingestandenen Intention nach in ihren Texten »nicht den Gedächtnishof verlas-
send, ohne den Sprache nicht Sprache ist«. (Heißenbüttel, der ausdrücklich
feststellt, daß »alle Versuche, Wörter wie bloße Quanten zu Lege- und Kombi-
nationsspielen zu benutzen, sich als Leerlauf erwiesen haben« und die »se-
mantische Sprachebene« nicht abdingbar ist.)

Maße reflektiert ist (was mit zerebral zu verwechseln ein Vorurteil wäre).

Der moderne Lyriker ist kein trainierter Geist, nicht mehr poeta doctus als z. B. die Romantiker oder die Dichter der Renaissance. Aber die Begegnung mit der Wirklichkeit, also die Möglichkeit der Kunst als solcher, ist uns in der Tat problematischer geworden, über sie wird mehr und mehr reflektiert. – »Um präzise Emotion auszudrücken«, ich zitiere Eliot, »bedarf es eines ebenso großen intellektuellen Vermögens wie zum Ausdruck präziser Gedanken.«

Der Dichter wie der Interpret müssen über die beiden Komponenten verfügen, die im Gedicht sind, wenngleich sich beim Interpretieren das Gewicht zugunsten der ratio verschiebt.

Die grundsätzliche Interpretierbarkeit von Gedichten.
Methoden und Grenzen der Interpretation

Soll ein Gedicht überhaupt interpretiert werden? Diejenigen, die glauben, daß der Dichter dichtet wie der Vogel singt, halten die Interpretation erstens für einen Frevel und zweitens für unnütz.

»Fragste die Lilie, die Rose
warumse, weshalbse, wiesose?«

sagte man mir.

»Was den Widerwillen gegen das, was man das Zerpflükken von Gedichten nennt, das Heranführen kalter Logik, Herausreißen von Wörtern und Bildern aus diesen zarten, blütenhaften Gebilden angeht« – ich stelle mich nochmals hinter die in diesem Sinne breiten Schultern von Brecht –, »der Laie vergißt, wenn er Gedichte für unnahbar hält, daß der Lyriker zwar mit ihm jene leichten Stimmungen, die er haben mag, teilt, daß aber ihre Formulierung ein Arbeitsvorgang ist und das Gedicht eben etwas zum Verweilen gebrachtes Flüchtiges ist, also etwas verhältnismäßig Massives, Materielles.« »Etwas, das nun so mächtig in sich besteht, daß ein jeder wie zu einem öffentlichen Denkmal hinzutreten und seine Ansicht davon abnehmen kann«, erklärt Franz Mon. Das bekannte monumentum aere perennius. »Nichts, was sterblicher wäre«, sagt Enzensberger. »Jeder Tag könnte sein letzter sein.« »Gedichte sind, wenn sie überhaupt lebensfähig sind, ganz besonders lebensfähig«, tröstet uns Brecht, »und können die eingreifendsten Operationen überstehen.« Fast wörtlich übereinstimmend nennt Lehmann das Gedicht »ebenso zart wie widerstandsfähig« (an anderer Stelle spricht er von den »zarten und tüchtigen Fingern des Gedichts«), es habe »eine gute Heilhaut«. Also sind Gedichte wohl vom Stoff jenes Zartesten – ich zitiere Laotse –, das »das Starke besiegt und das Allerhärteste auf Erden überholt«. Daher braucht man in keinem Sinne je für ein Gedicht zu fürchten.

Gedichte überleben das Lesen – das ist, das interpretierende Lesen – von Generationen, sie werden manchmal in Grund und Boden gelesen, richten sich auf wie Gräser und sind plötzlich wieder da, verfügbar für neue Deutung. Daß z. B. Goethe und Hölderlin »umsonst gelebt« hätten, wie aus der Verzweiflung einer bestimmten Optik heraus gesagt wurde (Usinger), dem steht eine Leseerfahrung von 2000 Jahren entgegen.

Befreit vom ›Zufall der Entstehung‹ im Augenblick seiner Veröffentlichung, macht sich das Gedicht auf zu den ›Zufällen seiner Aneignung‹: historisch-sozial-persönlich bedingten, in unabsehbarer Folge wechselnd, die sich ihm vorübergehend einverleiben, in jedem Augenblick so relativ wie im ersten. Nur anders. Der Sinn wandert mit, sich dauernd wandelnd. Je nach der konkreten Konstellation steht das Gedicht bald mehr im Licht, bald mehr, oder auch ganz, im Schatten. Vorausgesetzt, es habe die Qualitäten, die es zunächst überhaupt einmal überliefernswert machen. Früher oder später, hinter irgendeiner Biegung, unvorhersehbar aber sicher, gabelt sich der Weg: der eine führt in die Archive, der andere zu den Menschen. Die potentielle Virulenz des Gedichts, das heißt seine Fähigkeit, immer neue Assoziationen anzusaugen, schwer prognostizierbar, wie sie ist, steht im Verhältnis zu dem, was ich seine ›Reserve an Ungesagtem‹ genannt habe, die immer neu, aber immer anders mitgehört wird.

Daher verlangt z. B. der englische Dichter Cecil Day Lewis, daß alle Gedichte von Generation zu Generation neu übertragen werden, damit sie der jeweiligen Sensibilität genau entsprechen[5], was ja auch de facto weitgehend getan wird. (Übertragen ist bekanntlich eine Form des Interpretierens.)

»Der Leser gehört mit zum Text, den er versteht.«[6] Schon in wenigen Jahren könnten die gleichen Gedichte von den gleichen Lesern ein wenig anders gelesen werden. Schon heute können von Andern oder in anderen Ländern die gleichen Gedichte etwas anders verstanden werden. Ein Gedicht ist mehr als die Summe seiner Interpretationen. Um den formulierten ›Erfahrungskern‹ können ›multiforme Einzelfälle‹ anschließen, je nach der sich verändernden Wirklichkeit, innerhalb deren die Gedichte aufgenommen werden.

Darüber hinaus ist jede Interpretation nichts anderes als eine Annäherung. Die Interpretation führt hin an das Gedicht, sie lehrt zunächst einmal genau lesen. Ganz wie der Betrachter eines Bildes zunächst einmal sehen lernen muß, was ›da‹ ist. Es ist keineswegs selbstverständlich, daß ein jeder das kann oder tut. Sehen lernen, hören lernen, lesen lernen, ›was da ist‹, ist die erste Übung. Abgesehen davon, daß die Interpretation den Leser lesen lehrt, was da steht, macht sie ihn hellhörig für das, was im Gesagten mitschwingt, was also nicht – oder so nicht – da steht, sondern mitangeschlagen ist.

5 Day Lewis entwickelte diese These an einer Geschichte der englischen Vergilübersetzungen, bis zu seiner eigenen. (In einer Harvard lecture, 1964). Zu dem ›unaufhörlichen Wachstumsprozeß‹ z. B. Homers, Shakespeares etc., vgl. Wellek/Warren, *Theory of Literature*, S. 34/35.
6 Gadamer, *Wahrheit und Methode*, S. 323. – Die »mangelnde Extraterritorialität« untersucht umgekehrt Roland Barthes im Hinblick auf das kritische Urteil (WAS IST KRITIK, in: *Essais critiques*, 1964).

Und sie macht darauf aufmerksam, wie das Gedicht es erreicht, daß das eine gesagt, aber etwas anderes oder mehr gemeint ist. Interpretation führt den Leser bis hin an das Gedicht, sie zeigt ihm, wie er lesen könnte. Dann läßt sie ihn los.
Im besten der Fälle steht der Leser nun ein wenig weniger
hilflos vor dem Gedicht. Lesen kann er nur für sich allein. Es
ist ein Hic Rhodos, Springen kann man vormachen. Springen muß jeder selbst. Das Lesen des Gedichts, ganz wie das
Schreiben – wenn auch um Intensitätsgrade verschieden –, ist
ein sowohl gedanklicher wie emotioneller Vorgang.

Wir stellen also hier ab auf das interpretierende Lesen.
Grob gesagt, auf die Benutzung des Kunstwerks, auf diejenige
Art des Umgangs mit ihm, die ihm eine größtmögliche Wirk-
samkeit sichert. Die es also seiner Bestimmung zuführt. Die
Fragestellung ist hier: Wie habe ich etwas von dem Gedicht,
was will das Gedicht von mir, was kann ich von ihm wollen.[7]

Um es ganz klarzumachen, die Fragestellung ist also nicht:
Wie verstehe ich ein Gedicht genug, um zu beurteilen, ob es
gut oder schlecht, ob es lesens- und überliefernswert ist. Wobei das interpretierende Lesen nur ein Mittel des kritischen
Lesens wäre, der Zweck aber die Urteilsbildung, nicht das Lesen als solches.

Wo auf das Lesen als solches, und also auf das interpretierende und aneignende Lesen, die »Einheit von Vollzug und
Reflexion« (Adorno, *Noten* II, S. 43) abgestellt ist, erscheint
wiederum das ›kritische Lesen‹ nur als Variante, dem Zweck

---

7 Zur Methode: Spätestens hier muß ausgesprochen werden, daß es unser
Arbeitsprinzip ist, das Funktionieren der irrationalen Komponente unseres
Untersuchungsgegenstands nach Möglichkeit aufzuzeigen, jedoch kenntlich
zu machen – nicht zu kamouflieren –, wo die Analyse abdankt. Und an solchen
Punkten laut und deutlich »X« zu rufen. Von dort aber gelegentlich heuristi-
sche Expeditionen zu unternehmen ins Unbeweisbare, Metaphern auf Kund-
schaft ausschickend.
Ohnehin ist klar, daß wir sowenig wie die Philosophen es mit dem im naturwissenschaftlichen Sinne Verifizierbaren zu tun haben, es handelt sich um die
Gesetzmäßigkeit geistiger Bewegung. Also um Abstraktionen. Soweit die abstrakte Erkenntnis am Arbeitsprozeß nachprüfbar ist, aus dem sie letztlich ja
abstrahiert ist, ist jeweils darauf hingewiesen.

der Aneignung untergeordnet. Aber so wie bei dem rein auf Kritik ausgerichteten Lesen der reflektierende Vollzug gleichsam nachgeliefert wird, wenn die Kritik positiv ausfällt (und der Kritiker sich das Gedicht dann post festum meist anverwandelt), so ist im interpretierenden Lesen Kritik inhärent: Insofern nämlich der ›Vollzug‹ durch eine Unvollkommenheit des Kunstwerks gestört wird, schlägt er in kritische Untersuchung des ungenügenden Textes um. (Aber auch wo die reflektierende Aneignung unbehindert vonstatten gegangen ist, wird nachträglich eine kritische Feststellung seiner die Aneignung fördernden Qualitäten, sozusagen eine Legitimierung des eigenen Geschmacks, von manchen Lesern gesucht werden. Von andern nicht, natürlich.)

Das kritische und das interpretierende Lesen sind also zwei einander sowohl entgegengesetzte wie engst verbundene Weisen des Lesens, das eine relativierend und distanzierend: stimuli rekonstruierend und Standorte fixierend, das ist, in der einen oder andern Weise ein Urteil über die ›Gültigkeit‹ des Textes suchend. Das andere verabsolutierend, das ist: »den Text in seinem Wahrheitsanspruch ernst nehmend« (Gadamer [8]) und aneignend. Praktisch sind in einem gewissen Grade jeweils beide im Spiel. Und je nach dem vorbestimmten

---

8 »Diese Dimension konnte erst wiedergewonnen werden, als die Aporien des Historismus zutage traten« (*Wahrheit und Methode*, S. 280). Über die ›Vollkommenheitsvermutung‹ bei Übersetzen und Interpretieren und das Nähe/Fern-Verhältnis zum Text, s. unten S. 221 f.

Die Nonsenstexte und verschlüsselten Texte nimmt Gadamer ausdrücklich aus. Hier müsse der Interpret »ein sachliches Verständnis als Schlüssel anwenden, wie wenn die historische Quellenkritik hinter die Überlieferung zurückgeht« (S. 279).

Daß es für den Lyriker keine größere Bestätigung gibt, als daß »der Text in seinem Wahrheitsanspruch« so »ernst« genommen wird, daß er als ›Text‹ verschwindet, dazu vgl. Kleist, *Brief eines Dichters an einen andern*: »... rühmtest Du mir auf eine Art, die mich zu beschämen geschickt war, bald die Zweckmäßigkeit des dabei zu Grunde liegenden Metrums, bald den Rhythmus, bald den Reiz des Wohlklangs und bald die Reinheit und Richtigkeit des Ausdrucks und der Sprache überhaupt... Vorzüge, die ihren größten Wert dadurch bewiesen haben würden, daß Du sie gar nicht bemerkt hättest.« (Vgl. auch oben, S. 148.)

Zweck, auch nach dem Temperament des Lesers, wird das eine zum Mittel oder zur Vorstufe des andern. Die Bestimmung des Kunstwerks ist es jedoch nicht, Gegenstand des Urteils um des Urteils willen zu sein, Turngerät für intellektuelles Schauturnen, didaktische Maschine für Lehrende und Lernende. Das Kunstwerk ist um seiner selbst willen da, über sich hinausweisend, und für uns alle. Um von uns gesehen und, wieder und wieder, immer neu und immer anders, von uns angeeignet und verlebendigt zu werden.

Struktur-Paradoxien und ihr Funktionieren im Aneignungsprozeß – Vorschlag einer neuen Begriffsbildung

Das moderne Gedicht ist etwas wesentlich Optisches, das ist wohl die geltende Lehrmeinung (Benn et al.). Es muß mit den Augen erfahren werden. Das ist sicher richtig. Es ist aber nur eine Teilwahrheit. Es muß eingeatmet werden.

Der Atem (nicht metaphorisch, sondern wörtlich gemeint) ist das Medium des Gedichts, in ihm vereint sich, was man früher ›Form‹ und ›Inhalt‹ nannte, was es jedoch nicht gibt noch geben kann im lebendigen Gedicht. Die Zeilen führen den Atem des Lesers, sind ›Atem-Einheiten‹[9]. Obwohl gleichzeitig auch optische Einheiten, die Zeilen ganz wie die Leerzeilen. Es entsteht ein Spannungsverhältnis zwischen Erregung, Identifikation (Atem) auf der einen Seite und Intellekt, Distanz (optische Gruppierung des Sinnträgers) auf der anderen. Dieses Spannungsverhältnis in seiner Gegensätzlichkeit scheint mir typisch für das moderne Gedicht.

Paradoxien als solche, ursprünglich als Merkmal des modernen Gedichts bezeichnet, gehören ja wohl zum Wesen der Lyrik überhaupt, wobei innerhalb der discordia concors je nach der Epoche der Akzent mehr auf dem dis liegt wie

9 So auch die amerikanische Schule, W. C. Williams folgend, z. B. A. Ginsberg und Ch. Olson.

heute (oder z. B. auch im Manierismus) oder auf dem con, wie in den Momenten der Klassik. Also jeweils mehr die Vereinigung des Unvereinbaren oder die Unvereinbarkeit des Vereinigten im Vordergrund ist. Mit Verblüffung nimmt man zur Kenntnis, daß selbst ein Neoklassiker wie Stefan George, Schüler der Franzosen natürlich, ein Auge für Wortballungen und Zusammenbiegungen hatte und das Gedicht auch der Substanz nach (wie den Traum) als ein Zusammen des sich Ausschließenden bezeichnet[10].

Hier ist nun versucht, darüber hinaus, also über die üblicherweise aufgezeigte discordia concors von Worten und Bildern, das ist im Gemeinten und Geformten, die Paradoxie in der Struktur des Gedichtes selber, in seinem Funktionieren als Gedicht nachzuweisen. Und dies dürfte etwas sein, was spezifisch das moderne Gedicht unterscheidet[11]: nämlich das Gegeneinander von ratio und Erregung, der unregelmäßig und immer neu gebrochene Rhythmus des Atems, also des Erregungsfaktors (des Identifikationsträgers), durch immer neues Zerschlagen des (optischen) Sinnträgers, der gleichzeitig zerstückelt und unter- oder überspült wird. Der Autor zersplittert in kleinste Partikel, was er seinem Atem mitgibt, sich selber unablässig kontrariierend. Ratio und Atem zwingen einander gegenseitig zum Hindernisrennen. Dieser Kampf wird in der Zeile ausgetragen, die gleichzeitig Atemeinheit und optische Einheit ist. Es entsteht dadurch eine Spannung, die die Oberflächenspannung der widersprüchlich gesetzten Zeichen weiter dynamisiert – weil eben Sprengkörper in den Fundamenten eine ganz andere Wirkung haben als Sprengkörper, die höher oben angebrannt werden[12] – und neue Unruhe und Zerbrechlichkeit in das Gedicht hinein

10 Vgl. hierzu Cleanth Brooks Interpretationen der englischen Lyrik des 17.–20. Jhds. auf ihre paradoxen Elemente hin: *Paradoxie im Gedicht, Zur Struktur der Lyrik*, Edition Suhrkamp.
11 Obwohl auch dies sich letztlich als etwas Graduelles erweisen wird.
12 Eine gewisse einlinige Widersprüchlichkeit der Oberfläche, eine Weiß-Schwarz-Paradoxie ist heute als Cliché schon verfügbar (»wir werden gestern kommen« etc. in allen Varianten).

trägt, so daß es in seiner Struktur schon etwas Prekäres und Zwiespältiges, Mehrdimensionales bekommt, etwas gegen den Strich Gestreicheltes, das mit Melos unvereinbar ist: das sprachliche Korrelat unserer ja bis in die Fundamente unterminierten Wirklichkeit.

Dieser Art Spannung ist nur mit dynamischen, nicht mit den hergebrachten statischen Begriffen beizukommen, die, als einander entgegengesetzte, oft mit polemischer Ausschließlichkeit angewandt werden und vom Gedicht verlangen, daß es ›so oder so‹ sein müsse. Etwas, was es seiner Natur nach nicht sein kann. Das moderne Gedicht schon gar nicht. Im letzten aber vielleicht kein Gedicht. Ich schlage versuchsweise vor, diese gegensätzlichen Begriffe in ihrer zerrenden Gegensätzlichkeit in einen neuen Begriff zu simultanisieren, um dem in lebendiger Spannung befindlichen Untersuchungsgegenstand gerecht zu werden. Der neugewonnene Begriff, den ich versuchsweise ›Simultanbegriff‹ nenne, bestünde nicht aus These, Antithese, Synthese, sondern er bleibt eine Art zuckendes Kräftefeld. Das heißt, in den Begriff selbst ist eine Gegensätzlichkeit hineingetragen, die aber nicht einfach die Kehrseite wäre, sondern vielmehr die Gegendimension der gleichen Spannung: ihre andere Bewegungsform oder auch ihr anderer Aggregatzustand. Denn wir haben es hier ja wesentlich mit Aggregatzuständen zu tun.

Das Gedicht stünde – wie ich es nachgewiesen zu haben glaube – jenseits der Dialektik der ›Antinomien‹: denn insofern das Gedicht die Pole jeder Antinomie bereits in sich schließt, ja recht eigentlich aus dem Spannungsfeld zwischen ihnen besteht, kann der Umschlag vom einen zum andern, also die Hegelsche Dialektik, hier gar nicht zum Spiele kommen. Darin unterscheidet sich also das Gedicht ganz grundsätzlich von den gesellschaftlichen Erscheinungen, die diesem Gesetz unterliegen. Schon insofern zeigt sich, daß die Alternativbegriffe für ein aus Spannungsfeldern aufgebautes Gebilde als Kategorie nicht zureichen und sogar zu falschen Ergebnissen führen müssen, wie sie ja auch in der Praxis der

Literaturgeschichte es täglich tun. Das der Dialektik von These und Antithese unterworfene Phänomen ist einem automatischen Ablösungsprozeß im Geschichtlichen unterworfen. Das Gedicht dagegen ist, ex definitione, die D a u e r d e s N i c h t d a u e r n d e n, also in seinem Bestande außerzeitlich (so sehr das einzelne Gedicht auch Zeugnis einer Epoche ist). Der über Hegel hinausgehende, auf das Gedicht geprägte ›Simultanbegriff‹ zeigt gleichzeitig, daß er auf das Gesellschaftliche nicht anwendbar ist, etabliert also einen k a t e g o r i a l e n Unterschied zwischen der Kunst und den sozialen Phänomenen, wie z. B. der Produktion von Konsumgütern. Wiederum ist der Mensch selber, obwohl in seinem Handeln als soziales Wesen in die Antinomien verstrickt, als Mensch nicht mit ihnen zu fassen, er ist vielmehr, genau wie auch das Kunstwerk, ein Kräftefeld, eine wandelnde Vereinigung des Unvereinbaren.[13]

Dabei ist eine Etikette ja immer nur eine Etikette, auf die man sich einigt und dank deren man sich verständigt. Zugleich aber mehr als eine Etikette, sie bestimmt den Gegenstand der Verständigung im vornherein mit.

Es wäre also zu fragen, ob und wieweit beim Gedicht das geronnene Flüchtige noch als Liquides präsent ist, so daß das eine nur eine Dimension des andern wäre: das Feste eine Dimension der Bewegung und das Fluide nur eine Dimension des Festen. Was ja beim Gedicht ganz offenbar der Fall ist. Die Bedingungen dieser Bewegungen, dieser Veränderungen des Aggregatzustandes, wären zu untersuchen und, soweit möglich, rational zu fassen. Dies ist eine Untersuchung des Gedichts und seiner Simultanstruktur auf den Leser hin, also gegenläufig zur Analyse seiner Entstehungsmomente.

Das Gedicht ist gleichzeitig ein ›Denkmal‹ (perpetuierter Augenblick, zum Verweilen gebrachtes Fließendes), das betrachtet wird und auch von verschiedenen Seiten betrachtet

---

13   Über die ›Simultaneität‹ als historische Erscheinung und ihre dialektische Selbstaufhebung dagegen, vgl. LITERARISCHE MEINUNGSBILDUNG, S. 96 ff.

werden kann. Und um so zerebraler ein Gedicht ist, d. h. um so mehr das Gedankliche in ihm dominiert, um so mehr eignet sich das Gedicht zum Gegenstand der Spekulation[14]. Um so solider ist sein Aggregatzustand, um so ungefährdeter sein ›Denkmal-sein‹.

Und es ist gleichzeitig kein Denkmal, sondern wird Ablauf, Gegenstand eines Vollzugs: Die geronnenen Augenblicke, die doch das Feste ausmachen und das Gedicht selber sind, werden wieder ins Fließen gebracht. Potentiell ist der Impuls, gestoppte Zeit wieder flüssig zu machen, um so stärker, je stärker der Atem des Dichters in dem G e f o r m t e n fühlbar ist, in den Zeilen, die das Vehikel seines Atems sind. Die Erregung, die der Dichter beim Schreiben gehabt hätte, hat als solche hiermit nichts zu tun. Sie ist so gleichgültig, wie die Mitteilung als bloße Mitteilung gleichgültig wäre. Entscheidend ist, was er den Wörtern mitgegeben hat. Der Erregungsträger ist hierbei notwendigerweise auch der Katalysator der Identifikation[15].

Also der Atem: Was in den Zeilen sozusagen ›eingefroren‹ oder ›geronnen‹ ist (und nur das), kann der vom Atem des Dichters geführte Atem des Lesers wieder auftauen und, auf seine eigene, einmalige Weise, für sich erneut ins Fließen bringen[16]. Das heißt, um so mehr es für den Leser jeweils liquide wird, um so mehr ist das Gedicht – das zugleich doch

---

14 Am entgegengesetzten Ende, wo ratio, Steuer, ›Können‹ zu einem Minimum geschwunden sind, steht die Kunst der Irren und der Kinder.

15 Das ist, des Vollzugs der Text/Leser-Einheit, die nicht identisch ist mit der (vermutlich aufgelösten) Autor/Text-Einheit.

Diese ganzen Ausführungen beziehen sich nur auf das Gedicht in seiner Eigengesetzlichkeit und auf das Text/Leser-Verhältnis, nicht darauf, ob und wieweit ein Gedicht vom Autor ›abgenabelt‹ ist. (Siehe unten, DER AUTOR ALS INTERPRET, S. 218 ff.)

16 Mit der Andeutung des Atemvorgangs ist das ›X‹ des Verwandlungsmoments nur um ein Geringes zurückverlegt. Ich bin mir bewußt, nur der Mechanik des Unerklärbaren nachgegangen zu sein.

Gesprächsweise erfuhr ich von neuerlichen Versuchen, umstrittene Gedichte auf Grund der ›Atemkurve‹ des Autors zuzuschreiben. Leider war es mir nicht möglich, das Material zu beschaffen.

auch ›Denkmal‹ ist, verweilendes Flüchtiges, Gegenstand der Betrachtung – erfahrbar, immer neu, als Identifikation.

Identifikation ist das Gegenteil von Betrachten, von ›Schaufensterkauf‹. Identifikation ist Aneignung, Einswerdung. Und zwar möglichst intensive Einswerdung. Noch der abstrakteste deutsche Lyriker, der Sprachexperimenter Franz Mon, verlangt sie, ganz wie Celan, von seinen Lesern. Um jedes Mißverständnis auszuschließen: Mon definiert die Identifikation des Lesers mit dem Text folgendermaßen: Der Leser solle »den Text nicht nur nachvollziehen, indem er seinen ›eigentlichen‹ Sinn erspäht, sondern ihn als seine Sache vollziehen, ohne Rücksicht auf den Sinn des Autors, als ob er im Augenblick der Autor wäre. Bei dieser Auffassung gibt es keine richtigen und falschen Interpretationen, es gibt nur intensive und weniger intensive Vollzüge.«[17]

Daß der Begriff der Identifikation in der zeitgenössischen Lyrik gänzlich abgeschafft sei, stellt sich als Vorurteil heraus, eines der vielen, die zirkulieren[18]. Es ist eine jener falschen Alternativen des So-oder-so, die aus der Verwendung zu einliniger, dem Gegenstand ungemäßer Begriffe folgt.

Das Zwitterverhältnis Optik – ratio / Atem – Erregung, das ich hier behaupte, ist übrigens für jeden Lyriker leicht nachprüfbar. (Hier hat er eine Möglichkeit, die Abstraktion am Arbeitsprozeß zu verifizieren.) Eine amputierte Zeile fehlt dem Auge nie. Die ratio ist sofort überzeugt. Sie setzt sich auch durch, sie ist es ja, die ›operiert‹. Die Atemwunde, die die ratio schlägt, braucht oft Jahre, um zu vernarben. Es gehört Selbstdisziplin dazu, seinem Atem weh zu tun. Das, was man ›Kürzen‹ nennt.

Ich fasse zusammen: Der Doppelcharakter des Gedichts, als Festes das fluide ist, dieses sein paradoxestes Sowohl-als-auch, gehört zu seiner Grundstruktur, ist aber vielleicht

---

17 Selbstinterpretation, in Domin, *Doppelinterpretationen*, S. 331.
18 Über das literarische Vor-Urteil und die Kunst*ideologie*, vgl. LITERARISCHE MEINUNGSBILDUNG, S. 57 f. und passim.

erst heute spürbar, ja kritisch spürbar geworden, insofern ratio und Erregung so spürbar und bewußt gegeneinander geführt sind. Während sie vermutlich schon immer in einem gewissen Grade gegenläufig waren, der jetzt nur den Hauptakzent hat: und früher in Harmonie und Melos aufgelöst wurde, was heute unaufgelöst bleibt. Ganz wie die Oberflächenparadoxien heute härter und bewußter gegeneinander geführt sind. Dies ist nur die Darstellung eines Trends, es wäre vermessen, einen klaren Schnitt machen zu wollen in der Entwicklungsgeschichte dieser Strukturen. Oder etwa zu erwarten, daß alle heute geschriebenen Gedichte, oder auch nur alle Gedichte eines Autors, in gleicher Weise auf diese Widersprüchlichkeit abgestellt seien. Oder etwa diejenigen zu verurteilen, die diesem einmal erkannten Grundprinzip weniger deutlich gehorchten. Oder daraus zwingende Arbeitsmaximen zu machen, die festhalten würden, was, als Bewegung, unablässig im Fluß ist.

Es folgt allerdings aus der Annahme der ›Simultanbegriffe‹, daß eine Reihe der zirkulierenden Halbwahrheiten die direkte Folge obsoleter, dem Erkenntnisstand nicht entsprechender Kategorien sind. Alternativen wie zum Beispiel subjektiv/objektiv sind – ganz wie die Form/Inhalt- und die Betrachtung/Vollzug-Alternative – Simplifizierungen einer ungenügenden Begriffsapparatur. Es handelt sich immer um Spannungsfelder: um die verschiedenen Aspekte und Erscheinungsformen eines Simultanbegriffs. Entscheidungen sind hier nicht nur nicht gefordert, sie widersprechen der Natur der Sache.

Sicher ist, daß das moderne Gedicht in seiner Zwiespältigkeit, mehr als frühere Gedichte, sowohl gehört wie auch gelesen werden muß. Auge und Ohr ergänzen einander, ersetzen können sie einander nicht. Und weniger als früher kann das Ohr das Auge ersetzen, weil die beim Hören stattfindende Identifikation auf Kosten der Distanz und der ratio geht. Die vorlesende Stimme interpretiert den Text, das heißt, sie teilt zwar auch ihre Betrachtung, als Atemführung aber vor allem

ihren Vollzug mit, andere Vollzüge für den Augenblick ent-
mutigend. Das tut jede Stimme, sie belebt den Text, auch
wenn sie sich des Pathos enthält (understatement). Sie
belebt ihn, außer sie ermorde ihn. Was eine Stimme ja tun
kann. Der Hörer geht im Atemzug der Stimme mit, soweit dies
für ihn vollziehbar ist. Das heißt, soweit der Text, und überdies der Text in dieser spezifischen Interpretation, die ja auch
nur die Interpretation eines Augenblicks ist, ihn bewegt. Ihm
wird ein Teil der ›Verlebendigung‹ einfach gemacht oder abgenommen. (Im allersublimiertesten Sinne haben wir hier
›Tanzmusik‹: für die Phantasie.) Es liegt beim Abstraktionsvermögen des Hörers und beim rhythmischen Vermögen des
Lesers, wie er sich prinzipiell zu Hören oder Lesen (respektive
Lautlesen) eines Textes verhält. Wenn er alle Möglichkeiten
des Gedichtes ausschöpfen will, ist er auf Stimme und Auge
angewiesen.

Interpretation beschäftigt sich naturgemäß mit dem rational Erfaßbaren, allenfalls noch mit der optischen Disposition,
nicht oder fast nicht mit dem Atem: dem irrationalen Teil des
Vollzugs des Lesens, der nur im Lesen selber erfahren werden
kann (als Interpretation mitteilbar nur durch die Stimme: im
Vorlesen[19]). Bei allen aufzeigbaren Widersprüchen, den Ver-
einigungen des Unvereinbaren, ist dieser tiefer liegende
Widerspruch am schwersten aufzeigbar und entscheidend

---

19 Die Autorenlesung entspräche, auf dieser Ebene, der ›Selbstinterpretation‹ (und zwar unabhängig von ihrer sprechtechnischen Qualität).
    Ich mache ausdrücklich auf den ›Verifizierungswert‹ der unterschiedlichen
Hör- und Leseerfahrungen für die hier aufgestellte Strukturtheorie aufmerksam. (Die ›Verifizierung‹ liegt – diesmal – nicht nur im Bereich des Autors.)
    Interessant ist auch, daß es letzthin ›Hörgedichte‹ (Tonbandgedichte), also
rein phonetische Gedichte ebenso gibt wie rein visuelle ›Gedichte‹, wobei die
beiden Komponenten der Strukturparadoxie auseinandergenommen und ins
Extrem getrieben sind, in die äußerste Pulverisierung. Helms hat neuerdings
versucht, den abstrakten ›Sehgedichten‹ das abstrakte ›Tongedicht‹ in Gestalt
einer Sprechplatte beizugeben, d. i. eine Platte mit ›Lauten‹, die der Benutzer
zu kombinieren hat, eine Auskunft, die ich Franz Mon verdanke, der selber die
Erfahrung machte, daß seine eigenen Gedichte, auch die abstraktesten, die
nur Sehfiguren sind, beim Vorlesen von Zuhörern bejaht werden, die sie
optisch nicht aufnehmen konnten.

nicht analysierbar. Er ist, was Atem immer ist: das Leben selbst. Und auch das Leben des Gedichts. Sein Letztes, nicht weiter Auflösbares.

Ebenso oft, ja häufiger denn als ›Denkmal‹ oder als »Ding aus Worten« (Allemann) wird das Gedicht daher als Lebendes gesehen, oft als Blüte. Spezifisch als Rose. Und dies von den zerebralsten, von den allerkühlsten Dichtern. Das geht von Mallarmé bis Brecht und bis zu uns und den beatniks. So sagt denn Brecht sehr kühn und etwas barbarisch vom Interpretie-ren: »daß nicht einmal Blumen verwelken, wenn man in sie hineinsticht«. »Zerpflücke eine Rose«, sagt er, »und jedes Blatt ist schön.« Die Böse-Buben-Metapher erregt Widerwil-len, die Fragwürdigkeit aller ›Behandlung‹ von Lebendem wird deutlich. Und somit auch der inhärente Widerspruch der sich selbst ad absurdum führenden Interpretation von Kunst: »daß sie genötigt ist, Befremdendes, indem sie es auf den Be-griff bringt, durch bereits Vertrautes auszudrücken und da-durch wegzuerklären, was einzig der Erklärung bedürfte. So sehr die Kunstwerke ihrer Erklärung harren, so sehr begehrt eine jegliche, sei's auch entgegen der eigenen Absicht, ein Stück Verrat an den Konformismus« (Adorno, I 153).

Der dialektische Charakter der Interpretation:
das Postulat der Selbstaufhebung –
Das Wachstum der Texte

Ohne daß sie teilhätte an dem Zwittercharakter des Gedichts, seinem Sowohl-als-auch (als Objekt des Betrachtens und des Vollzugs), ist daher die Interpretation ihrerseits in einem argen Zwiespalt, einer doppelten dialektischen Klemme, so daß man sie fast ein Weder-weder nennen könnte. Denn einmal läuft sie Gefahr, den Gegenstand, den zu fassen sie bemüht ist, im Augenblick der Berührung zu ver-nichten. Weil das lebende Wort, wie Eiweiß, bei der Isolierung stirbt. Also ist das Entstehen ihr mühsam und heikel, und sie kann sich kaum verteidigen. Falls es ihr aber gelingt, ihres Gegenstandes habhaft zu werden, also im besten der Fälle, wird er eins mit ihr oder tendiert doch dazu, und sie verschwindet. Ohne sich jedoch zu verlieren: Vielmehr bleibt das einmal Sichtbar-gemachte im Text sichtbar, ist also dem Wortlosen abgewonnen und dem betretbaren Terrain des Gedichtes zugewachsen. Dies, das ›vermehrte Gedicht‹, ist es auch, an das der Interpret den Leser ›heranführt‹, die Grenze zwischen dem Text und dem hypothetischen naiven Leser (die Grenze, an der ›aktives Lesen‹ beginnt) ins Gedicht hinein verschiebend, unter Umständen die Tradition einer neuen Lesart begründend. Insofern ist Interpretation keineswegs vergeblich oder gar bloße Katalogisierung des Gesagten, sondern Bereicherung, Erweiterung, Vitalisierung des Texts, mit dem sie sich vereinigt, und der interpretierende Leser der legitime Mitautor oder auch Erneuerer des Texts, der ihn, ganz wie den Autor, verschluckt.

In ihrer prekären Existenz ist Interpretation also naturgemäß affiziert von der prekären Existenz des lebendigen Worts, dem Interpretierten, das außerhalb der Form, im ›Bloß-Gesagten‹, kein Leben hat und daher Antäus-gleich stets ins Geformte zurück muß, in dem das Ungeformte enthalten ist. Denn nur in der Form ist auch das Ungeformte da. Die Erklärung hält nur das jeweils Erklärte, das in ihr eindeutig Genannte, sozusagen aus dem Wortlosen jeweils Herausgefischte, das zurückschnellt in die Einheit des Texts.

Zwischen ihrer Notwendigkeit und ihrer Unmöglichkeit Fuß fassend wie im Zentrum des sich öffnenden und kontrahierenden Katzenauges der Radioskala, muß also Interpretation von sich, als erstes, das Bewußtsein ihrer Grenzen fordern, Selbstverleugnung, nicht Selbstzweck. Sie hat keine Bleibe und muß sich selber sozusagen wegspiritisieren können, indem sie in das Gedicht hineingeht und sich ihm einverleibt. Die wirklich gemäße Interpretation wird vom Gedicht mit Haut und Haar verspeist, sie stärkt den Text.

Die eben erst geschaffene Distanz hebt sich von selbst auf[20], in der Umkehrung des Vorgangs des Lesens. Dies ist nur die Tendenz. Praktisch geht die Interpretation meist eine lose Verbindung mit dem Text ein, ist für eine Weile sein Trabant und fällt dann von ihm ab, eben sofern sie sich ihm nicht einverleibt hat. Während das Gedicht selber seine Bahn zieht, seine Leser nährend und von ihnen genährt, und ein Leben hat, das ihm weder zugesprochen noch abgesprochen werden kann, soweit es es von sich aus hat. Was die einzige Form seiner Lebendigkeit ist.

20   Dieser unstete sich selbst ausmerzende Charakter der Interpretation, deren Bewegungsgesetzen ich hier nachzugehen versuche, ist nichts als eine Idealforderung. Adorno, der die gleiche Idealforderung, letztlich ja Hegelscher Provenienz, für das Denken überhaupt aufstellt (»das seinem Ideal nach in der Betrachtung der Sache zu verschwinden hat«, *Neue Deutsche Hefte*, 1965, 5), wirft Heidegger vor, daß er dieser – beiden gemeinsamen – Forderung, »um des Gedichteten willen müsse die Erläuterung des Gedichtes danach trachten, sich selbst überflüssig zu machen«, nicht genüge, sondern sich zwischen den Leser und Hölderlin stelle (*Noten* III, S. 162). Es kann sich hier nur um Grade handeln. Die Idealforderung ist von Natur unrealisierbar, kommt in der Wirklichkeit sowenig vor wie der Fall im schwerelosen Raum. Überdies gilt diese spezifische Idealforderung nur für die hypothetische Praxis einer ganz ›der Sache selbst‹ zugewandten, immanenten Interpretation, die in dieser Reinform selten auftreten wird. Die ihr in mehr oder weniger starkem Maße praktisch meist beigemischte kritische Untersuchung, die das Kunstwerk in seine historisch-sozial-persönlichen Bedingungen rückordnet, sein Zeichensystem nachprüfend, ist eine durchaus nicht zum ›Verschwinden‹ tendierende, vielmehr ›zudeckende‹ (»mit der eigenen Sprache den Text verdeckende«) Methode der Interpretation. (So Barthes, der die Sprache der Kritik als »Meta-Sprache« bezeichnet, im Unterschied zur »ursprünglichen« oder »Gegenstandssprache« des Autors. Sie sei »ein Gespräch über ein Gespräch«. Diese Begriffe werden bei ihm positiv gesetzt.) Vgl. auch S. 184.
    Hierzu gehört auf jeden Fall auch die sich vom Gedicht distanzierende, es auf den Arbeitsvorgang analysierende Interpretation, die sich praktisch ja oft mit den beiden aufgeführten Methoden verbinden wird (s. unten, DER AUTOR ALS INTERPRET, S. 218 ff.).
    Daß im Einzelfall eine Interpretation den Text, der sie veranlaßt hat, übertreffen kann, ja häufig übertrifft, gehört nicht hierher, insofern es eine Frage des Qualitätsgefälles, nicht der Gattung ist. (Der Essay als genus steht hier nicht zur Diskussion.)

Die Vielfalt der Interpretationen.
Die Unausschöpfbarkeit des lyrischen Texts

Ein von mehreren interpretiertes Gedicht zeigt damit seine
Interpretierbarkeit, salviert also die letzte Unerklärbarkeit,
aus der und in der es lebt. Sein status als selbständiges und
unantastbares Lebewesen wird ihm um so mehr bescheinigt,
als es herhält für mehr als eine Deutung. Gerade in dieser
Spiegelung[21] zeigt es sich dem Leser als etwas Lebendiges,
über das man dies oder das oder vielleicht noch etwas ganz
anderes sagen kann, und das jenseits dessen, was über es gesagt wird, einfach existiert.

Wie ein moderner Film ein Ereignis dadurch zugleich
wichtiger und problematischer macht, daß er es von mehreren
Zeugen berichten läßt, denen es sich verschieden darstellt,
ohne daß dabei Unaufrichtigkeit im Spiele wäre, so wird das
Gedicht, von mehreren gesehen, zugleich sowohl lebendiger
wie auch vielfacettig. Es wird ad oculos demonstriert, daß der
Leser – der im Unterschied zu einem Film hier nicht der
unbeteiligte Dritte, der Zuschauer, ist, sondern ebensosehr
›Mithandelnder‹ wie die ihm vorgeführten Interpreten – seinerseits ganz im Rechte ist, wenn er dem Gedicht eine neue
Deutungsvariante hinzufügt.

Gedichte können auf sehr verschiedene Weisen interpretiert werden, wobei es erstaunlich ist, daß prinzipiell mehr
oder anderes ›herausgeholt‹ werden kann, als hineingetan
worden ist, weil die Sprache mehr mitführt, als der Autor selber weiß. »Die Metapher ist weit klüger als ihr Verfasser.«
(Dies Lichtenberg-Zitat verdanke ich Arnfrid Astel.) Im ganzen aber gilt natürlich hier wie überall der Satz, daß, je mehr
hineingetan worden ist – und Gedichte sind ihrer Natur nach

---

21 Vgl. Domin, *Doppelinterpretationen*, wo zum ersten Mal in der Literaturgeschichte Gedichte simultan und unabhängig voneinander zugleich ›von
innen‹, vom Autor, und ›von außen‹, von einem zukünftigen Leser, interpretiert werden.

Konzentrate, Essenzen[22] –, um so mehr auch darin sein wird. Wobei die Sprache doch immer noch das Ihre hinzutut, als stünde sie neben dem Dichter, und je mehr er täte, je mehr täte auch sie. Die sogenannten »Geschenke« (Valéry), teils auf, teils unter dem Tisch. Ich meine die, die der Lyriker wissentlich annimmt, während der Arbeit, und die, die als Beigabe oder Konterbande mitkommen. Das Wortlose, das »im Wort anwesend« ist und »um dessentwillen das Wort da ist. Und ohne das es keinen Daseins-Sinn hätte und überflüssig wäre und überhaupt nicht existierte« (Usinger), und »auf das es sich antwortend oder winkend bezieht« (Gadamer). Wobei es natürlich Methoden gibt, die man z. B. von den Japanern lernen kann, dieser Art ›Konterbande‹, das ist dem ›Wortlosen‹, den Einschlupf in oder zwischen die Worte zu erleichtern und also die Sprache zu unsichtbaren oder auch sichtbaren ›Geschenken‹ zu bewegen.

Niemand hat bisher definiert, was es mit den Geschenken auf sich hat, sie sind zugegebenermaßen das X in den rationalsten Arbeitsprogrammen, selbst von Lyrikern wie Enzensberger. Vielleicht ließe sich als Arbeitshypothese sagen, daß es sich hier um die Liebesbeziehung des Lyrikers mit der Sprache handle, dies Direkte und Exklusive, diese heißkalte Leidenschaft auf Gedeih und Verderb, die Benn »das primäre Verhältnis zur Sprache« nannte. Wer das »primäre Verhältnis« zur Sprache hat, etwas Ähnliches wie das absolute Gehör, summiert nicht, addiert nicht, sondern transformiert Aggregatzustände. Dabei, wie bei jeder vitalen Beziehung, spielt das X, die Konterbande oder das Geschenkte[23], eine natürliche, und zwar unerklärliche, jedoch gänzlich unmysteriöse Rolle. Und das hat wiederum zu tun mit dem Mehr, das jenseits von Willen und Wissen des Autors im Text und der Deutung

---

22 »Dichtes« wäre eine Fehletymologie, es kommt vielmehr von *dihtōn*, verfassen, das seinerseits hergeleitet ist von *dictare* (mittelalterlich: verfassen), letztlich von *dictare, dicere.*
23 Vgl. hierzu WORT- UND BILDWAHL, S. 146 f., und UNSPEZIFISCHE GENAUIGKEIT, S. 174 ff.

ebenso fähig wie unfähig ist, sich zugleich anbietet und entzieht.

Horizontale und vertikale Bedeutungsstrata.
Teilinterpretation.
Fehlinterpretation. Der Interpret als ›Autor‹

Nicht jeder Leser liest alles, was in dem Gedicht – in einem
bestimmten Augenblick – lesbar und durch es erfahrbar
wäre. Er kann einen Teil davon sich aneignen, wie man ein
Glas nur halb trinkt. Es ist eine Art Vexierspiel, das Glas
scheint einen doppelten Boden zu haben, man merkt es
nicht, daß es noch voll ist. Alles ist ja gleichzeitig flüssig und
fest, so daß das ›Glas‹ selber aus Wasser besteht. Vielleicht
sollte man von fließenden Bedeutungshöfen und Bedeu-
tungsvorhöfen, von den Ringen in einer Wassersäule sprechen, immer mit Unterströmung, keiner genau vom andern
getrennt, verfließende Schichten, sowohl im Horizontalen
wie im Vertikalen. Eine Erfahrung, die nicht in Reichweite
des Lesers ist, kann auch aus einem Gedicht nicht entnom-
men werden. Daher ist der Vorrat an Gedichten, an Kunstwerken überhaupt, praktisch auch viel größer als ihre Zahl,
ja eigentlich unerschöpflich.
    Das Gedicht ist nur ein Name, ein Zeichen für das bereits
Erfahrene, aber nicht Genannte. Für das ›fast schon Erfahrene‹. (Eine Teilerfahrung ist nicht eine ›halbe Erfahrung‹,
sondern eine grundsätzlich andere, in sich gültige Erfahrung.) Das verändert oft den ganzen Inhalt des Gedichts, für
diesen Leser, ohne ihn damit notwendigerweise zu verfälschen. Denn obwohl jedes seiner Worte ›wahr‹, d. h. Anruf
einer Erfahrung ist, und auch das Gedicht als Ganzes den Anspruch auf ›Wahrheit‹ in sich trägt, ja sehr wesentlich diesen
Anspruch, so ist diese Wahrheit doch eine vielgesichtige, der
wissenschaftlichen Nachprüfung entzogen: Das Gedicht ist
nicht ›wißbar‹, sondern deutbar. Im Gegensatz zur epischen

Prosa, die – prinzipiell – ein ›So-oder-so‹ und also nachprüfbar ist, eine Feststellung von nur bedingtem Wert, insofern
die genera in einer Annäherung begriffen sind und die Unterscheidungen sich verwischen.[24]

Ein Gedicht kann natürlich auch objektiv falsch gelesen
werden, fehlinterpretiert. Es kann eine Erfahrung hineingele-
sen werden, die diese Zeichen nicht meinen k ö n n e n. Es sind
ja Z e i c h e n, also in einem gewissen, wenn auch fluktuierenden Sinne verbindlich. Dies hindert nicht, daß nicht ein einzelner Leser auf seine subjektiven Kosten komme, bei einem
mehr oder weniger intensiven Vollzug dessen, was nicht gemeint sein konnte, aber gleichgültig wird, angesichts dessen,
was er hineinträgt. Wem ist nicht schon derartiges, besonders
beim Lesen fremdsprachiger Texte, passiert? Es ist eine privateste Angelegenheit, hinterher ist es, als sei man auf dem Kopf
gegangen, ohne es zu merken, schön wie es war. Alles kann
falsch und ungenau getan werden. Aus Mangel an Können,
oder einfach weil man nicht aufpaßt, oder weil man zu sehr
mit sich beschäftigt ist. Und ebenso kann man auch mit dem
Sprachkunstwerk falsch oder schlampig umgehen. Lesen, wie
alles, erfordert Genauigkeit und Übung.

Ebenso können in einem Gedicht die Wörter falsch benutzt
worden sein, der Dichter, ein unvollkommener Handwerker,
hat unabsichtlich danebengegriffen. (›Absichtlich‹ daneben
greifen wäre ein Kunstmittel.) Das hat so fatale Konsequenzen
wie ein falscher Griff bei einer Operation.

Fehlinterpretationen sind relativ häufig. Die Kritiken eili-
ger Rezensenten wimmeln davon. Ob der Dichter sich in
einem Wort vergriffen hat, das ist schon schwerer zu bewei-
sen. Höchstens, wenn der Dichter Rechenschaft ablegt über
seinen Text[25], legt er seinen Sprachgebrauch dem kritischen

24 Über die Wahrheit oder das Wahre in der Kunst, und die verschiedenen
Arten des Wissens, vgl. Wellek/Warren, a. a. O., S. 24/26. Über das Wahre als
punktuelle Entsprechung, bei gleitenden Skalen, vgl. LITERARISCHE MEI-
NUNGSBILDUNG, S. 90 ff., ZUM ARBEITSPROZESS, S. 171 f.
25 Vgl. die Selbstinterpretation, in Domin, *Doppelinterpretationen*.

Auge offen, und ein ungenau oder schief benutztes Wort würde sich als solches zu erkennen geben, gemessen an dem Anspruch, den der Autor an es stellt.

Soweit also ›Divergenzen‹ zwischen Lesarten einzelner Texte bestehen – auch ergänzende, den Akzent verschiebende Lesarten könnten ›Divergenzen‹ sein –, betrifft dies die Bedeutungsschichten, die Ringe der ›Wassersäule‹, welche eine in jedem Sinne fluktuierende ist. Es ist also wohl vielfach eine ›Selbigkeit‹ von Gedicht und Interpretation gegeben, die aber nicht ohne weiteres Eindeutigkeit, sei es in einem horizontalen oder gar in einem vertikalen Sinne, zu sein braucht. Und es kann der Interpret durchaus einen dieser ›Wasserringe‹, eine Bedeutungsschicht oder einen Teil einer Bedeutungsschicht, bewußt machen, die in dem Gedicht enthalten ist, ohne daß sie dem Autor bekannt war. Und doch wird der Autor, in einem solchen Fall, sie sofort ›erkennen‹ und anerkennen, obwohl er sie zuvor nicht gekannt hat. Mir selber ist dies dreimal im Leben passiert. Ich habe etwas dazu-›gelernt‹, was ich doch zutiefst gewußt haben muß, um es so formulieren zu können. Ich erfuhr einen neuen, vielleicht noch wichtigeren Grund, warum ich etwa so formulieren mußte, wie ich es formuliert habe[26]. In anderen Worten, es wurde mir ad oculos bewiesen, was mir theoretisch ja bekannt war: daß die Sprache mehr weiß als ich, und daß ein Anderer dies, oder doch etwas davon – es ist ja eine unbekannte Größe –, herausholen kann. In einer »Einheit von Vollzug und Reflexion« wird er für einen Augenblick ›der Autor des Gedichts‹, er ›adoptiert‹ es sozusagen als ein Eigenes und teilt uns mit, warum er es so geschrieben hätte. Es ist also das Gedicht virtuell etwas wie der Mittelpunkt eines Kreises, auf den sich beliebig viele und immer neue Segmente ausrichten lassen, wobei es zweifellos eine Hierarchie der möglichen Leser gibt.

»Über ein gutes Gedicht etwas Treffendes sagen, kommt

---

26 Ich spreche von mir, weil hier der Bericht der eigenen Erfahrung, der einzige, den man ehrlicherweise geben kann, stellvertretend für die Erfahrung als solche steht.

ebenso selten vor wie ein gutes Gedicht selbst«, sagte Wilhelm Lehmann, der – sechzehn Jahre vor Brecht geboren, zwei vor Loerke, vier vor Benn (und drei vor Pound) – von allen Lebenden das Handwerk am längsten kennt.

Der Autor als Interpret: Abwägung seiner Erkenntnischance
im Vergleich zu der des Dritten –
Das Nähe / Ferne-Verhältnis

Bei der Selbstinterpretation wird des Gedichtes nächster Verwandter, sein Urheber, in den Zeugenstand gerufen, um Rechenschaft zu geben über sein Gedicht. »Er muß es wissen«, würde man denken, »er hat es ja schließlich gemacht. Wozu noch Dritte, wenn hier der Koch selbst auftritt und verrät, was er zusammengebraut hat?« Aber man hat ja bereits gesehen, daß dies keine alltägliche Küche ist, und wenn es auch nicht direkt eine Hexenküche ist, sondern eine sehr säkularisierte – der moderne, eher überpuristische terminus dafür ist bekanntlich ›Laboratorium‹ –, etwas ermutigend Primitives wie eine Wohnküche ist es keinesfalls.

Alles geht in einer Atmosphäre eiskalter Aufregung vor sich, in diesem vertrackten Labor[27], mit großen Temperaturschwankungen. Das Geschäft besteht im ›Potenzieren‹ von Worten. Im Isolieren und neu Zusammenbiegen, im Verengen, so daß Sprengkraft da ist. Und wenn auch nichts oder fast nichts von selbst geht und der Laborant ein gelernter Spezialist sein muß, so hantiert er doch manchmal gleichsam mit verbundenen Augen. Oder er hat es mit selbstkochenden Gefäßen zu tun. Oder es ist einer dabei, der plötzlich nach unbekannten Rezepten mittut oder mitgetan hat. Keiner dieser Vergleiche stimmt, keiner ist ganz abzuweisen. Und schon gar

27 Um Mißverständnisse zu vermeiden: Die sogenannten ›Laborgedichte‹ (vgl. LITERARISCHE MEINUNGSBILDUNG, S. 59 f.) werden in einer ganz ›unvertrackten‹ Filiale des hier geschilderten fabriziert, hatten nie mit dem Hexeneinmaleins zu tun.

nicht läßt sich so einfach von e i n e m Laboranten sprechen, wenn jeder mindestens zweie sind, ein Heißer und ein Kalter, die sich eifersüchtig auf die Finger sehen und die Wortmasse zwischen sich hin und her zerren, erregt und doch nach Regeln. Etwa wie in einem C o c t e a u-Film. Da es aber so bestellt ist – oder ungefähr so, wie sich andeuten, aber nur approximativ beschreiben läßt –, hat der Dichter keine solche Exklusivposition, und der Zweite oder Dritte gar keine so viel schlechtere Chance, dem Gedicht sein Geheimnis abzugewinnen und das ›Richtige‹ heraus- oder hineinzulesen, ein Mehr oder ein Weniger, je nachdem.

In manchem hat er es sogar leichter. Er hat den Schock der ersten Begegnung, des Unverständlichen, das Gedicht ist ihm neu, das gibt immer die bessere Erkenntnischance, den größeren Erkenntniselan. Und er sieht es unbefangen. Das heißt, er s i e h t es. Nichts daran erinnert ihn an etwas, was er vergessen oder nicht vergessen hat oder vergessen wollte oder konnte oder nicht konnte, er war nicht schon da, es hat nicht schon anders für ihn ausgesehen. Im Gegenteil, es erinnert ihn an etwas, woran er gerade erinnert werden will oder was ihm vorschwebt und in dem Gedicht ihm jetzt konkret begegnet. Vielleicht wollte er es immer schon treffen, vielleicht hatte er sogar eine geheime Sehnsucht danach. Er ist dem Gedicht dankbar, und kann ihm also ›gerecht‹ werden, soweit es etwas derart Absolutes in diesem Bereich des Gleitenden und Relativen gibt. Denn, wie gesagt, kaum spürt er den Schock der Begegnung, falls es zu einem Schock kommt, so ist das Gegenüber auch schon eins mit ihm, und er vollzieht es. Und dann ist seine Lage nicht so verschieden von der des Autors, allerdings des Autors, als er es schrieb. Das Nähe/Ferne-Verhältnis, der ›reflektierende Vollzug‹, ist ein dialektischer Vorgang, und je besser, um so komplexer. »In diesen Bezirken ist eben alles so kompliziert, wie es einfach ist« (Wilhelm Lehmann).

Dabei ist aber doch die Position des Autors eine besondere, nicht auswechselbare. Er ist, unwiderruflich, der Urheber und der Kronzeuge. Zunächst einmal und ganz allgemein gilt nun

für ihn, was für jeden anderen gilt: Er ist nicht mehr der gleiche, der er in einem gegebenen Zeitpunkt war. Und also ist er
nicht der, der das Gedicht geschrieben hat. Keiner geht zwei-
mal an das gleiche Gedicht heran – um das Heraklitwort ab-
zuwandeln –, auch der Autor nicht. Zwar ist er dem Gedicht,
das ›unterwegs‹ ist, »mitgegeben« (Celan). Aber er ist nicht
mehr der Mitgegebene. Es hängt an den Lebensumständen,
wird von Fall zu Fall, ja von Gedicht zu Gedicht verschieden
sein, als ein wie anderer er an sein Gedicht herantritt.

Schon der Leser liest ja bei Lieblingsgedichten, oder unter
besonderen Umständen gelesenen Gedichten, die frühere
Lektüre mit, wodurch das Gedicht schon für diesen Leser nicht
mehr das ursprüngliche ist, sondern ein Teil der eigenen Biographie. In weit stärkerem Maße gilt das für den Dichter,
für den ein Extrem eines genau definierten Augenblicks, also
eines definitiv vergangenen Augenblicks, Form geworden
ist. Identifikation und Distanzierung, ja Abstoßung haben daher naturgemäß einen ganz andern Rhythmus als bei jedem
Dritten.

Je labiler das Lebensgefühl, um so schneller werden die Augenblicke fremd oder werden abgewiesen. »Der Dichter ist aus
der Mitwisserschaft entlassen«, sagt Paul Celan. (Auf jeden
Fall aber geht es immer um ›Mitwisserschaft‹ oder um Initi-
iertsein, ›eingeweiht‹, um das Mitwissen, das Verraten oder
Nicht-Verraten von Geheimnissen. Von ›Wissen‹ schlechthin
kann nicht die Rede sein, da es sich, wie schon festgestellt, nicht
um Wißbares, sondern um Deutbares handelt.)[28]

An dem Celan entgegengesetzten Pol befindet sich Wilhelm
Lehmann, in seinem archimedischen Eckernförde, »Treib-
beet wie Kühlkammer seiner Einsamkeit«: »›Warst Du es, der

---

28 S. Anm. 24. – Dies dürfte außer Diskussion stehen, da sich selbst zwei
Antipoden wie Max Bense, der Erfinder der Lyrikmaschine, und die Ekstati-
kerin Nelly Sachs hierin einig sind. »Das Gedicht als Rhema ist nicht wahr
oder unwahr«, sagt Bense, »weil ›das Offene‹ nicht nachprüfbar ist. Das ›Di-
centische‹ ist nachprüfbar.« »Es ist ja keine Abhandlung sondern ein Gedicht
und ein Geheimnis«, sagt Nelly Sachs, deren letzter Band *Glühende Rätsel*
heißt.

es schrieb?‹ Dies ist sekundenlange Heuchelei: Und ganz im Gegenteil weiß ich, daß ichs war. Die Situation aller Verse tritt wie brennender Busch genau vor meine Augen, die vergangen-gegenwärtigen Umstände umringen mich wie in einem Tanze: Kein anderer wars.«[29]

Wer das sagt, kann durch den Spiegel einfach weitergehen. Zu der Entstehung seines Gedichts. Das Gedicht kann noch Geschwister bekommen, in der gleichen Weise geschrieben und zusammengehörig wie die Bilderserie eines Malers.

Durch den Spiegel weitergehen. Denn für den Autor ist der Text, den er nach einiger Zeit wieder ansieht, ein ›Spiegel‹, er untersucht – oder untersucht in erster Linie – die ›Spiegelung‹ einer gehabten Erfahrung. Es handelt sich immer wieder um das Nähe/Ferne-Verhältnis. Der Leser, sagten wir, hat den Schock der Begegnung, und kaum spürt er den Schock, so ist es auch schon mit der Distanz vorbei (welche nicht allzu leicht aufzugeben die Identifikation erst qualifiziert): Er ›vollzieht‹ das Gedicht, es wird Durchgang für ihn, er geht den Weg, den der Dichter gegangen ist, als er es schrieb, oder doch einen vergleichbaren Weg. Der Text ist also für ihn nichts Relatives, sondern der Träger einer sehr komplexen, ihn unmittelbar angehenden Erfahrung, die er sich zu eigen macht.

Die Autorität, die ein Text ausübt, die ›Vollkommenheitshypothese‹, die man ihm eo ipso zugesteht, kann übrigens gerade der Lyriker am leichtesten ausprobieren. (Dies ist eine andere der gezählten ›Verifizierungschancen‹.) Man braucht sich nur einen Text zum Übersetzen vorzunehmen. Es ist erstaunlich, welchen Kredit man dem fremden Text einräumt, wie man sich selber jede Schwierigkeit zuschreibt, als müsse der andere Text seiner Natur nach fehlerlos sein, als gehe man

29 Brief vom 8.8.1965. – In einer ähnlichen, wenn auch unglücklicheren, weil unfreieren Lage befindet sich der Autor, den es vor dem eigenen Gedicht oder den eigenen Gedichten »graut«: Das Gedicht hat sich nicht losgelöst, sonst würde er es nicht so leidenschaftlich von sich stoßen. Dies sind Extremfälle. Aber der Extremfall ist ja nur der extremste Fall: wegen der besonderen Deutlichkeit erkenntnisträchtig.

einen sicheren Weg. Und wenn man stolpert, und noch einmal stolpert, ist man erst hilflos und dann empört, als sei der andere Autor, der ja auch nur ein Autor ist wie man selbst, verpflichtet, ein ganz perfektes Ding gebaut zu haben. Man fühlt sich betrogen, wenn das ›Original‹, also der Text des anderssprachigen Autors, schwache Stellen hat, und mit Mühe nimmt man Abstand und sieht ihn als Kunstwerk mit seinen möglichen Grenzen. Zunächst und bis zu der Enttäuschung war er etwas, was in seiner Gesetzmäßigkeit zwar zu ergründen, aber als ein zu Erreichendes durchaus vorbildlich und unbezweifelbar war. Als sei es eine vom Himmel gefallene Tafel. Ein wirklicher U r t e x t, vergleichbar dem, was Eich unser aller »Urtext« nennt, aus dem zu »übersetzen« für ihn kurzweg die Definition für Lyrik ist.

In eben diesem absoluten und gutgläubigen Verhältnis zum Text befindet sich der Interpret, der »den Wahrheitsanspruch des Gedichts ernst nimmt«[30]. Nur wird er das ›Original‹ meist weniger hart ›auf die Probe‹ stellen als ein Übersetzer. Aber seinerseits wieder mehr als der Leser, der sich der Mühe der Interpretation enthebt oder lesend nur obenhin interpretiert.

Der Leser ist also unterwegs zur Autorschaft, d. h. zur Vereinigung mit dem Gedicht, in dem bereits der Autor selbst ›verschwunden‹ ist, wenn es gut ist. Das Gedicht frißt. Und ist bereit, den Interpreten nach dem Autor aufzufressen. Gedichte sind freßlustige Gebilde, außerordentlich gefräßig.

---

30 Solange die ›Vollkommenheitshypothese‹ nicht gestört wird, hat der Interpretierende offenbar zur Kritik, zumindest zur negativen Kritik am Text, eine geringe Neigung. Vgl. Domin, *Doppelinterpretationen*. In einem Fall, in dem der Interpret eine ›Kritik‹ ausdrücklich beabsichtigt hatte, teilte er mit, er habe sie »dann doch« unterlassen.
Übrigens entspricht der Neigung, den Text als ein a b s o l u t u m, eine Art Urtext zu behandeln, auf der Seite des Autors der geheime Wunsch nach einem ›natürlichen‹ Gegenüber: einem nicht konditionierten Zuhörer oder Leser. Nur so erklärt sich, daß ein solcher highbrow-Lyriker wie Eliot das geradezu Rousseausche Verlangen äußerte, einmal vor einem Publikum von Analphabeten seine Gedichte zu lesen (zitiert nach Lehmann): gleichsam als gewähre die ›Unschuld‹ des von keiner Lektüre Befleckten einen natürlichen und absoluten Maßstab. Und die Beruhigung, die von einem weitgefächerten Leserkreis auf den Autor ausgeht, hat sicher ähnliche Gründe.

Das Gedicht als Vorgang.
Ausrichtung und Grenzen der Selbstinterpretation

Der Autor, der sich mit seinem – fertigen oder länger schon fertigen – Gedicht befaßt, bewegt sich weg vom und nicht hin zum Text. In seiner Bewegung nicht der Annäherung, sondern der Distanzierung stellt er sich hinter dem Interpreten an, sozusagen, und auf diesem Umweg gelangt er wieder zu seinem Text, als ginge er als Dienender in sein eigenes Haus zurück und bekomme als ein Fremder zu Hause die Füße gewaschen wie Odysseus. Auf diesem Wege der Entäußerung, der einer der Bescheidung (Dienst am Werk und sich selbst) ist, wird er, wie bei aller Entäußerung, belohnt für den Verzicht. Denn wenn der Interpret etwas über die ›Sache‹ des Gedichts lernt, so lernt der Dichter etwas über sich selbst und sein handwerkliches Vorgehen: so daß er also immer die Kunst mehr als das Kunstwerk sieht. Und dabei rückblickend eine genaue Vorstellung über den eigenen Schaffensprozeß und seine eigenen Selektionsprinzipien bekommt.

Also, auch wenn er sich hinten anstellt, hinter dem Interpreten, und bescheidener gegangen kommt – denn er kommt zögernder daher als der Interpret –, so geht er auch nicht den gleichen Weg. Besser gesagt, er bleibt früher stehen, der Abstand, aus dem er das Gedicht betrachtet, das von ihm geschriebene Gedicht, klappt ihm nicht plötzlich zusammen, er identifiziert sich nicht. Eine ›Vollkommenheitsvermutung‹ kann gar nicht erst aufkommen, selbst wenn er so weit von ihm entfernt sein sollte – eine subjektive Entfernung, die sich nicht dem Kalender nach bemißt –, daß er sich wundert, wie er es schreiben konnte oder geschrieben hat. Daß er es geschrieben hat, ist immerhin klar. Seine Neugier, falls er welche hat, geht auf die Machart, und auf den ›Sinn‹ nur als das mit solchen oder solchen Mitteln Realisierte. Er hat nichts zu erhoffen als Erkenntnis über das métier. Allenfalls über sich selbst, seinen Weg als Lyriker.

Insofern Interpretieren die ›Sache verstehen‹ meint, hat der

Autor von sich aus der Sache nichts hinzuzufügen. Er hat ge-sagt, was er zu sagen hatte (vermutlich sogar mehr, als er darüber wußte oder auch weiß). Und wenn er es nicht gesagt hat, dann kann er es dem Gedicht auch nicht nachträglich anpappen. Daher ist Interpretation auf die Sache hin, also immanente Interpretation, dem Autor nicht zumutbar und kann ihn nicht interessieren. (Das ist auch der Grund, warum einige Autoren, wie z. B. Bachmann und Eich, die Selbstinterpretation grundsätzlich ablehnen.) Falls ihm aber das Gedicht fern genug rückt, daß er es wie einen Gegenstand zu Gesicht bekommt, so kann ihn als Autor und Handwerker das Sprachliche daran interessieren. Also das ganz konkrete und einmalige Geflecht von Sinn und Wort: wie er es oder wie es sich verflochten hat. Eben sein métier. Und was gibt es für ihn Interessanteres als das métier, den Arbeitsvorgang. Außer das Schreiben selbst, natürlich. Das métier ist in dem Maße interessanter geworden, als die Begegnung mit der Wirklichkeit problematischer geworden ist. Nicht von ungefähr haben wir eine so große Anzahl moderner Gedichte über das Schreiben, das eben die essentielle Auseinandersetzung des Schreibenden mit der Wirklichkeit ist: Die Nahtstelle ist in ihrer Fragwürdigkeit zur Erregungsmitte geworden.

Der Autor untersucht also den Ausdruck auf seine Tauglichkeit im Hinblick auf den Bedeutungsgehalt, das Wortgefüge im Hinblick auf das Sinngefüge. Das heißt, er tut etwas, was der Teil der Leser nicht oder nur bedingt tut, der in erster Linie auf die Sache selbst zugeht, also das Gedicht hypostasiert, um seiner habhaft zu werden: der Autor relativiert sich und seinen Text, sieht das Fertige, das Realisierte und so oder so ins Ziel Gebrachte als Möglichkeit an, die gleichsam noch zur Diskussion stünde. Daher also ist das Moment der Distanz bei ihm größer, er nimmt den Text nicht als vorgegeben, sondern in seiner Gänze als Kunstprodukt, selbst wenn ihm im Augenblick so zumute sein sollte, als habe er dies nie machen können und werde auch nie wieder etwas Ähnliches zuwege bringen. Wo er, im Verlauf seiner Untersuchungen, ›Wortloses‹, das ihm selber bisher unbekannt war, aufspürt, also auch über die ›Sache‹ etwas Zusätzliches erfährt, verbindet er es nach der ersten Überraschung sogleich – und gerade dies – mit dem Sprachleib, ja es ist für ihn besonders wichtig, festzustellen, wie es in diesem Sprachleib sich vor ihm verbergen konnte. Soweit er also den ›Sinn‹ erklärt, was er de facto oft tut, erklärt er ihn beiläufig, erklärt ihn mit, während er die Sprache untersucht, die den Sinn verkörpert.

Insofern wird für den dritten und vierten Leser – außer er sei selber handwerklich oder auch literarhistorisch interessiert – die Interpretation des Autors vielleicht ›interessant‹ oder kurios, aber sicher weniger befriedigend sein als eine gute Fremdinterpretation. Das Funktionieren des Wortkörpers, das Funktionieren des Gedichts will er vermutlich weniger demonstriert bekommen, als daß er einen Weg aufgezeigt sehen will, wie man in das Gedicht hineinkommt. (Das ›Funktionieren‹ des Gedichts innerhalb einer literarischen Tradition, wie es der historisierende Interpret vermittelt, etwas in gewisser Weise Vergleichbares, ist der Mehrzahl der Leser einfach vertrauter als der weit technischere Bereich der Sprache.) Die Art, wie der Autor das Ding hält, macht es zwar deutlich, aber eben als Ding, erhöht also die Schwelle des Zutritts, insofern die Erregungsquelle bloßgelegt und die mögliche Erregung des Lesers im vornhinein relativiert wird, was nur für den raffinierten Leser einen Ansporn und eine zusätzliche Freude wegen der verzögerten Identifizierung darzustellen vermag. Daher folgt der Leser dem Autor bei seiner Selbstinterpretation zwar mit Neugier, aber doch nicht ohne Verdruß. Denn was er gerade von ihm gerne hätte, das kann er gerade von ihm am wenigsten bekommen. Oder doch legitimerweise nicht bekommen. Er wird bestenfalls eingeweiht in das ›Geheimnis‹ der Form, auf keine Weise aber in das Geheimnis der Erfahrung, die dem Gedicht zugrunde liegt. Denn falls der Leser vom Autor erwartet, daß er ihm berichtet, wie es »wirklich gewesen ist« und was der dahinterstehende Anlaß des Gedichtes war, so erwartet er etwas, was der Natur des Kunstwerks zuwiderläuft. Zwar, wenn auch der Autor nicht mehr ganz derselbe ist, der das Gedicht geschrieben hat, etwas von der alten ›Mitwisserschaft‹ bekommt er wieder, natürlich. Es wäre eine Lüge, das zu leugnen. Diese ›Mitwisserschaft‹ nützt aber nur im Hinblick auf den Schaffensprozeß. Über das in dem Gedicht Eingeschwiegene, über den konkreten ›Zufall seiner Entstehung‹ kann der Autor sein Gedicht nicht befragen und wird er sein Gedicht auch nicht befragen. Das hieße, das Gedicht rückgängig machen, seine Existenz antasten: Es lebt doch, es ist selbständig und so unabhängig von der Zufälligkeit seiner Entstehung wie ein Kind von der Nacht, in der sich seine Eltern umarmten. Niemandem zeigt es sich selbständiger als gerade dem Autor. Es kann daher nur auf sich selbst befragt werden, von ihm. Und auch schon deswegen nicht auf die Sache, die für den Autor nicht nur uninteressant und abgetan, d. h. Form geworden ist, die überdies, soweit sie auch nur teilweise noch virulent und also möglicher Grund neuer Gedichte wäre, für ihn nicht zum Gegenstand der Abstraktion taugt. Ein solches Ansinnen müßte auf Scheu und Widerwillen stoßen. (Ein Vorwegnehmen dieses Widerwillens kann das Interesse an Erkenntnissen über den Schaffensprozeß überwiegen und überwiegt es in der Tat auch bei den Lyrikern, die weniger abstraktionsfreudig sind.) In andern Worten, der Autor tritt hier an als Autor, als Urheber des Kunstwerks, nicht aber als das leidende Subjekt einer wie immer gearteten einmaligen und konkreten Erfahrung. Was nur eine neue Beschreibung der Tatsache ist, daß der Autor notwendigerweise kühler und distanzierter an das Gedicht herantritt als der Leser. Dies ist zumeist im Prinzip der Fall. Im Konkreten ergeben sich Fehlerquellen daraus, daß Erregungszentren, die noch virulent sind, vom Dichter automatisch ausgespart und die Akzente verschoben werden, und dies um so leichter, je zentraler das Gedicht für ihn ist[31]. Inso-

---

31 Resultat des ›Selbstversuchs‹: Bei der Lektüre der Gegeninterpretation (vgl. *Doppelinterpretationen*) entdeckte ich in der meinen eine solche Akzentverschiebung wider besseres Wissen, die ich mir nachträglich nicht erklären

fern ist das Nähe/Ferne-Verhältnis zum Gedicht, das der natürlichen Dialektik beraubt ist, wie sie beim Dritten sich auswirkt, doch ein äußerst labiles, unter Umständen der Interpretation weitaus ungünstigeres: Identifikation, d. h. zu große Virulenz des Gedichts, setzt beim Autor ›Interpretation‹ außer Kraft. – Wobei ja auch der Leser kein Abstraktum ist. Für ihn, umgekehrt, muß das Gedicht ja gerade virulent sein, damit er in eine Beziehung dazu tritt. Es hängt aber von vielerlei Umständen ab, welche Teile des Gedichts für ihn jeweils virulent werden.

Daher ist eine endgültige Interpretation nie gegeben und alles, was hier über die Interpretation als solche gesagt wird, nur eine Aufzeigung idealer Kurven[32].

Selbstinterpretation und dichterische Praxis:
das schizophrene Selbstgespräch.
Der Schaffensprozeß als Erkenntnisgegenstand,
im Unterschied zum Text

Nachdem wir gesehen haben, was der Leser vom Autor als Interpreten zu erwarten oder auch nicht zu erwarten hat – und daß es fast auf eine Sonderveranstaltung für den raffinierten Leser hinausläuft –, bleibt noch die Frage, was denn der Autor selbst davon hat, wenn er sein eigenes Gedicht analysiert. Hat er überhaupt etwas davon, nützt es ihm, kann es ihm schaden?

Es gibt Prozesse, deren Analyse durchaus kein Weg ist, sie herbeizuführen. Eine genaue Kenntnis des Atemvorgangs hat mit dem Atmen nichts zu tun. Eine Kenntnis dessen, was bei der Liebe sich abspielt, nichts mit der Liebe. Und ebenso-

konnte. (Dies ist radikal verschieden von der Belehrung über nicht Gewußtes, sofort Einleuchtendes, zum eigenen Gedicht, s. S. 217) Vielleicht wäre eine enquête über die Erfahrungen anderer bei diesem Experiment ergiebig: Die Teilnehmer bekamen die zweite Interpretation ja erst auf der gedruckten Seite zu Gesicht.

32   Über die objektiven Gründe der Interpretierbarkeit, s. oben S. 199 und UNSPEZISCHE GENAUIGKEIT, S. 171 ff.

wenig hilft eine genaue Kenntnis des Wesens des Gedichts zum ›Machen von Gedichten‹, welche eben nur in einem bedingten Sinne ›machbar‹ sind. Obwohl sie ohne ›Können‹ gar nicht ›machbar‹ sind. Gewiß, der Autor hat sich seine Mittel bewußt, oder doch bewußter, gemacht, sein Kriterium geschärft. Die Mittel sind Voraussetzung. »Genialität, die von etwas anderm ausgeht als den Mitteln, die ihr sich auszudrükken zur Verfügung stehen, ist Dilettantismus«, sagt Benn, consensu omnium.

Insofern also ist der Lyriker, der sein Gedicht analysiert, ein Amphibium[33]. Dies Amphibium bewegt sich in zwei Elementen. Es abstrahiert. Und es tut. Dichten ist ein Tun. Der Lyriker, der sein Gedicht analysiert, ist getrennt, durch eine haarscharfe Grenze, von dem Teil seines Ich, das als Lyriker in Funktion tritt. Er ist ein Doppelgänger seiner selbst, eine schizophrene Erscheinung. Er hat sich Kenntnis verschafft über seinen Arbeitsprozeß, seine Selektionsprinzipien, den Weg, den er gegangen ist und der ja keineswegs vorgezeichnet ist, es ist ein Weg, der im Gehen entsteht. Jeweils steht er, wenn er stehenbleibt, am genauen Ende des Gegangenen. Vor ihm ist alles ungegangen. Im Sichumsehen sieht er aber sein letztes Gedicht schon hinter sich, es ist ein Stück Weg geworden[34]. Kann er nun schlechter weitergehen, wenn er sich bewußtgemacht hat, was er getan hat, und also, was er gleichzeitig nicht getan hat? Interferiert das Bewußtsein mit der Praxis? Geht es ihm wie dem Mann, den einer fragt, ob er beim Schlafen den Bart auf oder unter der Decke hat?

33 Es kann nicht nachdrücklich genug darauf hingewiesen werden, daß Schaffensvermögen und Abstraktionsvermögen zwei voneinander unabhängig funktionierende Fakultäten sind. Daß ein Lyriker ›etwas Gelehrtes‹ über sein Gedicht zu sagen vermag, macht dieses weder besser noch schlechter. Es beweist so wenig etwas ›für‹ oder ›gegen‹ das Gedicht, wie es z. B. etwas für oder gegen ein Forschungsergebnis beweist, wenn der Wissenschaftler überdies noch ein guter Lehrer ist.

34 Über das Weiterführen des und das Weggehen vom Weg im wörtlichen Sinne, vgl. PRINZIPIEN DER WORT- UND BILDWAHL, S. 155f., ebenso Lyriktheorie, Interpretation, Wertung, S. 185f.

Der Dichter ist wirklich ein Doppelgänger. Er begibt sich in seine andere Existenz. Insofern die Bewußtmachung seiner Praxis nicht schadet, ist auch der Nutzen für die Praxis ein relativer. Er weiß nur genauer, was er implicite wußte. Der abstrahierende, der analytische Teil des Ich kann dem schöpferischen aber insgeheim etwas ›zustecken‹, eine Art Wegzehrung an Wissen und Wollen mit auf den Weg geben (das, was ich an anderer Stelle den ›Geheimbefehl‹ nenne). Er kann dem Abenteuer der Begegnung mit der Sprache einen solchen oder solchen Ausgang suggerieren. Nachträglich kann er das Ergebnis dieses Abenteuers durchaus analysieren, und je nach seinem Abstraktionsvermögen kann er den Schaffensprozeß und das Geschaffene auf die Erreichung der ›Geheimaufträge‹ hin befragen. Vergleichen, was er getan hat, mit dem, was er tun wollte. So kann er auf einen zu gehenden Weg hinarbeiten, indem er die Möglichkeiten des bisherigen Tuns über sich hinaus projiziert, in eine hypothetische Richtung. Es ist also die Selbstanalyse eine Akutmachung der Schaffenskurve. Dies ist, glaube ich, der Wert, den sie für den Lyriker selber hat.

Der Zuwachs an Erkenntnis über den eigenen Schaffensprozeß ist zugleich ein Zuwachs an Erkenntnis über den Schaffensprozeß als solchen. Was den Schaffensprozeß als solchen angeht, ist der Lyriker im sokratischen Sinne ein Fachmann. Die entscheidenden Neuformulierungen über den Schaffensprozeß, die Lyriktheorie dieses Jahrhunderts ist durchweg den Lyrikern selbst verdankt[35]. Der Lyriker ist die Instanz, die zuständig ist für die Probleme des Schreibens. Er weiß Bescheid über das Wesen des Gedichts. Was das einzelne Gedicht angeht, sein eigenes einzelnes Gedicht, so taugt er nicht mehr als jeder Dritte, oft auch weniger, weil er, soweit er zur Abstraktion begabt ist, das Gedicht hauptsächlich auf das Technische abklopft.

---

35 Über den Autor als Theoretiker und über den prinzipiellen Unterschied zwischen Lyriktheorie, Interpretation, Wertung, siehe S. 181 ff.

Es gibt keine ›Instanz‹ für ein Gedicht. Das Gedicht ist für jeden da, der es benutzen will: Je ›besser‹ ein Gedicht ist und je ›besser‹ der Leser – je weiter gespannt, je vielschichtiger die Erfahrung des Lesenden und die in dem Gedicht zu Wort gekommene ist, je mehr ›Welt‹ in beiden lebendig ist –, um so mehr kann mit einem Gedicht getan werden. Hier, wie überall, erhöht Qualität die Freude an der Sache. Nur ist ›Qualität‹ weit schwerer zu bestimmen als bei den Gebrauchsgegenständen niederen Grades. Sich immer neu ausrichten an den Meisterwerken der Vergangenheit, immer hinhören auf die Stimmen der Gegenwart – und vor allem hinhören auf die eigene Stimme und diese leiseste Stimme zu Worte kommen lassen –, ist das einzige Rezept für Autor und Leser.

Es gibt keine ›Stunde Null‹ und kann keine geben: Sie ist nichts als eine Luftspiegelung. Eine stimulierende Luftspiegelung. Das Ewige, Immer-Gleiche, Nie-Gleiche, wird in jedem Augenblick neu auf den Augenblick gebracht. Das tun die Lesenden ganz wie die Schreibenden. Dazu ist Kunst da, dazu sind Gedichte da.

Namenregister

Adorno, Theodor W. 14, 23, 33, 37, 46, 72, 134, 145, 159, 193, 195, 200, 210, 212
Aichinger, Ilse 147
Aleixandre, Vicente 140f.
Allemann, Beda 210
Apollinaire, Guillaume 190
Aragon, Louis 154
Astel, Arnfrid 37, 213
Auden, William H. 37

Bachmann, Ingeborg 12, 16, 60, 62f., 68, 125, 184, 224
Baldinger, Kurt 147
Bardot, Brigitte 79
Barlach, Ernst 121
Barthes, Roland 199, 212
Baumgart, Reinhard 12
Beckett, Samuel 169
Behrens, Peter 46
Bellow, Saul 125, 127
Benjamin, Walter 55, 76, 85, 100, 116, 155
Benn, Gottfried 26, 30, 38, 59, 71, 168, 179, 188ff. 195f., 202, 214, 218, 228
Bense, Max 180, 196, 220
Bergson, Henri 47, 76

Bobrowski, Johannes 60, 62
Boehlich, Walter 99
Böschenstein, Bernhard 59
Brecht, Bertolt 26, 29, 38f., 190, 195ff., 210, 218
Breton, André 190
Brick 91
Brook, Cleanth 203
Bruckner, Karl 67
Buckwitz, Harry 39

Celan, Paul 16, 46, 60, 62, 68, 125, 156, 179, 184, 207, 220
Cherry, Colin 166
Claudel, Paul 64
Cocteau, Jean 219
Collingwood, R. C. 66
Connolly, Cyril Vernon 50
Croce, Benedetto 148, 163

Dahrendorf, Ralf 34
Daiber, Hans 71
Dante 64
Day Lewis, Cecil 199
Demetz, Peter 54
Doderer, Heimito von 39
Dryden, John 66

Eibl-Eibesfeld, Irenäus 38
Eich, Günter 12, 16, 33, 62,
    222, 224
Eliot, Thomas Stearns 52,
    179, 190, 196 f., 222
Empson, William 69, 190
Enzensberger, Hans
    Magnus 13 ff., 29, 37, 46,
    71, 83, 102, 194, 198, 214
Éluard, Paul 184

Fried, Erich 145
Friedrich, Hugo 59, 68, 73,
    141, 149, 154 f., 158, 165,
    167, 175, 188
Fuchs, Günter Bruno 33

Gadamer, Hans-Georg 53 f.,
    60, 64, 67, 76, 117, 199,
    201, 214
Gehlen, Arnold 28, 37, 39 f.,
    64, 72 f., 76, 87, 94, 100,
    105, 110, 148
George, Stefan 108, 203
Gide, André 64
Ginsberg, Allen 14, 37, 202
Giotto, di Bodone 62
Goethe, Johann Wolfgang
    von 69, 83, 168, 179,
    198
Goll, Ivan 125
Gracián, Baltasar 79
Grass, Günter 30, 33, 46,
    68
Guillén, Jorge 27, 59
Günther, Joachim 84

Hamm, Peter 31
Handke, Peter 15 f., 58
Härtling, Peter 145
Hegel, Georg Wilhelm
    Friedrich 25, 162, 204 f.,
    212
Heidegger, Martin 212
Heine, Heinrich 64, 68
Heißenbüttel, Helmut 37,
    125, 153 f., 156, 190, 196
Heller, Hans Peter 196
Helms, Sigmund 209
Heraklit 220
Hermand, Jost 12
Hesse, Hermann 194
Hildesheimer, Wolfgang 63
Hille, Peter 33
Hitler, Adolf 72
Hofmann, Werner 95
Hofmannsthal, Hugo von 26
Hölderlin, Friedrich 150,
    195 f., 198, 212
Höllerer, Walter 127
Holz, Arno 59, 152, 190
Homer 199
Hopkins, Gerard Manley 66
Horaz 142, 150
Huchel, Peter 60, 62
Huppert, Hugo 91

Ionesco, Eugène 32
Isherwood, Christopher 42

Jean Paul 27, 196
Jean, Raymond 39
Jens, Walter 59

Jiménez, Juan Ramón 158
Joyce, James 24, 169

Kafka, Franz 118, 121
Kandinsky, Wassily 62
Kant, Immanuel 53, 55, 67
Kaschnitz, Marie-Luise 16
Keats, John 52
Keller, Hans Peter 196
Klein, Anton 68
Kleist, Heinrich von 148, 201
Konfuzius 44, 138 f., 142
Kotzebue, August von 68
Krolow, Karl 36, 46, 60

Lämmert, Eberhard 27, 63
Laotse 198
Lasker-Schüler, Else 125, 152
Lehmann, Wilhelm 180,
    195, 198, 218 ff., 222
Lessing, Gotthold Ephraim
    186
Lévi-Strauss, Claude 117, 132
Lichtenberg, Georg Chri-
    stoph 213
Loerke, Oskar 218
Lohner, Edgar 59
Lukács, Georg 27, 39, 145 f.,
    159 f., 170

Majakovskij, Vladimir Vladi-
    mirovič 21, 91, 181, 190
Mallarmé, Stéphane 26, 83,
    104, 155, 167, 170, 189, 210
Mann, Thomas 68, 194
Mannheim, Karl 37, 104, 144 f.

Mao Tse-tung 154
Marcuse, Herbert 13 f., 37 f.,
    95, 144
Mauthner, Fritz 169 f.
Mayer, Hans 106 f.
Meller, Horst 69, 158
Merleau-Ponty, Maurice 23,
    47
Michaelis, Rolf 16
Michel, Karl Markus 95
Michelangelo 159
Milton, John 52
Mon, Franz 153, 190, 207, 209
Morgenstern, Christian 174
Müller, Bodo 165, 169
Münchhausen 105
Musil, Robert 180

Nehru, Jawaharlal 65
Neruda, Pablo 16
Nestroy, Johann Nepomuk 68
Nietzsche, Friedrich 64, 148
Nossack, Hans Erich 106, 112

Olson, Charles 190, 196, 202
Ortega y Gasset, José 63, 65,
    69, 75, 155, 159, 163, 175
Orwell, George 72

Packard, Vance 32, 39, 106,
    116, 123
Platon 33
Pollock, Jackson 62 f.
Popa, Vasko 14
Pound, Ezra 142, 154, 179,
    185, 190, 196, 218

Raffael 63
Reich-Ranicki, Marcel 68
Richter, Swatoslaw 148
Riesman, David 35
Rilke, Rainer Maria 17, 64,
    125, 156, 184, 190
Roosevelt, Franklin D. 65
Rózewics, Tadeusz 14
Rousseau, Jean-Jacques
    222
Rühmkorf, Peter 68

Sachs, Nelly 46, 60, 62, 68,
    125, 220
Sarraute, Nathalie 66
Sartre, Jean-Paul 25, 39,
    45, 88, 123, 128, 168, 170,
    179
Schickel, Joachim 154
Schiller, Friedrich 68
Schöfer, Erasmus 14
Schönberg, Arnold 84
Sengle, Friedrich 68
Shaftesbury, Anthony Ash-
    ley Cooper 54
Shakespeare, William 66,
    199
Siebenmann, Gustav 154
Soulages, Pierre 63
Spender, Stephen 42
Staiger, Emil 38, 62
Stalin, Josef 91
Stein, Gertrude 66, 158
Stendhal 64
Stuckenschmid, H. H. 148

Tate, Allen 66, 158
Terayama, Schuji 14

Uexkuell, Gösta von 64
Ungaretti, Giuseppe 59,
    184
Usinger, Fritz 198, 214

Valéry, Paul 45, 60, 97, 179,
    190, 214
Valle, Inclán, Ramón Maria
    del 154
Vico, Giovanni Battista 54

Warren, Austin 66, 199,
    216
Weber, Alfred 94
Weber, Max 74, 94, 106,
    131
Wellek, René 66, 199, 216
Whitman, Walt 125
Wieland, Christoph-Martin
    68
Williams, William Carlos
    29, 202
Winckelmann, Johann
    Joachim 158
Wittgenstein, Ludwig 169
Woolf, Virginia 31, 42, 52,
    89, 128, 179
Wosnessenski, Andrej 14

Yeats, William Butler 66

Zuckmayer, Carl 152